DR. KRIS JAMSA

C++

VON NULL AUF HUNDERT IN 40 LEKTIONEN

3. Auflage

ELEKTOR-VERLAG

Aus dem Amerikanischen übersetzt von Kurt Diedrich

Dieses Buch ist eine Übersetzung der amerikanischen Originalausgabe „Rescued by C++, Third Edition" von Kris Jamsa, Ph.D.

Umschlaggestaltung: Ton Gulikers, Segment B.V.
Graphische Gestaltung: Laurent Martin, Segment B.V.
Satz und Aufmachung: TechKnow, Hans Koerfer-Bernstein, Aachen
Belichtung: typeline, Aachen + TechKnow, Hans Koerfer-Bernstein, Aachen
Druck: Giethoorn-NND, Meppel, Niederlande

Printed in the Netherlands

ISBN 3-89576-058-7
Elektor-Verlag GmbH, 52072 Aachen
989004-1/D

3. Auflage 2000
Der Elektor-Verlag ist Mitglied der
Verlagsgruppe Segment B.V. (Niederlande)

Hinweis:

Die dem Buch beiliegende CD-ROM entspricht der der amerikanischen Originalausgabe. Alle dort enthaltenen Texte erscheinen deshalb in Englisch. Das gilt auch für die Kommentare in den Programmbeispielen. Insbesondere deutlich wird dies in Lektion 20: Für den deutschsprachigen Begriff „Attribut“ erscheint in den Programmbeispielen der englische Ausdruck „Member“! Nur dort, wo es einem besseren Verständnis dienlich war wurden im Buch die Programmkommentare ins Deutsche übersetzt.

INHALTSVERZEICHNIS

Abschnitt 1

C++ GRUNDLAGEN

In diesem Kapitel werden Sie die Grundlagen erlernen, die Sie zum Erstellen eigener C++ Programme benötigen. Und keine Angst, wenn Sie vorher noch kein einziges Programm geschrieben haben: Wir beginnen ganz vorne beim ersten Schritt. Zunächst werden Sie den *Borland Turbo C++ Lite* Compiler installieren, der zu diesem Buch dazugehört – natürlich von der CD-ROM. Mit diesem Compiler sind Sie in der Lage, Ihre eigenen C++ Programme zu schreiben, zu compilieren, von eventuellen Fehlern zu befreien (Debugging) und zu starten. Wenn Sie die recht einfachen Lektionen dieses Kapitels absolviert haben, sind Sie bereits auf dem Weg zum C++ Programmierer. Die einzelnen Lektionen in Abschnitt 1 haben folgende Themen zum Inhalt:

LEKTION 1

INSTALLATION DES *BORLAND TURBO C++ LITE* COMPILERS

In Lektion 2 („Ihr erstes Programm“) lernen Sie, wie man ein C++ Programm schreibt:

Man erstellt die Programmzeilen als Quellcode im ASCII-Format.

Dann konvertiert man diesen für Menschen verständlich lesbaren Code mittels eines speziellen Programms, Compiler genannt, in einen aus Einsen und Nullen bestehenden Code, den der Computer versteht, und den er ausführen kann. Im professionellen Bereich sind Borland- und Microsoft C++ Compiler seit langem sehr verbreitet. Um Ihnen den Einstieg in die Programmiersprache C++ zu erleichtern, hat der Verlag diesem Buch eine Begleit-CD-ROM für Sie beigefügt. Sie werden feststellen, daß es sich bei dem auf dieser CD-ROM enthaltenen Compiler um eine auf MS-DOS basierende Version handelt. Sollten Sie das Betriebssystem WINDOWS auf Ihrem Computer installiert haben, so läuft der Compiler im DOS-Fenster.

- In dieser Lektion lernen Sie, wie man den *Turbo C++ Lite* Compiler installiert.
- Mit dem auf DOS-basierenden Turbo C++ Lite-Compiler werden Sie Ihre eigenen Programmzeilen schreiben und diese als Quellcode (source file) auf Ihrer Festplatte speichern.
- Sie werden den Quellcode compilieren und dadurch in einen Code verwandeln, den der Computer lesen und ausführen kann.

Bevor es losgeht, sollten Sie die folgenden Anmerkungen beachten:

Im Gegensatz zu anderen Compilern, wie zum Beispiel *Borland C++* oder *Microsoft Visual C++*, können die mit *Turbo C++ Lite* erstellten Programme nur aus der *Turbo C++ Lite* Umgebung heraus gestartet werden.

Um ein ausführbares Programm zu erstellen, das auch auf anderen PCs lauffähig ist, muß der Quellcode zum Beispiel mit *Borland C++* oder *Microsoft Visual C++* compiliert werden.

INSTALLATION DES *TURBO C++ LITE* COMPILERS

Wie bereits erwähnt, handelt es sich bei diesem Compiler um eine auf MS-DOS basierende Version. Unter Windows ist es möglich, den Compiler in einem sogenannten DOS-Fenster laufen zu lassen (Bild 1.1).

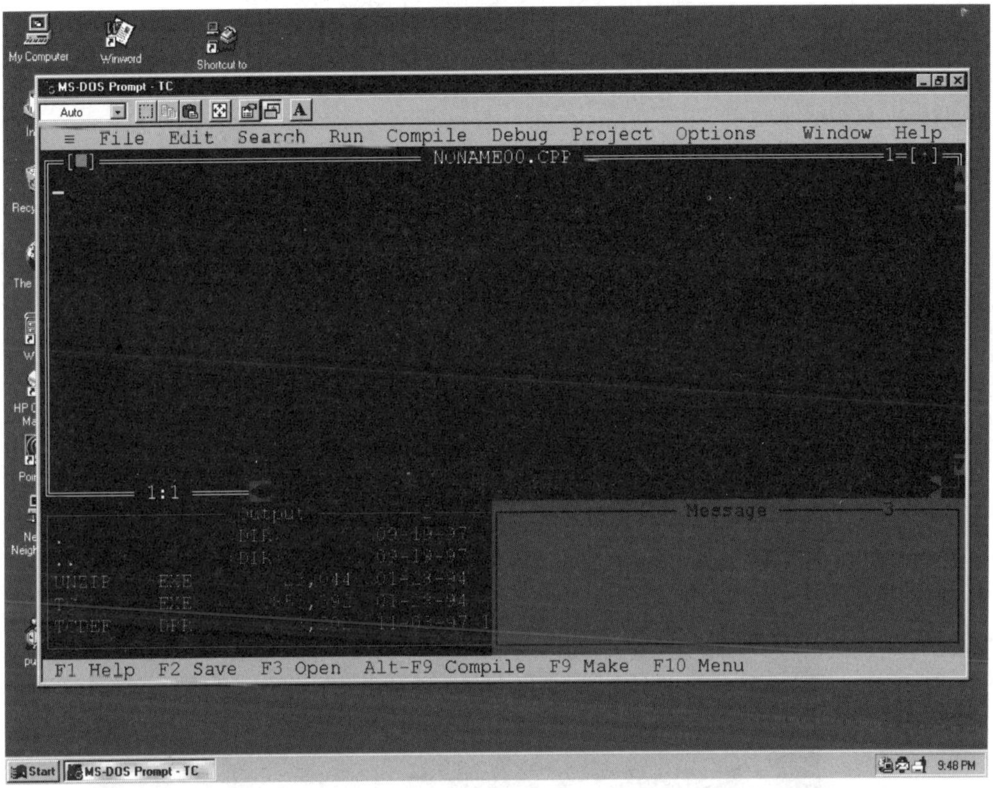

***Bild 1.1:** Das Starten des Turbo C++ Lite Compilers aus einem DOS-Fenster unter Windows.*

Bei der Installation des Compilers unter Windows gehen Sie bitte wie folgt vor:

1. Legen Sie die Begleit-CD-ROM in Ihr CD-ROM-Laufwerk ein.
2. Wählen Sie „Ausführen".

   Unter Windows 3.1 finden Sie „Ausführen" im Programm-Manager.
   Unter Windows 95 finden Sie „Ausführen" im Startmenü.

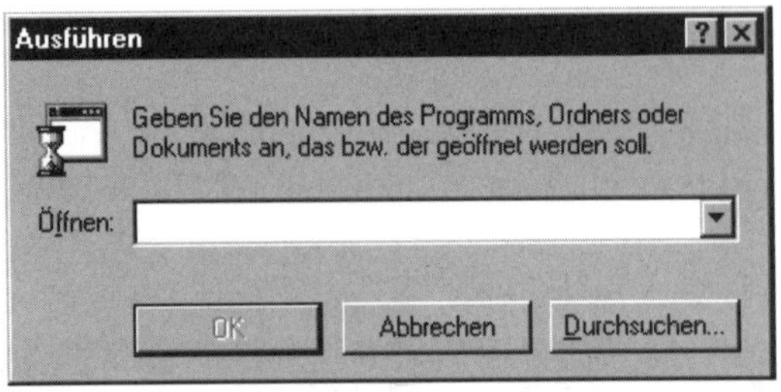

Bild 1.2: *Das Fenster, das nach Anwählen von „Ausführen" auf dem Bildschirm erscheint: Die Ausführen-Dialogbox.*

3. Schreiben Sie in das Textfeld in der Dialogbox den Namen D:\SETUP, oder statt „D" einen anderen Buchstaben, wenn Ihr CD-ROM-Laufwerk nicht unter dem Buchstaben „D" registriert ist. Das Setup-Programm wird als nächstes die *Destination Path Dialogbox* auf den Bildschirm bringen. In dieser Dialogbox können Sie eintragen, in welches Verzeichnis Ihrer Festplatte der *Turbo C++ Compiler* kopiert werden soll.

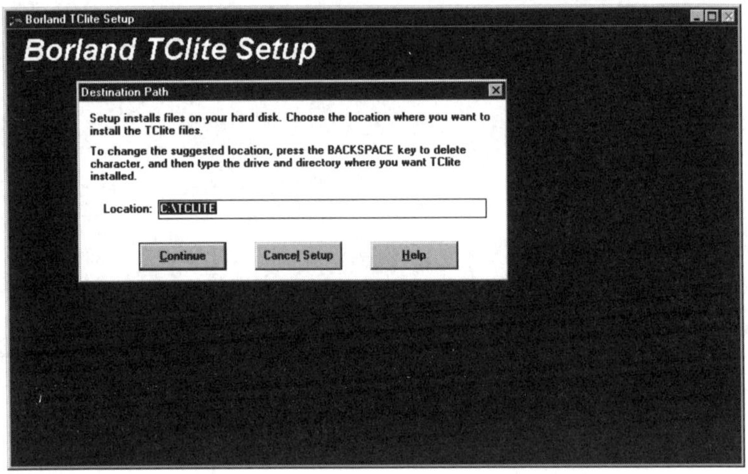

Bild 1.3: *Die Destination Path Dialog Box.*

4. Standardmäßig wird das SETUP-Programm die Dateien in das Verzeichnis „TCLITE" kopieren. Klicken Sie dazu ganz einfach auf „OK". Sollen die Daten in ein anderes Verzeichnis kopiert werden, so schreiben Sie ganz einfach den Namen des betreffenden Pfades in die Textzeile. Danach betätigen Sie die ENTER-Taste.

Jetzt ist der *Turbo C++ Light* Compiler bereit für Ihre ersten Programmzeilen.

INSTALLATION DES *TURBO* C++ *LITE* COMPILERS UNTER MS-DOS

Da es sich bei diesem Compiler um eine MS-DOS-Version handelt, kann er natürlich auch direkt unter MS-DOS installiert werden. Gehen Sie dazu wie folgt vor:

Legen Sie die beigefügte CD-ROM in Ihr CD-ROM-Laufwerk und geben Sie die folgenden XCOPY-Befehle ein. Ersetzen Sie gegebenenfalls den Buchstaben „D" durch denjenigen, unter welchem Ihr CD-ROM-Laufwerk angemeldet ist:

```
C:\> XCOPY  D:\BGI\*.*          \TCLITE\BGI\*.*             <ENTER>
C:\> XCOPY  D:\BIN\*.*          \TCLITE\BIN\*.*             <ENTER>
C:\> XCOPY  D:\INCLUDE\*.*      \TCLITE\INCLUDE\*.*/S       <ENTER>
C:\> XCOPY  D:\LIB\*.*          \TCLITE\LIB\*.*             <ENTER>
```

STARTEN DES COMPILERS

Da dieser Compiler auf MS-DOS basiert, muß beim Start unter Windows ein DOS-Fenster geöffnet werden.

Windows 95:

Wählen Sie dazu wieder „*Ausführen*" im ***Startmenü*** und schreiben Sie in die Dialogbox den Ausdruck *COMMAND*. Betätigen Sie die ENTER-Taste.

Im Anschluß daran öffnet sich ein DOS-Fenster unter Windows.

Windows 3.1:

Wählen Sie „*Ausführen*" im ***Programm-Manager*** und schreiben Sie in die Dialogbox den Ausdruck *COMMAND*. Betätigen Sie die ENTER-Taste.

Im Anschluß daran öffnet sich ein DOS-Fenster unter Windows.

Schreiben Sie die folgenden Zeilen im DOS-Fenster, um das Verzeichnis \TCLITE\BIN auszuwählen:

```
C:\WINDOWS>  CHDIR  \TCLITE\BIN      <ENTER>
C:\TCLITE\BIN>
```

Schreiben Sie dann den Befehl TC, um den Compiler zu starten:

```
C:\TCLITE\BIN>  TC  <ENTER>
```

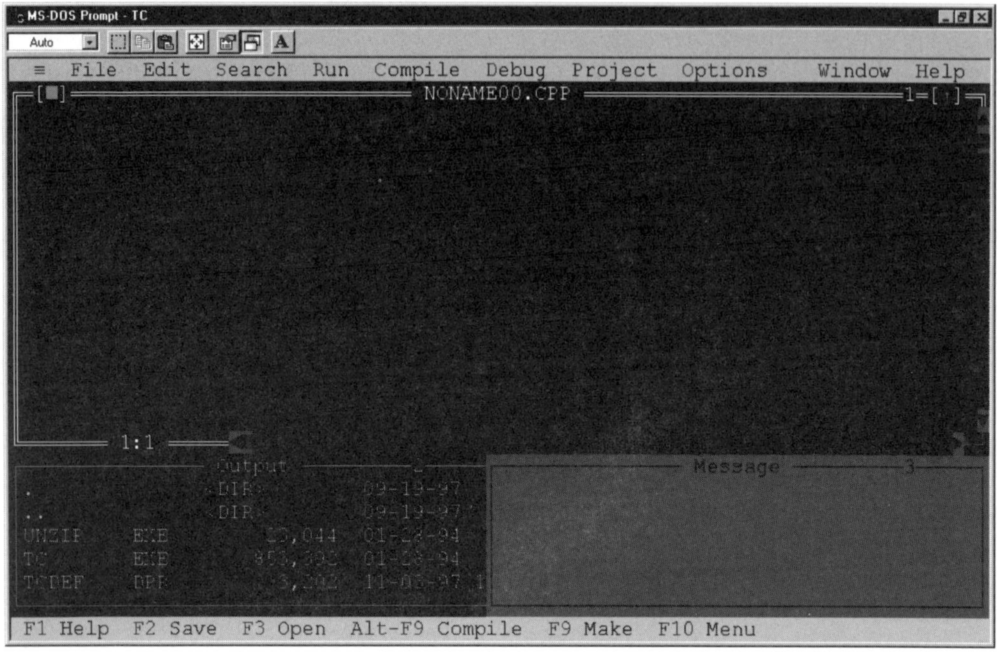

Bild 1.4: *Die Bildschirmdarstellung des Turbo C++ Lite Compilers.*

Der Compiler wird nun gestartet und meldet sich mit seiner typischen Oberfläche (Bild 1.4).

Hierbei handelt es sich um ein Fenster, in dem die Programmzeilen des Quelltextes eingetragen werden können. In einem weiteren Fenster zeigt *Turbo C++ Lite* die Ergebnisse Ihres Programms – zum Beispiel ausgegebene Texte und Zahlen (Ausgabefenster). Ein drittes Fenster ist zuständig für Meldungen, die der Compiler ausgibt – zum Beispiel, wenn das Programm bei fehlerhaften Eingaben nicht lauffähig ist.

Wenn diese Fenster nicht sichtbar sind, wählen Sie im Menü den Eintrag *Tile*. Führt dies nicht zum Erfolg, so wählen Sie in der Menüleiste den Eintrag Window und klicken auf den Namen des Fensters, das Sie sehen möchten.

LADEN EINES C++ PROGRAMMS

Bevor wir in Lektion 2 anfangen eigene C++ Programm zu schreiben, wollen wir zunächst damit beginnen, ein bereits fertiges Programm von der Begleit-CD-ROM zu laden. Dies gewährt uns, ganz ohne aufwendige Tipparbeit, wichtige Einblicke in das Wesen eines C++ Programms.

Programme werden mit dem Menü-Eintrag *Open* unter dem Menüpunkt *File* geladen.

Die einzelnen Beispielprogramme sind auf der CD-ROM nach Lektionen gegliedert. Zum Beispiel sind alle Programme, die zur Lektion 1 gehören, im Verzeichnis LESSON01 enthalten. Alle zur Lektion 2 gehörenden Programme befinden sich im Verzeichnis LESSON02 und so weiter.

Im Verzeichnis LESSON01 befindet sich eine Datei mit dem Namen *Demo.CPP*, die aus den folgenden Programmzeilen besteht:

```
#include <iostream.h>
void main(void)
   {
      cout <<  "This is a sample C++ program!" << endl;
   }
```

Um dieses Programm zu laden, führen Sie die folgenden Schritte aus:

1. Wählen Sie *Open* im Menü *File*. Daraufhin erscheint eine File Dialog Box (Bild 1.5).

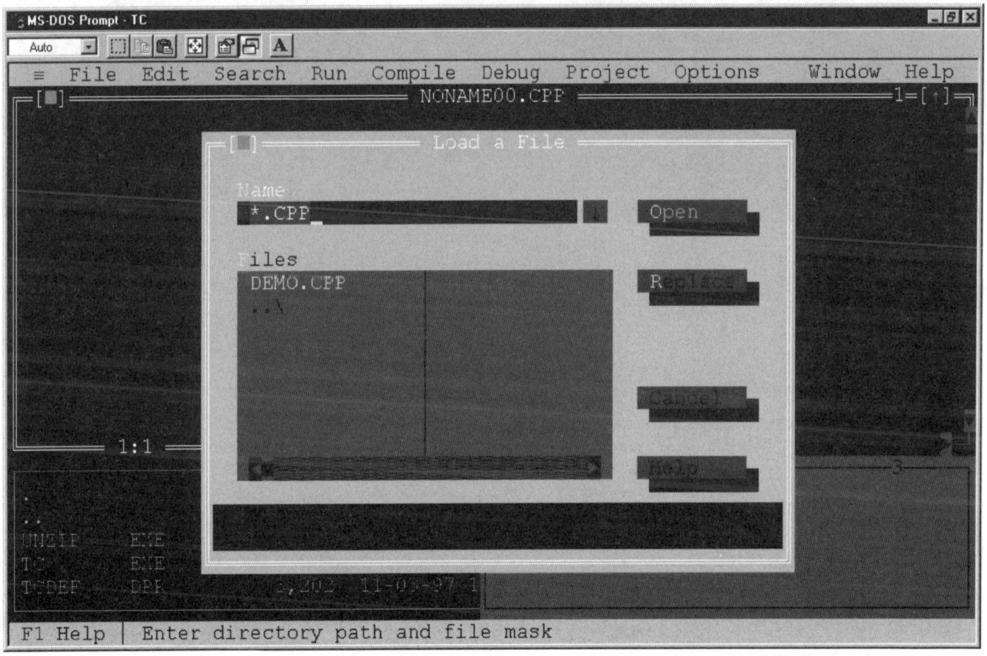

Bild 1.5: *Die File Dialog Box zum Laden eines Programms.*

2. Tragen Sie in dieser Box den Pfad und den Namen der zu ladenden Datei ein, und ersetzen Sie gegebenenfalls den Laufwerksbuchstaben „D“ durch denjenigen, unter dem Ihr CD-ROM-Laufwerk angemeldet ist.

   Turbo C++ zeigt nun (Bild 1.6) die Zeilen des oben genanten Programms auf Ihrem Bildschirm.

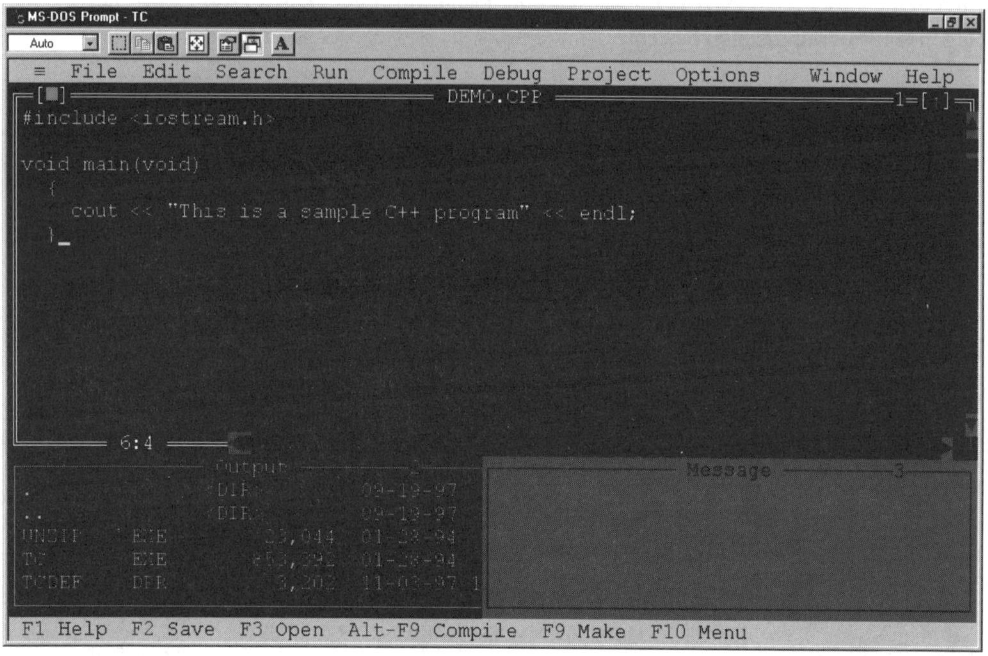

Bild 1.6: *Die Bildschirmdarstellung, nachdem das Demo-Programm DEMO.CPP in Turbo C++ Lite geladen wurde.*

Hinweis: Sie können die Programmzeilen auch ausdrucken, wenn Sie den Eintrag *Print* im Menü *File* anklicken.

DAS PROGRAMM STARTEN

Wenn Sie ein Programm in C++ „programmieren“, dann schreiben Sie Programmzeilen, die Sie anschließend in einer Quellcode-Datei (source file) speichern. Jetzt verwandeln Sie diese Zeilen mit Hilfe eines speziellen Programms, dem Compiler, in eine Folge von Einsen und Nullen, die der

Computer verstehen und bearbeiten kann. Damit dies mit den Programmzeilen aus dem Beispiel geschehen kann, wählen Sie im Menü *File* den Eintrag *Make EXE.*

Sie werden in Lektion 2 noch lernen, daß Programmzeilen nur dann vom Compiler bearbeitet werden, wenn Sie sich an ganz bestimmte Syntaxregeln halten. Das bedeutet zum Beispiel, daß am Ende jeder Programmzeile ein Semikolon stehen muß. Verstoßen Sie gegen diese Regeln, wird der Compiler mit einer Fehlermeldung reagieren.

Wenn solch eine Meldung erscheint, müssen die Fehler im Quellcode zunächst behoben werden, bevor es weitergehen kann. Haben Sie keine Syntaxregel verletzt, wird der Compiler ein vom Computer ausführbares Programm (EXE-Datei) erzeugen. Mit dem *Turbo C++ Light* Compiler kann das Programm im Menü *Run* unter dem Eintrag *Run* gestartet werden. Auf dem Bildschirm erscheint das Programm-Ausgabefenster (Bild 1.7).

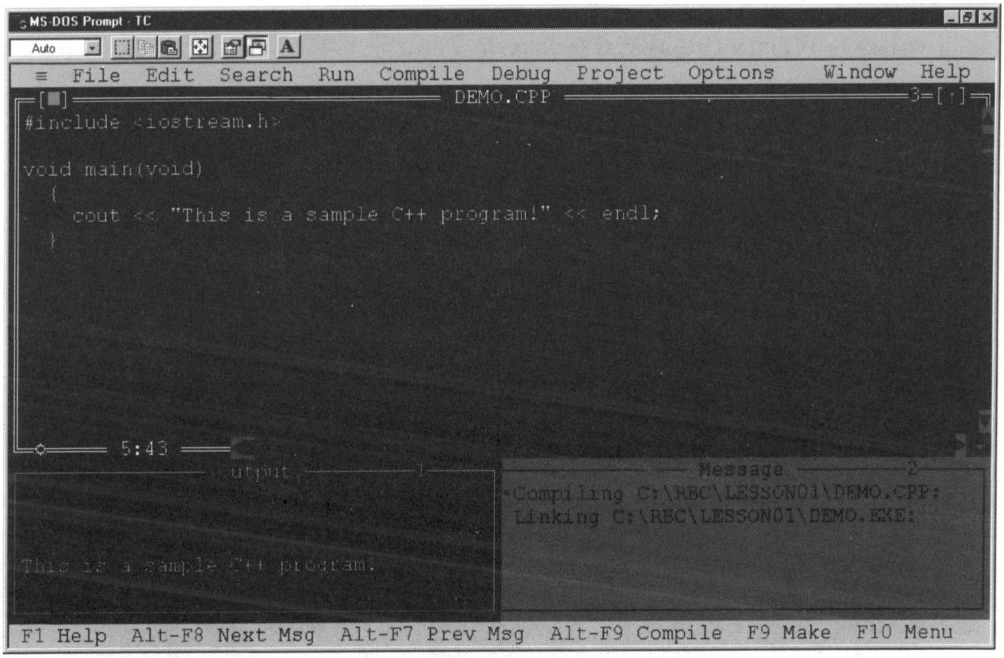

Bild 1.7: *Die Darstellung des Programm-Outputs von DEMO.CPP im Fenster unten links.*

Der Computer speichert das ausführbare Programm (Einsen und Nullen) in einer sogenannten EXE-Datei – zum Beispiel *DEMO.EXE.* Denken Sie jedoch daran:

Programme, die mit Turbo C++ Lite erstellt wurden, können nur von Turbo C++ Light, und nicht von DOS oder Windows aus gestartet werden.

Sollten Sie dies dennoch versuchen, so erscheint die folgende Fehlermeldung, die bemerkenswerter Weise nicht vom Programm selbst erzeugt wird:

```
C:\TITLE\BIN> DEMO   <ENTER>                    (Startversuch)

This program can only be run from within the IDE
```

Auf deutsch: „Dieses Programm kann nur von der IDE aus gestartet werden". IDE bedeutet soviel wie: Entwicklungsumgebung des Compilers. Wie erwähnt, benötigt man für Programme, die von DOS oder Windos gestartet, und auch an andere Anwender weitergegeben werden sollen, einen handelsüblichen Standard Compiler wie zum Beispiel *Borland C++* oder *Microsoft Visual C++*.

PROGRAMMZEILEN IN EINER QUELLDATEI SPEICHERN

In Lektion 2 werden Sie selbst ein C++ Programm schreiben. Danach werden Sie die Programmzeilen in einer Quelldatei auf Festplatte oder Diskette speichern. Gehen Sie beim Speichern wie folgt vor:

1. Wählen Sie den Eintrag *Save as* im Menü *File* (Bild 1.8). Die Dialogbox zum Speichern von Dateien unter einem selbst gewählten Namen erscheint auf dem Bildschirm.

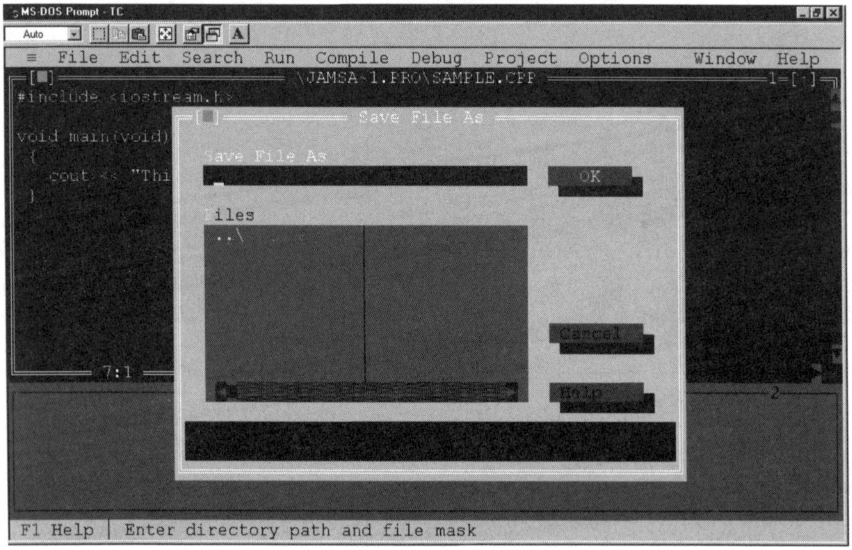

Bild 1.8: *Die Dialog-Box zum Speichern einer Datei.*

2. Schreiben Sie den Namen, unter welchem Sie Ihre Datei speichern möchten.

3. Klicken Sie auf *OK*.

Um Ihnen Ihre Arbeit zu erleichtern, sind auf der Begleit-CD-ROM dieses Buches alle Beispielprogramme (als Quellcode) gespeichert. Mit *Open* (File Menü) kann jede dieser Dateien geladen und anschließend auch von Ihnen erweitert oder verändert werden. Die veränderten Dateien lassen sich, wie bereits erwähnt, mit *Save as* auf der Festplatte speichern.

ZUSAMMENFASSUNG

In dieser Lektion haben Sie gelernt, wie man den *Turbo C++ Light* Compiler installiert und startet. In Lektion 2 werden Sie damit mehrere kleinere Programme schreiben und starten. Überprüfen Sie anhand der folgenden Liste noch einmal, ob Sie die in Lektion 1 gemachten Aussagen behalten und verstanden haben:

✓ Die Begleit-CD-ROM dieses Buches enthält einen unter DOS lauffähigen Compiler.

✓ Mit diesem Compiler können Sie Programmzeilen (Quellcode) schreiben, die in einen für den Computer verständlichen Code aus Einsen und Nullen umgewandelt (compiliert) werden: Dadurch entsteht ein Programm, das von Ihnen gestartet werden kann.

✓ Ein *Turbo C++ Light* Programm kann nur aus der Entwicklungsumgebung des Compilers heraus gestartet werden.

✓ Um ein Programm zu schreiben, das Sie auch an andere Anwender weitergeben können, benötigen Sie einen Standard C++ Compiler wie zum Beispiel *Borland C++* oder *Microsoft Visual C++*.

✓ Mit dem Menü-Eintrag *Save as* können Sie Ihre Programme in einer Quelldatei (source file) auf der Festplatte speichern.

Anmerkung:
Dieses Buch ist eine Übersetzung von „Rescued by C++“ von Jamsa Press. Originaltitel und Verlagsname tauchen regelmäßig in den Programmbeispielen von der CD-ROM auf.

LEKTION 2

IHR ERSTES PROGRAMM

Ganz sicher hat jeder von Ihnen bereits irgend ein Computerprogramm benutzt: vielleicht ein Programm zur Textverarbeitung, zum Zeichnen oder zur Datenverarbeitung. Bei Computerprogrammen handelt es sich um Dateien, in denen Anweisungen für den Computer enthalten sind; Anweisungen zur Lösung bestimmter Aufgaben. Bei Textverarbeitungsprogrammen muß der Computer zum Beispiel ein auf der Tastatur eingegebenes Zeichen auf dem Bildschirm an einer ganz bestimmten Position darstellen und gleichzeitig im RAM speichern. In Betriebssystemen wie Windows oder DOS sind solche Programmdateien mit Anweisungen für den Computer in der Regel mit der Endung EXE oder auch COM versehen.

In dieser Lektion lernen Sie, wie man dem Computer mit C++ Befehlszeilen Anweisungen erteilt. Am Ende dieser Lektion werden Sie in der Lage sein,...

- ein Programm mittels C++ Befehlszeilen mit einem Text-Editor zu erstellen;
- Ihre Programmzeilen mittels des C++ Compilers in einen für den Computer ausführbaren Programmcode zu verwandeln;
- mit dem Text-Editor Änderungen an Ihren Programmzeilen vorzunehmen;
- Fehlermeldungen des Compilers auf dem Bildschirm zu verstehen;
- diese Fehlermeldungen mittels des Text-Editors zu beheben und
- Ihre Befehlszeilen anhand der Fehlermeldungen zu korrigieren und den Compiler erneut zu starten.

Programmieren bedeutet, dem Computer eine Liste genau der Anweisungen vorzugeben, die er zum Lösen einer ganz bestimmten Aufgabe benötigt. Zum Erstellen dieser Liste benötigt man eine Programmiersprache, wie zum Beispiel C++. Mit Hilfe eines Text-Editors werden die einzelnen Programmzeilen in eine Quelldatei geschrieben. Im Anschluß daran sorgt ein spezielles Programm, ein Compiler, für die Konvertierung in eine Folge von Einsen und Nullen, die der Computer verstehen und ausführen kann.

Die einfachste Methode zum Verständnis dieses Vorgangs besteht darin, selbst ein einfaches, kleines Programm zu schreiben, zu compilieren und zu starten. Wie das funktioniert, werden Sie im nächsten Abschnitt sehen.

EIN EINFACHES PROGRAMM

Ihr erstes Programm heißt, wie sollte es anders sein, *First.CPP* (engl.: Erstes). Die Endung CPP wird standardmäßig verwendet, um anzuzeigen, daß es sich bei der betreffenden Datei um einen C++ Code handelt. Das Programm macht nichts weiter, als die Meldung „Rescued by C++“ auf dem Bildschirm auszugeben. Um es auszuführen, schreiben Sie den Namen des Programms (First) und betätigen anschließend die Enter-Taste:

```
C:\> First  <ENTER>
```

Auf dem Bildschirm erscheint im Ausgabefenster die Zeile:

`Rescued by C++` (sinngemäße Übersetzung: „C++ hat mir geholfen“)

Programmieren ist sowohl in der Kommandozeilen-Umgebung von DOS- oder zum Beispiel UNIX als auch in der Windows-Umgebung möglich. Der Einfachheit halber gehen die Programmbeispiele dieses Buches davon aus, daß Sie in der DOS-Umgebung arbeiten. Zum Start eines Programms unter DOS wird der betreffende Programmname ohne die Endung EXE geschrieben. Danach braucht nur noch die Enter-Taste betätigt zu werden – und los geht's.

Zum Schreiben eines Programms benötigen Sie einen Text-Editor (zum Beispiel EDIT unter MS-DOS), oder den *Turbo C++ Lite*-Editor, der zum gleichnamigen Compiler gehört und diesem Buch auf der CD-ROM beigefügt ist. Mit diesem Text-Editor wird zunächst der Quelltext geschrieben, der aus einzelnen Befehlszeilen besteht. Schreiben Sie Ihre Programme auf keinen Fall mit Textverarbeitungssystemen wie Word oder WordPerfect. In diesen Textverarbeitungsprogrammen sind zusätzliche, auf dem Bildschirm nicht sichtbare Informationen (Steuerzeichen) bezüglich der Schriftart, der Schriftgröße, des Zeilenabstandes und vieler anderer Parameter gespeichert, die den Compiler völlig durcheinander bringen würden.

Doch jetzt zum Programm. Schreiben Sie mit dem Turbo C++ Light- oder einem anderen ASCII-Texteditor die folgenden Zeilen so, wie sie im untenstehenden Beispiel dargestellt sind. Achten Sie auf Groß- und Kleinschreibung!

```
#include <iostream.h>
void main(void)
   {
      cout << "Rescued by C++!";
   }
```

Kümmern Sie sich nicht darum, wenn Ihnen die einzelnen Zeichen und Begriffe zunächst rätselhaft erscheinen. Sinn und Zweck jeder Zeile werden Sie in Lektion 3 (C++ unter der Lupe) noch ausführlicher kennenlernen. Achten Sie statt dessen darauf, die Zeilen fehlerfrei einzugeben: Fehlt keine Klammer? Ist das Semikolon am Zeilenende vorhanden? Sind die Zeichenabstände richtig? Überprüfen Sie alle Zeilen noch einmal sorgfältig. Wenn alles in Ordnung ist, können Sie das Programm unter dem Namen *First.CPP* speichern.

Schreiben und Starten des Programms *First.CPP* innerhalb des Verzeichnisses TCLITE

Um Ihr erstes Programm, *First.CPP*, zu erstellen, gehen Sie wie folgt vor:

1. Starten Sie den *Turbo C++ Lite* Compiler wie in Lektion 1 beschrieben.
2. Wählen Sie *New* im *File* Menü.
3. Schreiben Sie im Code-Fenster des Compilers die obenstehenden Programmzeilen.

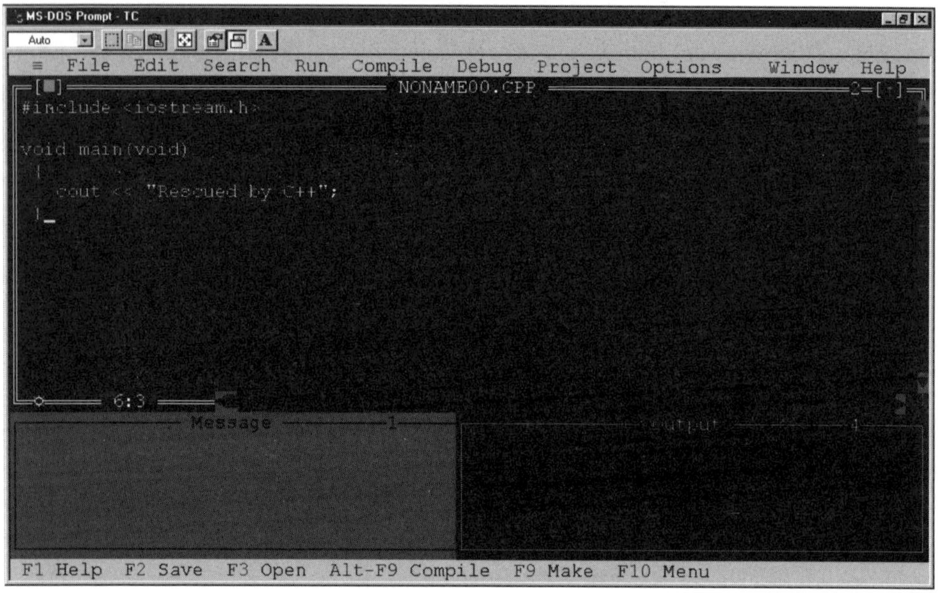

***Bild 2.1:** Die Eingabe des Programmcodes First.CPP im Turbo C++ Lite Code-Fenster (oben).*

4. Wählen Sie nun aus dem File-Menü die „*Save as*"-Option aus. Geben Sie in die jetzt angezeigte „*Save as*"-Dialog-Box den Dateinamen *First.CPP* ein und drücken Enter.
5. Über die *Run*-Option des Run-Menüs wird nun der Quelltext compiliert und das Programm gestartet. Das Ergebnis erscheint im *Turbo C++ Lite* Output-Fenster wie Bild 2.2 zeigt.

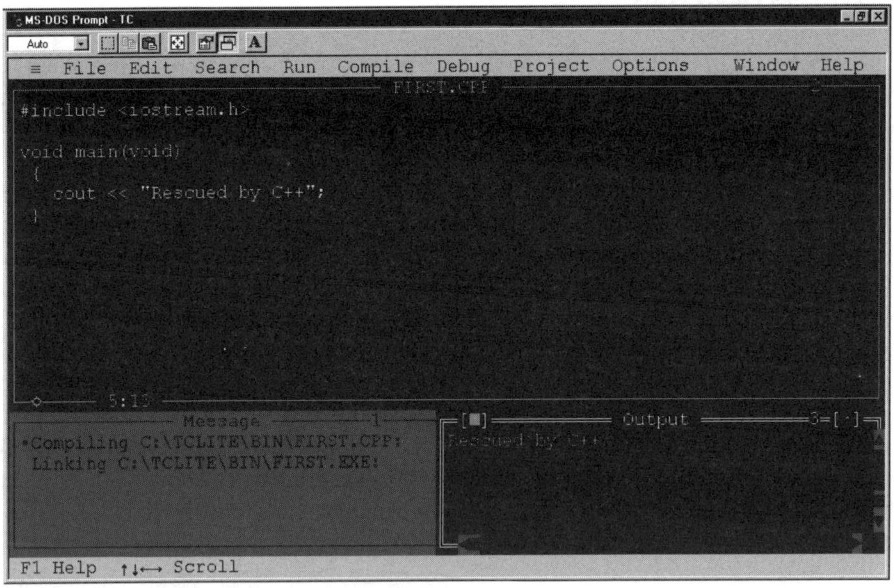

Bild 2.2: *Die Ergebnisanzeige von First.CPP im Turbo C++ Lite Output-Fenster (unten rechts)*

Quellcode-Dateien richtig benennen

Sie wissen bereits, daß Sie Ihre selbst geschriebenen Programmzeilen in sogenannten Quellcode-Dateien (source files) auf Ihrer Festplatte speichern. Am Ende eines jeden Namens steht, durch einen Punkt getrennt, die Endung *CPP*. Welche Regeln gibt es jedoch für die Wahl des eigentlichen Dateinamens?

Wichtig ist, daß der Name sinnvoll gewählt wird. Das bedeutet, daß er in einem Zusammenhang mit der Eigenschaft des betreffenden Programms steht. Für ein Programm zur Berechnung von Gehältern wäre der Name *gehalt.CPP* zum Beispiel recht sinnvoll. Eine Datei mit dem Namen *Nummer8.CPP* wäre dagegen aus einer langen Liste von Dateien nur sehr schwer ausfindig zu machen.

Als zweite Regel gilt, daß Programmnamen niemals mit den Befehlen oder Schlüsselwörtern eines verwendeten Betriebssystems übereinstimmen sollten. Geben Sie Ihren Dateien daher niemals Namen wie *Copy*, *Delete*, *Format* und so weiter.

COMPILIEREN DES PROGRAMMS

Computer arbeiten in ihrem Innern mit Befehlen, die aus Kombinationen von Einsen und Nullen bestehen (Maschinensprache). Natürlich sind diese Zahlen nicht wirklich im Computer vorhanden: Sie stehen symbolisch für die An- oder Abwesenheit von Strömen in Leitungen und für das Vorhandensein oder Nichtvorhandensein von elektrischen Ladungen in Speicherchips. Fließt in einer Leitung Strom (ist eine Eins vorhanden), kann ein Computer völlig anders reagieren, als wenn in derselben Leitung kein Strom fließt (Null). Glücklicherweise müssen Programmierer heutzutage ihre Computer nicht mehr mit Folgen aus Einsen und Nullen füttern. Dies war in den Vierziger- und Fünfziger Jahren tatsächlich der Fall. Heute gibt es Programmiersprachen wie zum Beispiel C++, die die Eingabe eines Codes erlauben, der fast der englischen Sprache gleicht. Ein Compiler verwandelt schließlich diesen Code in eine für den Computer verständliche Folge von Einsen und Nullen.

Mit anderen Worten: Der Compiler „liest" Ihren Quellcode und überprüft ihn. Verstößt der Quellcode nicht gegen die Syntaxregeln der Programmiersprache, so wird der Compiler den Code in die Maschinensprache übersetzen. Je nach verwendetem Compiler kann übrigens der Befehl zum Start des Compiliervorgangs einer Quelldatei unterschiedlich sein.

Der Compiler speichert diesen Maschinencode auf der Festplatte in einer Datei, die üblicherweise die Endung EXE besitzt. Wenn die EXE-Datei einmal vom Compiler erzeugt wurde, kann das entsprechende Programm durch Aufruf dieser Datei jederzeit gestartet werden. Aufruf bedeutet: Den Namen der Datei (ohne die Endung „.EXE") eingeben und dann die Enter-Taste drücken.

Downloaden des C++ Compilers

Wie bereits erwähnt, ist diesem Buch eine CD-ROM beigefügt, die den unter DOS lauffähigen Borland *Turbo C++ Light* Compiler inclusive zahlreicher Programmbeispiele enthält. Wer in UNIX- oder MAC-Umgebung in C++ programmieren möchte, und Zugang zum Internet hat, kann von dort einen Shareware C++ Compiler herunterladen, mit dem die Beispielprogramme in diesem Buch auch bearbeitet werden können. Nähere Informationen dazu erhalten Sie unter der Web-Seite:

http://www.cs.princeton.edu/software/lcc/index.html

Wenn Ihr Compiler eine Fehlermeldung ausgibt, sollten Sie sich Ihre Quelldatei noch einmal genau anschauen: Vergleichen Sie jeden einzelnen Buchstaben und jedes einzelne Zeichen mit dem Text in diesem Buch. Beheben Sie eventuelle Fehler, speichern Sie Ihre Änderungen und führen Sie den Compiliervorgang erneut durch. War der zweite Versuch erfolgreich, so starten Sie das Programm durch das Eintippen des Programmnamens und dem anschließenden Betätigen der ENTER-Taste.

Den Compiler verstehen

Wenn Sie ein Programm erstellen, verwenden Sie eine Programmiersprache wie zum Beispiel C++, um dem Computer Ihre Anweisungen zur Erfüllung einer bestimmten Aufgabe zu übermitteln. Mittels eines Text-Editors schreiben Sie zunächst Ihre Programmzeilen und speichern diese in einer sogenannten Quelldatei. Danach sorgt ein Compiler dafür, daß der für den Menschen lesbare Quellcode in einen für den Computer verständlichen Code aus Nullen und Einsen (Maschinensprache) verwandelt wird.

Nach erfolgreicher Umwandlung (Compilierung) erzeugt der Compiler eine ausführbare Programmdatei. Beim geringsten Fehler in Ihrem Quellcode jedoch gibt der Compiler eine Fehlermeldung auf dem Bildschirm aus. Erst nach Korrektur des Fehlers im Texteditor wird nach einem Compiler-Neustart die EXE-Datei erzeugt.

Ein zweites Programm

Nachdem Sie das erste Programmbeispiel mit Erfolg compiliert und gestartet haben, ist es Zeit, einen weiteren Versuch zu wagen. Das Programm heißt *Easy.CPP* (Leicht) und enthält die folgenden Zeilen:

```
#include <iostream.h>

void main(void)
  {
   cout << "Programming in C++ is easy!";
  }
```

(Deutsche Übersetzung der vom Programm ausgegebenen Meldung: „Programmieren in C++ ist leicht!").

Speichern Sie auch diesmal zunächst den Quellcode, bevor Sie mit dem Compilieren beginnen. Wenn Sie den Text ohne Fehler eingetippt haben, wird der Compiler die Datei: *Easy.EXE* erzeugen. Sie starten das Programm wieder durch das Schreiben des Programmnamens hinter dem Prompt:

```
C:\> Easy    <Enter>
```

Nach dem Start des Programms erscheint der folgende Satz auf dem Bildschirm:

```
Programming in C++ is easy!
```

EIN BESTEHENDES PROGRAMM ÄNDERN

Einmal geschriebene Programme können jederzeit geändert, beziehungsweise verbessert werden. Zwischen den Wörtern *is* und *easy* soll noch das Wort *very* eingefügt werden. Statt „Programmieren in C++ ist leicht" wird der Satz „Programmieren in C++ ist *sehr* leicht" (is very easy) auf dem Bildschirm erscheinen.

Laden Sie die betreffende Quelldatei in Ihren Text-Editor und führen Sie die entsprechenden Änderungen aus: Ganz einfach das zusätzlich Wort einfügen – wie bei einem Textprogramm! Starten Sie danach den Compiler erneut und beobachten Sie, was sich auf dem Bildschirm geändert hat:

```
C:\> Easy  <Enter>

Programming in C++ is very easy!
```

NACH EINER ÄNDERUNG DES QUELLCODES MUSS NEU COMPILIERT WERDEN

Bei jeder Änderung des Quellcodes eines Programms muß dieser neu compiliert werden. Nur so kommen die Änderungen auch zur Wirkung. Ändern Sie nun das Programm *Easy.CPP* ein zweites mal, indem Sie einen neuen Befehl hinzufügen:

```
#include <iostream.h>
void main(void)
   {
      cout << "Programming in C++ is very easy!";
      cout << endl << "And pretty cool!";
   }
```

Speichern Sie Ihre Änderung und starten Sie das Programm erneut, ohne es zuvor neu zu compilieren. Das Ergebnis ist nicht überraschend:

```
C:\> Easy  <Enter>

Programming in C++ is very easy!
```

Die neue Zeile erscheint nicht auf dem Bildschirm. Kein Wunder: Die EXE-Datei befindet sich ja immer noch im alten, nicht geänderten Zustand. Erst durch ein neues Compilieren wird eine neue lauffähige Datei erzeugt, die die Ergänzungen berücksichtigt. Starten Sie deshalb den Compiler, und dann die EXE-Datei:

```
C:\> Easy  <Enter>

Programming in C++ is very easy!

And pretty cool!
```

SYNTAX-FEHLER

Jede Sprache, ob Deutsch, Englisch, Französisch oder C++ besitzt ihre eigenen Regeln, die man befolgen muß, wenn man die Sprache anwendet. In der deutschen Sprache zum Beispiel enden alle Sätze mit einem Punkt, einem Frage- oder Ausrufezeichen etc. Sätze beginnen mit Großbuchstaben. Dies sind Syntaxregeln vieler verbreiteter Sprachen. Auch bei C++ gibt es solche Regeln, die genau vorschreiben, wann zum Beispiel ein Semikolon, eine geschweifte oder eine eckige Klammer gesetzt werden muß. Bei Nichtbeachtung dieser Regeln gibt der Compiler eine Fehlermeldung aus, in der auf den Verstoß hingewiesen wird. Die meisten Compiler stellen sogar die falsche Zeile des Quellcodes mit Zeilennummer auf dem Bildschirm dar.

Erst wenn der Programmierer alle Syntaxfehler behoben hat, kann der Compiler mit seiner Arbeit fortfahren. Um den Vorgang des Aufspürens und Korrigierens von Syntaxfehlern zu verstehen, sollten Sie das folgende Programm mit Namen *syntax.CPP* auf jeden Fall ausprobieren:

```
#include <iostream.h>
void main(void)
  {
    cout << cout << Use quotes around messages;
  }
```

Sicher ist Ihnen aufgefallen, daß die in den letzten Programmbeispielen ausgegebenen Nachrichten innerhalb des entsprechenden Quellcodes in Anführungszeichen gesetzt waren. Dies wird von den C++ Syntaxregeln verlangt. Werden diese Regeln nicht eingehalten, so gibt der Compiler Fehlermeldungen aus. Im Falle des obigen Beispiel lauten Sie wie folgt:

```
Compiling  Syntax.CCP
Error Syntax.CPP 5: Undefined symbol 'Use' in function main()
Error Syntax.CPP 5: Undefined symbol 'quotes' in function main()
Error Syntax.CPP 5: Undefined symbol 'around' in function main()
Error Syntax.CPP 5: Undefined symbol 'messages' in function main()
```

Auf Deutsch bedeutet dies soviel wie:

Undefiniertes Zeichen 'Use' in der Funktion main() usw.

Die Anzahl der Syntaxfehler entspricht der Anzahl der verwendeten Wörter.

Editieren Sie die obige Datei, und setzen Sie Anführungszeichen:

```
cout << "Use quotes around messages";
```

Auf deutsch:

```
cout << "Setzen Sie Ausgabetexte in Anführungszeichen";
```

Jetzt kann das Programm erneut compiliert werden – diesmal mit Erfolg: Der eingegebene Text erscheint als Meldung auf dem Bildschirm.

Vielleicht wird Ihnen der Hinweis ein Trost sein, daß häufige Fehlermeldungen bei allen, die mit dem Erlernen einer Programmiersprache beginnen, ganz einfach dazugehören. Mit der Zeit werden es immer weniger Meldungen – und irgendwann gehören sie zur Ausnahme. Und wenn dann hin und wieder doch noch eine Meldung auftauchen sollte, bedarf es meistens keiner großen Anstrengung, um ihre Ursache ausfindig zu machen.

Syntax Fehler verstehen

Beim Schreiben von C++ Programmen müssen Regeln eingehalten werden. So müssen zum Beispiel Texte in Anführungszeichen gesetzt – und die meisten Programmzeilen mit einem Semikolon abgeschlossen werden (welche das sind, werden Sie noch erfahren).

Verletzt Ihr Programm eine dieser Syntaxregeln, so gibt der Compiler eine Fehlermeldung aus. Erst nach der Korrektur dieser Fehler kann der Compiler ein ausführbares Programm erzeugen.

ARBEITEN IN DER WINDOWS-UMGEBUNG

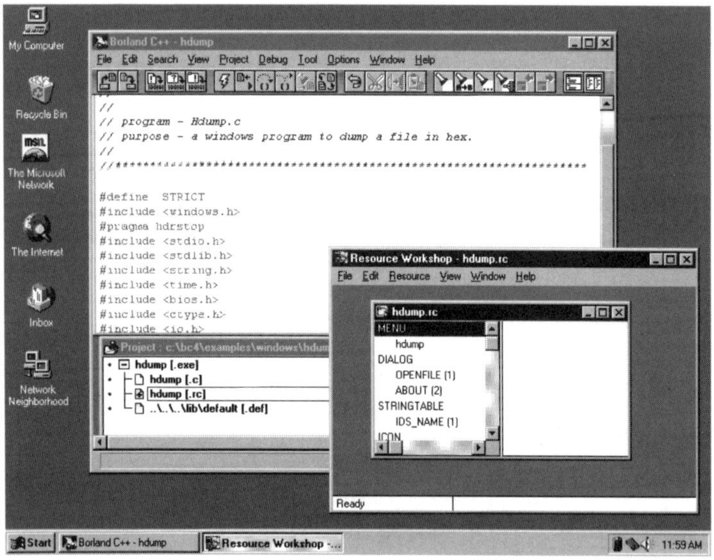

Bild 2.3:
Typische Fensterdarstellung in der Windows Umgebung.

Der Einfachheit halber gingen alle vorhergehenden Programme davon aus, daß Sie den Compiler unter dem Betriebssystem DOS verwenden. Die meisten Programmierer arbeiten heute jedoch unter Windows – zum Beispiel mit Visual C++ von Microsoft oder C++ für Windows von Borland. Sollten Sie unter Windows arbeiten, so können Sie trotzdem auf die Programmbeispiele der CD-ROM zugreifen. Sie gelten für beide Fälle. Was sich unter Windows ändert, ist die Art und Weise, wie ein Programm compiliert und ausgeführt wird.

Innerhalb von Windows können auch beim Programmieren die Vorteile von Windows gegenüber DOS genutzt werden: Quellcode, Ausgabetexte und Fehlermeldungen erscheinen zur gleichen Zeit, aber in unterschiedlichen Fenstern auf dem Bildschirm. Hinzu kommt: Der Wechsel zwischen Menüeinträgen per Mausklick spart lästige Tipparbeit und macht das Auswendiglernen von Befehlen überflüssig.

ZUSAMMENFASSUNG

In dieser Lektion haben Sie gelernt, wie man C++ Programme erstellt und compiliert. In Lektion 3, *C++ unter der Lupe,* betrachten wir die bisher geschriebenen Programmzeilen etwas genauer. Sie werden die Bedeutung sogenannter Schlüsselwörter wie *void* kennenlernen und verstehen, wie das Programm einen Text auf dem Bildschirm ausgibt. Außerdem werden Sie erfahren, wie man Programmzeilen mittels geschweifter Klammern zusammenfügt. Zuvor sollten Sie jedoch anhand der folgenden Punkte noch einmal überprüfen, ob Sie die Inhalte von Lektion zwei verstanden und behalten haben.

- ✓ Programme sind Dateien, die aus einer Folge von Anweisungen bestehen. Diese Anweisungen führt der Computer zur Lösung einer bestimmten Aufgabe aus.
- ✓ Zum Erstellen eines Programms verwendet man einen Texteditor, mit dem man Programmzeilen schreibt.
- ✓ Der fertige Text (Quellcode) wird als Datei mit der Endung CPP gespeichert.
- ✓ Der Compiler verwandelt die C++ Programmzeilen in eine Folge von Einsen und Nullen (Maschinensprache), die der Computer verstehen kann.
- ✓ Wie alle Sprachen hat auch C++ seine eigenen Regeln (Syntaxregeln).
- ✓ Wird eine Syntaxregel verletzt, so gibt der Compiler eine Meldung aus, in welcher der Fehler beschrieben – und eventuell die betreffende Zeilennummer angezeigt wird.
- ✓ Alle Syntaxfehler müssen behoben werden, bevor der Compiler mit seiner Arbeit fortfährt.
- ✓ Nach eventuellen Änderungen des Quellcodes muß das Programm jedesmal neu compiliert werden.

LEKTION 3

C++ UNTER DER LUPE

In Lektion 2 haben Sie bereits einige Programme geschrieben. Es gehörte in dieser Lektion nicht zu Ihren Aufgaben, die Bedeutung der Programmzeilen zu verstehen. Sie sollten vielmehr ein Gefühl dafür erhalten, wie man C++ Programme schreibt und compiliert. In dieser Lektion werden Sie Ihr Augenmerk auf die einzelnen Befehle und Zeichen innerhalb einer Programmzeile richten. Sie werden feststellen, daß die meisten C++ Programme das gleiche Format aufweisen – beginnend mit einem oder mehreren *#include*-Statements, gefolgt von einer Zeile, in welcher der Ausdruck *void main(void)* steht – und einer Reihe geschweifter Klammern { }. Sie werden schnell feststellen, daß es mit diesen zunächst Ehrfurcht einflößenden „Geheimzeichen“ gar nichts Geheimnisvolles auf sich hat. Wenn Sie diese Lektion abgeschlossen haben, werden Sie wissen, daß...

- Sie mit dem *#include*-Statement die Vorteile sogenannter *Header-Dateien* ausnutzen können, die wiederum C++ Programmzeilen oder Definitionen enthalten;
- der Hauptteil eines C++ Programms mit dem Statement *void main(void)* beginnt;
- Programme aus einer oder mehreren Funktionen bestehen, die verwandte Befehle zur Erfüllung bestimmter Aufgaben enthalten;
- Ihre Programme bei der Ausgabe von Daten auf dem Bildschirm sehr regen Gebrauch des sogenannten *cout* Output Streams machen.

Beim Erstellen von C++ Programmen werden eigentlich nicht Befehle, sondern Statements verwendet. In späteren Lektionen werden Sie zum Beispiel das Zuweisungs-Statement kennenlernen (assignment Statement), das einer Variablen einen Wert zuweist, und das *if*-Statement, das Entscheidungen trifft. Begnügen wir uns jetzt mit der Feststellung, daß es sich beim Inhalt Ihrer Programme um Programm-Statements handelt.

PROGRAMM STATEMENTS

Erinnern Sie sich an das Programm aus Lektion 2? Die Zahlen am Anfang gehören natürlich nicht dazu.

```
1     #include <iostream.h>
2     void main(void)
        {
3         cout  << "Rescued by C++!";
        }
```

Dieses Programm besteht aus drei Statements, die hier einmal durch die Zahlen am Zeilenanfang gekennzeichnet sind. Die geschweiften Klammern (Gruppiersymbole) kennzeichnen eine Gruppe zusammengehörender Statements.

DAS *#INCLUDE* STATEMENT

Jedes der Programme, die Sie in Lektion 2 geschrieben haben, begann mit der folgenden Zeile:

```
#include <iostream.h>
```

Beim Compilieren eines Programms gibt das *#include* -Statement dem Compiler die Anweisung, den Inhalt der durch dieses Statement bezeichneten *Header*-Datei (z. B. *iostream.h*) in den Quellcode mit aufzunehmen – und zwar an der Position des *#include*-Statements.

Dateien mit der Endung „*.h*", die Sie an den Anfang eines Programms einfügen, werden *Header*-Dateien (header files) genannt. Wenn Sie sich einmal die Verzeichnisse Ihres Compilers anschauen, werden sie auf ein Verzeichnis mit Namen *INCLUDE* stoßen. Es enthält eine große Anzahl unterschiedlicher *Header*-Dateien. Jede dieser Dateien enthält sogenannte *Definitionen*, die der Compiler für unterschiedliche Operationen zur Verfügung stellt: mathematische Operationen, Dateioperationen und so weiter.

Die *Header*-Dateien sind im ASCII-Format gespeichert. Das bedeutet, daß wir mit einem Texteditor ihren Inhalt lesen können. Über ihn brauchen wir uns jetzt noch keine Gedanken zu machen. Nehmen wir einfach zur Kenntnis, daß wir mit dem *#include* Statement diese Dateien nutzen können. Kein Programm dieses Buches kommt ohne solch eine *Header*-Datei aus.

Header-Dateien

Jedes C++ Programm benötigt mindestens ein *#include*-Statement an seinem Anfang. Die *#include*-Statements weisen den Compiler an, eine bestimmte Datei (*Header*-Datei) in das Programm einzufügen (*include* heißt in Deutsch nichts anderes als „einfügen").

Dies hat die gleiche Wirkung, als hätten Sie selbst zusätzlich die Zeilen der *Header*-Datei in Ihr Programm geschrieben. *Header*-Dateien enthalten Definitionen, die der Compiler zum Ausführen unterschiedlicher Operationen benötigt. Es gibt spezielle *Header*-Dateien zur Steuerung von Ein- und Ausgabe-Operationen, zur Bestimmung von Datum und Uhrzeit sowie zur Berechnung mathematischer Funktionen.

Da es sich bei *Header*-Dateien um ASCII-Dateien handelt, kann man sie auch auf dem Bildschirm lesen oder ausdrucken. Probieren Sie es doch einmal! Nehmen Sie dazu die Datei *iostream.h*, die in jedem Programm dieses Buches verwendet wird. Sie befindet sich im Verzeichnis *INCLUDE* auf der CD-ROM und kann mit jedem Texteditor (zum Beispiel *Edit*) gelesen werden.

Achtung: Ändern Sie dabei niemals den Inhalt einer solchen Datei! Selbst die geringsten Veränderungen in diesen Dateien führen dazu, daß der Compiler in jedem von Ihnen geschriebenen Programm Fehler erzeugt.

WAS BEDEUTET *VOID MAIN(VOID)* ?

Die Reihenfolge, in welcher Sie die Zeilen, beziehungsweise Statements Ihres Programms schreiben, entspricht nicht unbedingt der Reihenfolge, in welcher der Compiler diese Zeilen bearbeitet. Jedes Programm hat zum Beispiel einen Punkt, an welchem der Compiler mit seiner Übersetzung beginnt: Der mit *void main(void)* bezeichnete Programmteil. Bei kleinen Programmen mag dies umständlich wirken – aber je mehr ein Programm an Umfang zunimmt, desto größer wird die Notwendigkeit, es in kleine, übersichtliche Stücke zu unterteilen, die von einem zentralen Hauptteil verwaltet werden – dem *main*-Teil (main heißt übrigens ins Deutsche übersetzt „Haupt"). Beispiel: „mainstreet" = Hauptstraße).

Das *main*-Programm

Computerprogramme enthalten zahlreiche Statements. Das Statement „*void main(void)*" sagt dem Compiler, wo er mit seiner Arbeit beginnen soll. Das *main*-Statement ist das erste Statement, das der Computer ausführt. Jedes Programm muß genau ein *main*-Statement besitzen – nicht mehr, und nicht weniger.

Tip: Beim Untersuchen größerer Programme sollten Sie zuerst das *main*-Statement suchen, damit Sie wissen, wo der Computer mit der Ausführung des Programms beginnt.

WAS BEDEUTET *VOID*?

Größere C++ Programme werden der Übersichtlichkeit halber in kleinere Abschnitte unterteilt: sogenannte Funktionen. Hierbei handelt es sich um eine Gruppe von Statements, die zusammen eine bestimmte Aufgabe erfüllen. Wenn Sie zum Beispiel ein Lohnbuchhaltungsprogramm schreiben würden, so wäre darin eine Funktion von Nutzen, die sich darum kümmert, die Gehälter jedes einzelnen Angestellten zu berechnen. Sie könnte zum Beispiel *Gehalt* (oder auf englisch: *salary*) heißen.

Ein anderes Beispiel: Ein Mathematikprogramm könnte eine Funktion enthalten, die ausschließlich für das Berechnen von Wurzeln zuständig ist. Das Ergebnis würde dann an das Programm zurückgegeben.

Im Moment sollten Sie nur beachten, daß jede Funktion einen eindeutigen, unverwechselbaren Namen besitzen muß und daß jedes Programm über mindestens eine Funktion verfügt.

In den Programmen, die Sie in Lektion 2 geschrieben haben, gab es nur eine Funktion: Die Funktion *main*. In Kapitel 10 werden wir uns noch ausführlicher mit den Funktionen beschäftigen. Merken Sie sich an dieser Stelle lediglich, daß eine Funktion aus einer Anzahl zusammengehörender Statements besteht, die alle zur Erfüllung einer gemeinsamen Aufgabe beitragen.

Beim Betrachten unterschiedlicher C++ Programme wird Ihnen immer wieder der Ausdruck *void* begegnen. *Void* bedeutet, daß die betreffende Funktion keinen Wert (denken Sie an das Beispiel mit der Wurzelberechnung oben) an das Programm zurückgibt, und daß das Programm keine zu verarbeitenden Daten (Parameter) an die Funktion übergibt.

Die obigen Aussagen bezogen sich auf das Statement *void* vor dem Ausdruck *main*:

```
void main
```

Was bedeutet jedoch das zusätzliche *void* in Klammern?

```
void main(void)
```

In späteren Lektionen werden Sie lernen, wie man beim Starten eines Programms innerhalb der Kommandozeile (z. B. in DOS beim Schreiben des Namens der EXE-Datei) zusätzliche Informationen für das Programm eingibt. Mit dem zweiten *void* in Klammern legt man fest, daß das Programm keine solcher Kommandozeilen-Informationen auswertet.

Anwendung des *Exit Status Value*

Angenommen, sie starten ein von Ihnen geschriebenes Programm aus einer *Batch*-Datei unter DOS und möchten die Ausführung weiterer Programme der *Batch*-Liste von Ereignissen abhängig machen, die während der Laufzeit Ihres Programms stattfinden. Mit der *exit*-Funktion kann Ihr Programm beim Beenden eine Nachricht an das Betriebssystem übermitteln. Die *Batch*-Datei versteht diese Nachricht und reagiert entsprechend, indem sie zum Beispiel die Bearbeitung der in ihr enthaltenen Programm-Liste vorzeitig abbricht oder bestimmte Programme überspringt. *Batch*-Dateien testen den *Exit Status Value* eines Programms mit dem *IF ERRORLEVEL*-Befehl. Nehmen wir zum Beispiel an, daß ein Programm mit Namen *payroll.EXE* je nach Ergebnis des Programmablaufs mit folgenden *Exit Status Values* reagiert:

Status Value	**Bedeutung**
0	Erfolgreich
1	Datei nicht gefunden (File not found)
2	Kein Papier im Drucker (Printer out of paper)

Innerhalb einer DOS-*Batch*-Datei können Sie den *Status Value* eines Programms mit dem *IF ERRORLEVEL*-Befehl abfragen. Hier ein Beispiel:

```
PAYROLL
IF ERRORLEVEL 0 IF NOT ERRORLEVEL 1 GOTO SUCCESSFUL
IF ERRORLEVEL 1 IF NOT ERRORLEVEL 2 GOTO NO_FILE
IF ERRORLEVEL 2 IF NOT ERRORLEVEL 3 GOTO NO_PAPER
REM Other batch file commands here
```

GROUPING STATEMENTS { }

In Programmen ist es häufig erforderlich, bestimmte, in Gruppen zusammengefaßte Statements mehrmals zu wiederholen, oder diese Statements nur dann auszuführen, wenn eine bestimmte Bedingung erfüllt ist. So kann zum Beispiel die Meldung „Der Kunde hat seine Videocassetten noch nicht zurückgebracht" im Verwaltungsprogramm einer Videothek mehrmals ausgegeben werden. Die dafür notwendigen Programmzeilen können in C++ Programmen mit geschweiften Klammern { } zusammengefaßt werden. In den einfachen Programmen der zweiten Lektion wurden diese Klammern zur Kennzeichnung des *main*-Statements verwendet.

TEXTE AUF DEN BILDSCHIRM BRINGEN MIT *COUT*

Jedes der in Lektion 2 vorgestellte Programm hat einen Text auf dem Bildschirm ausgegeben. Dazu wurde das Statement *cout* in Verbindung mit den Zeichen „<<" (zwei mal Spitze Klammer auf) verwendet.

```
cout << "Hello, C++";
```

Cout in Verbindung mit zwei spitzen Klammern weist den Computer an, Daten des Programms mit dem Standard-Ausgabegerät (*output device*) des Betriebssystems zu verknüpfen. Üblicherweise handelt es sich hierbei um den Bildschirm. In Lektion 4 werden Sie lernen, wie man die spitzen Klammern (*insertion operator*) nutzt, um Zeichen, Zahlen und andere Symbole auf dem Bildschirm auszugeben.

Der *cout* Output Stream

Sie haben gesehen, wie man mit dem *cout* Output Stream Meldungen auf dem Bildschirm ausgibt. Stellen Sie sich ganz einfach vor, daß durch *cout* eine Reihe von Zeichen zusammengestellt wird, die das Betriebssystem an den Bildschirm weitergibt. Die Reihenfolge, in welcher Ihr Programm Zeichen an *cout* übergibt, entspricht der Reihenfolge ihres Erscheinens auf dem Bildschirm. Betrachten Sie zum Beispiel folgende Programm-Statements:

```
cout << "Diese Nachricht erscheint zuerst, ";

cout << "gefolgt von dieser Nachricht.";
```

Auf dem Bildschirm erscheint in diesem Fall der Text:

```
Diese Nachricht erscheint zuerst, gefolgt von dieser Nachricht.
```

Der Insertion Operator wird so genannt, weil er Zeichen in den *Output Stream* einfügt (insert = einfügen).

Der *Output Stream* ist mit Ihrem Bildschirm verknüpft. Das bedeutet: Alle Zeichen, die von Ihrem Programm an *cout* gesendet werden, erscheinen auf dem Bildschirm (und nicht zum Beispiel auf dem Drucker). Dazu gibt es in C++ und natürlich auch in DOS andere Operatoren (*I/O Redirection-Operatoren*). Hier ein DOS-Beispiel:

```
c:\>  First  > PRN <Enter>
```

Diese DOS-Zeile schickt den Output des Programms „*First*“ an den Drucker.

In dieser Lektion wurden zahlreiche allgemeine Grundinformationen bezüglich des Aufbaues von C++ Programmen vermittelt. In Lektion 4 lernen Sie, wie man mit *cout* nicht nur Zeichen, sondern auch ganze Zahlen und Fließkommazahlen wie zum Beispiel 3,12345 auf den Bildschirm bringt und formatiert. In Lektion 7 erfahren Sie, daß es neben einem *Output Stream* auch einen *Input Stream* gibt: Mit *cin* liest Ihr Programm Informationen, die der Anwender auf dem Keyboard schreibt.

ZUSAMMENFASSUNG:

Bevor Sie mit der nächsten Lektion weitermachen, sollten Sie noch einmal anhand der folgenden Punkte überprüfen, ob Sie den Inhalt von Lektion 3 behalten und verstanden haben:

✓ Die meisten C++ Programme beginnen mit dem *#include*-Statement, das den Compiler anweist, den Inhalt bestimmter *Header*-Dateien im betreffenden Programm zu implementieren.

✓ *Header*-Dateien enthalten Compiler-Definitionen, die von Ihren Programmen genutzt werden.

✓ Eine Quelldatei kann aus vielen Statements bestehen. Das Statement *void main(void)* markiert den Beginn des Hauptprogramms. Darin steht das erste Statement, das der Compiler ausführt.

✓ Das erste *void* im Statement *void main(void)* teilt dem Compiler (und anderen Programmierern) mit, daß das Programm keinen Wert an das Betriebssystem zurückgibt.

✓ Das zweite *void* teilt dem Compiler mit, daß das Programm keine Kommandozeilen-Parameter unterstützt.

✓ Wenn Ihr Programm größer wird, ist es sinnvoll, zusammengehörende Statements in kleinere, besser zu handhabende Teile, sogenannteFunktionen, zu untergliedern.

✓ Zum Gruppieren zusammengehörenden Statements verwendet man die geschweiften Klammern { }.

✓ Die meisten C++ Programme nutzen den *cout* Output Stream, um Informationen auf dem Bildschirm auszugeben. Mit den sogenannten *I/O Redirection-Operatoren* des Betriebssystems läßt sich der *cout* Output Stream zum Beispiel auch an einen Drucker weiterleiten. Es ist sogar möglich, aus der Ausgabe eines Programmes eine Eingabe für ein anderes Programm zu machen.

LEKTION 4

EINE BOTSCHAFT AUF DEM BILDSCHIRM

Bisher haben Sie ausschließlich Nachrichten auf dem Bildschirm ausgegeben. In dieser Lektion werden Sie mit dem *cout* Output Stream auch mit ganzen Zahlen und Fließkommazahlen operieren. Hier eine Zusammenfassung der in Lektion 4 vermittelten Inhalte:

- C++ Programme verwenden den *cout* Output Stream, um Zeichen und Zahlen auf dem Bildschirm darzustellen.
- In C++ sorgen spezielle Zeichen in Verbindung mit *cout* dafür, daß auf dem Bildschirm auch Tabulatorschritte ausgeführt werden können, daß eine neue Zeile begonnen wird, oder daß ein Ton im Lautsprecher Ihres PCs hörbar wird.
- In C++ können auf einfache Weise auch Zahlen im Octal- oder Hexadezimalformat dargestellt werden.
- Mit dem Kommandozeilen *Redirection-Operator* des Betriebssystems können die von einem Programm gesendeten Nachrichten auch an einen Drucker oder sogar an ein anderes Programm weitergegeben werden.
- Mit dem *cerr* Output Stream können Ihre Programme Nachrichten an das *standard error device* weiterleiten, um die Weitergabe der auf dem Bildschirm erscheinenden Nachrichten zu unterbinden.
- Mit dem *setw*-Modifier kann innerhalb eines Output Streams die Ausgabe eines Programms formatiert werden.

Fast jedes Programm, das Sie erstellen, nutzt *cout*, um Meldungen auf dem Bildschirm auszugeben. Diese Lektion zeigt, wie man *cout* in optimaler Weise nutzt.

ZAHLENAUSGABE MIT *COUT*

Sie wissen bereits, wie man mit *cout* Zeichen auf dem Bildschirm darstellt. Hier ein Beispiel zur Ausgabe von Zahlen. Das Programm heißt: *1001.CPP*.

```
#include <iostream.h>
void main(void)
  {
    cout << 1001;
  }
```

Wenn das Programm compiliert und gestartet wird, erscheint auf dem Bildschirm die folgende Ausgabe:

```
C:\> 1001      <Enter>      (Programm Starten!)
1001                        (Ausgabe)
```

Ändern Sie im Quellcode die Zahl 1001 in 2002, compilieren und starten Sie das Programm erneut.

Als nächstes werden wir eine Fließkommazahl auf dem Bildschirm ausgeben. Das Programm heißt *Floating.CPP* :

```
#include <iostream.h>
void main(void)
  {
    cout << 0.12345;
  }
```

Nach dem Compilieren und Starten erscheint tatsächlich die Fließkommazahl, die Sie eingegeben haben, auf dem Bildschirm.

MEHRERE ZAHLEN IN EINER PROGRAMMZEILE

Mit dem Insertion-Operator (<<) können in C++ mehrere einzelne Zahlen zu einer Ausgabe verknüpft werden. Das nächste Beispiel (*1001Too.CPP*) hat das gleiche Ergebnis wie das vorletzte Programm. Die Zahlenfolge 1001 kommt jedoch auf anderem Wege zustande: Jede einzelne Ziffer ist durch einen gesonderten Insertion Operator an den Output Stream weitergeleitet worden:

```
#include <iostream.h>
void main(void)
  {
    cout << 1 << 0 << 0 << 1;
  }
```

Nach dem Compilieren und Starten des Programms erscheint wieder die bereits bekannte Zahl 1001 auf dem Bildschirm.

Jedes mal, wenn C++ auf einen Insertion Operator trifft, hängt es die nachfolgende Zahl an den Output Stream an. Das folgende Programm zeigt, wie man einen Text und eine Zahl in einem Output Stream verbindet:

```
#include <iostream.h>
void main(void)
  {
    cout << "Meine Lieblingszahl ist " << 1001;
  }
```

Beachten Sie, daß zwischen dem letzten Buchstaben und dem Anführungszeichen noch ein Leerzeichen eingefügt ist. Dieses Leerzeichen ist notwendig, damit sich zwischen dem Text und der Zahl ein Abstand befindet. Im nächsten Beispiel erscheint die Zahl 1001 in der Mitte eines Textes (*1001Mid.CPP*) :

```
#include <iostream.h>
void main(void)
  {
    cout << "Die Zahl " << 1001 << " ist Meine Lieblingszahl";
  }
```

Achten Sie auch hier auf die Leerzeichen vor und hinter der Zahl. Probieren Sie aus, was beim Weglassen geschieht.

Noch eine kurze Anmerkung zu den in den Programmen enthaltenen Texten:
Die Begleit-CD-ROM enthält alle Texte in der englischen Originalversion. Die meisten dieser Texte bilden einen Bezug zum jeweils behandelten Thema. Dieses Buch setzt elementare Englischkenntnisse, die beim Erlernen einer Programmiersprache von großem Nutzen sind, voraus. Zum besseren Verständnis wurden dennoch einige der Original-Programmzeilen, die Texte enthalten, ins Deutsche übersetzt.

Im nächsten Programm, *MixMatch.Cpp*, werden Zeichenketten (Character Strings), ganze Zahlen und Fließkommazahlen miteinander kombiniert.

```
#include <iostream.h>
void main(void)
  {
    cout << "Mit " << 20 << " betrug mein Gehalt DM "<< 493.34 << endl;
  }
```

Auf dem Bildschirm wird folgender Text erscheinen:

```
Mit 20 betrug mein Gehalt DM 493.34
```

BESONDERE AUSGABEZEICHEN

Alle bisher besprochenen Programme kamen mit einer einzigen Zeile aus. In der Praxis werden jedoch häufig mehrere Zeilen benötigt – zum Beispiel, wenn in einem Programm Ihre Adresse auf dem Bildschirm ausgegeben werden soll. Dazu benötigen Sie, wie auf einem Briefumschlag, mehrere Zeilen.

Zu diesem Zweck verwendet man in C++ das sogenannte *newline*-Zeichen *(\n)*. Dieses Zeichen (eigentlich sind es zwei) kann innerhalb eines *Character Strings* eingesetzt werden.

Als Beispiel das Programm *TwoLines.CPP*:

```
#include <iostream.h>
void main(void)
   {
      cout << "Dies ist Zeile 1\nUnd das ist Zeile 2";
   }
```

Die Ausgabe auf dem Bildschirm erfolgt zweizeilig:

```
Dies ist Zeile 1
Und das ist Zeile 2
```

Sollte in Ihrem Programm jedoch keine Zeichenkette vorkommen und dennoch eine mehrzeilige Ausgabe erforderlich sein, so kann das *newline*-Zeichen auch in halbe Anführungszeichen gesetzt werden – so wie im Programm *NewLines.CPP* :

```
#include <iostream.h>
void main(void)
   {
      cout << 1 << '\n' << 0 << '\n' << 0 << '\n' << 1;
   }
```

Eine weitere Möglichkeit, den Cursor nach der Ausgabe einer Meldung an den Beginn der nächsten Zeile zu plazieren, besteht in der Anwendung des *endl*-Symbols (end line = *Beende die Zeile*). Sie kennen dieses Symbol bereits aus früheren Beispielen:
Aus dem „Einzeiler" : *Endl.CPP* :

```
#include <iostream.h>
void main(void)
   {
      cout << " C++ hat meine" << endl << "Probleme gelöst";
   }
```

wird beim Start des Programms der Zweizeiler:

```
C++ hat meine
Probleme gelöst
```

Und hier noch die Adresse des Verlags als mehrzeilige Bildschirmausgabe. Die Datei heißt *Address.CPP*.

```
#include <iostream.h>
void main(void)
```

```
    {
      cout << "Elektor-Verlag" << endl;
      cout << "Süsterfeldstr. 25" << endl;
      cout << "52072 Aachen" << endl;
    }
```

Dieses Programm kann auch in Form eines einzigen Statements geschrieben werden. Das heißt: Mit nur einem Semikolon am Ende. Für den Compiler spielt es keine Rolle, ob sich ein Statement im Editor über eine oder mehrere Zeilen erstreckt: Sein Ende ist allein durch das Semikolon definiert. Verändern Sie das Programm *Address.CPP* in folgender Weise:

```
#include <iostream.h>
void main(void)
    {
      cout << "Elektor-Verlag" << endl << "Süsterfeldstr. 25" << endl
        << "52072 Aachen" << endl;
    }
```

Sie haben gemerkt, daß es in C++ möglich ist, die gleiche Aufgabe durch unterschiedliche Programmierarten zu lösen. Dabei geht es nicht zuletzt um die Übersichtlichkeit des Quellcodes, die, das ist offensichtlich, in der ersten Version des Programms größer ist.

WEITERE ZEICHEN ZUR TEXTAUSGABE

Neben *newline* gibt es in C++ noch eine Reihe weiterer Zeichen zur Textformatierung, die wir Ihnen in der folgenden Tabelle vorstellen möchten:

Zeichen	Bedeutung
\a	Alarm (Bell) Zeichen
\b	Backspace (Funktion der Löschtaste mit dem Pfeil nach links)
\f	Formfeed (neues Blatt – neue Seite)
\n	Newline (neue Zeile)
\r	Carriage return (Cursor zurück zum Zeilenanfang – aber keine neue Zeile).
\t	Waagerechter Tabulatorschritt
\v	Senkrechter Tabulatorschritt
\\	Backslash-Funktion
\?	Fragezeichen
\‘	halbe Anführungszeichen
\“	doppelte Anführungszeichen
\0	Null-Zeichen
\ooo	Oktal-Wert
\xhhhh	Hexadezimal-Wert

Denken Sie daran:

Innerhalb eines Strings können die obenstehenden Zeichen so wie abgebildet eingefügt werden. Beispiel: **"Hello\nWorld"**.
Außerhalb eines Strings sind sie in halbe Anführungszeichen zu setzen: **'\n'** .

Das folgende Programm, *Special.CPP,* bringt den Lautsprecher Ihres PCs mittels des Alarm-Zeichens (alert) zum Piepsen. Außerdem erscheint das Wort „Alarm" drei mal nebeneinander auf dem Bildschirm; bedingt durch die horizontale TAB-Funktion „\t".

```
#include <iostream.h>
void main(void)
   {
      cout << "Alarm\a\tAlarm\a\tAlarm\a";
   }
```

OKTALE UND HEXADEZIMALE WERTE DARSTELLEN

Vielleicht werden Sie irgendwann einmal ein Programm schreiben müssen, in welchem die Ausgabe oktaler- oder hexadezimaler Zahlen erforderlich sein wird. Gut zu wissen, daß auch dafür eine einfache Lösung innerhalb C++ existiert: Die sogenannten *dec-*, *oct-* und *hex-*Modifier!

Das folgende Programm, *OctHex.CPP*, nutzt diese Modifier, um die dezimalen Zahlen 10 und 20 in der Oktal- und Hexadezimalschreibweise darzustellen.

```
#include <iostream.h>
void main(void)
   {
      cout << "Oktal: " << oct << 10 << ' ' << 20 << endl;
      cout << "Hexadezimal: " << hex << 10 <<' ' << 20 << endl;
      cout << "Dezimal: " << dec << 10 << ' ' << 20 << endl;
   }
```

Nach der Compilierung erscheinen folgende Zeilen auf dem Bildschirm:

```
Oktal: 12 24
Hexadezimal: a 14
Dezimal: 10 20
```

Beachten Sie bitte: Die oben beschriebenen Modifier bleiben während des Programms so lange aktiv, bis sie durch einen anderen Modifier ersetzt werden.

STANDARD ERROR DEVICE

Sie haben bereits gesehen, daß es möglich ist, mit den Redirection Operatoren die durch *cout* hervorgerufenen Ausgaben in eine Datei oder einen Drucker umzuleiten und daß diese Umleitung im Falle eines Fehlers unterbunden werden kann.

Soll Ihr Programm eine Fehlermeldung ausgeben (nicht zu verwechseln mit den Fehlermeldungen des Compilers), so können Sie dazu den *cerr* Output Stream verwenden, der mit dem „Standard Error Device" des Betriebssystems in Verbindung steht. Das folgende Programm, *Cerr.CPP*, verwendet den *cerr* Output Stream, um die Meldung „Diese Nachricht erscheint immer" auf dem Bildschirm darzustellen:

```
#include <iostream.h>
void main(void)
  {
    cerr << "This Message Always Appears";
  }
```

Compilieren Sie das Programm und starten Sie es anschließend. Versuchen Sie nun, mit dem Output Redirection Operator die Ausgabe des Programms in eine Datei umzuleiten:

```
C:\> Cerr > Dateiname.ext  <Enter>
```

Da das Betriebssystem es Ihren Programmen nicht erlaubt, Ausgaben, die an das Standard Error Device gerichtet sind, umzuleiten, wird die Meldung auf Ihrem Bildschirm erscheinen.

HALTEN SIE ABSTAND – MIT DEM *SETW*-MODIFIER

Manchmal ist es notwendig, daß vor Zahlen, die in einem Text erscheinen, ein ganz bestimmter Abstand eingehalten wird. Solche Abstände haben Sie bereits mit dem Leerzeichen eingefügt. Eine andere, flexiblere Möglichkeit, besteht in der Anwendung des *setw*-Modifiers (setw = set width = setze Abstand).

Im folgenden Beispiel (*Setw.CPP*) werden mit Hilfe des *setw*-Modifiers verschieden lange Abstände zwischen einen Text und eine nachfolgende Zahl gesetzt. Hierbei ist jedoch folgende Besonderheit zu beachten:

Die auf den *setw*-Modifier folgende Klammer enthält nicht die Anzahl der vom Compiler eingesetzten Leerzeichen **vor** der betreffenden Zahl, sondern die Mindest-Anzahl der Stellen, die für die betreffende Zahl reserviert werden sollen. Beachten Sie bitte, daß in diesem Programm zusätzlich die Header-Datei *iomanip.h* eingefügt werden muß.

```
#include <iostream.h>
#include <iomanip.h>
void main(void)
   {
      cout << "Meine Lieblingszahl ist" << setw(3) << 1001 << endl;
      cout << "Meine Lieblingszahl ist" << setw(4) << 1001 << endl;
      cout << "Meine Lieblingszahl ist" << setw(5) << 1001 << endl;
      cout << "Meine Lieblingszahl ist" << setw(6) << 1001 << endl;
   }
```

Auf dem Bildschirm erscheint folgende Ausgabe:

```
Meine Lieblingszahl ist1001
Meine Lieblingszahl ist1001
Meine Lieblingszahl ist 1001
Meine Lieblingszahl ist  1001
```

In den ersten beiden Zeilen existiert kein Abstand zwischen Text und Zahl. Kein Wunder: Es wurden drei Stellen reserviert aber vier benötigt. Der Compiler gibt in Zeile 1 notgedrungenerweise noch eine Extrastelle frei.

Im zweiten Fall wurden vier Stellen reserviert – und ausgefüllt; kein Platz mehr für ein Leerzeichen.

Im dritten Fall wurden fünf Stellen „beantragt“. Die Zahl weist eine Länge von vier Stellen auf – bleibt demnach noch ein Leerzeichen – und so weiter.

Beachten Sie bitte: *setw* gilt immer nur für die nächstfolgende Zahl und muß für jede weitere Zahl neu geschrieben und definiert werden.

Wenn Sie möchten, können Sie sich nun den Inhalt der include-Datei *iomanip.h* mit Hilfe eines Text-Editors anschauen. Die neue Header-Datei befindet sich im gleichen Verzeichnis wie die alte Datei *iostream.h*.

ZUSAMMENFASSUNG

In dieser Lektion haben Sie unterschiedliche Methoden kennengelernt, um mit *cout* Ausgaben auf den Bildschirm zu bringen. Auch alle restlichen Programme in diesem Buch verwenden *cout*. In Lektion 5: („Information in Variablen speichern“) werden Sie erfahren, wie man Variablen in Programmen einsetzt, die ihren Wert während der Programmlaufzeit verändern können.

Bevor Sie mit Lektion 5 fortfahren, sollten Sie sich noch einmal vergewissern, ob Sie die in Lektion 4 vermittelten Lerninhalte verstanden und behalten haben:

- ✓ Mit dem *cout* Output Stream werden Zeichen und Zahlen an das Standard Ausgabegerät (Standard Output Device) des Betriebssystems weitergegeben. Hierbei handelt es sich normalerweise um den Bildschirm.
- ✓ Mit speziellen Zeichen innerhalb des Output Streams lassen sich auch Tabulatorschritte, Zeilenumbrüche und andere spezielle Funktionen an das Ausgabegerät weiterleiten.
- ✓ Um den Cursor an den Beginn einer neuen Zeile zu setzen, verwendet man das *newline*-Zeichen *(\n)* oder den *endl*-Modifier.
- ✓ Die Modifier *dec, oct* und *hex* wandeln Zahlen in das Dezimal-, Oktal- und Hexadezimalformat um.
- ✓ Mit dem *cerr* Output Stream können Programme Fehlermeldungen an das Standard-Error-Device Ihres Betriebssystems ausgeben. Durch diese Maßnahme wird die Weitergabe von Programminformationen (Redirection) unterbunden.
- ✓ Mit dem *setw*-Modifier bestimmen Sie die Ausgabebreite eines Wertes.

LEKTION 5

VARIABLEN

Alle bisher vorgestellten Beispiel-Programme zeichneten sich durch ihre Einfachheit aus. Programme für den praktischen Einsatz dagegen müssen in der Lage sein, während ihrer Laufzeit Informationen zu speichern. Ein Programm zum Beispiel, das eine Datei ausdrucken soll, muß den Namen dieser Datei kennen und eventuell noch wissen, wieviele Kopien der betreffenden Seiten ausgedruckt werden sollen. Diese Informationen werden während der Laufzeit im Hauptspeicher (RAM) Ihres Computers abgelegt. Damit das Programm „weiß", an welcher Stelle des RAMs diese Informationen gespeichert und später wieder gesucht werden müssen, verwendet es sogenannte *Variablen.* Im einfachsten Fall handelt es sich bei einer Variablen um den Namen des RAM-Bereichs, in welchem Sie gespeichert wird. Diese Lektion zeigt, wie man Variablen in C++ Programmen erstellt und anwendet. Sie setzt sich aus folgenden Schwerpunkten zusammen:

- *Variablen* müssen durch Angabe des *Variablen*-Namens und -Typs *deklariert* werden.
- *Variablentypen* machen eine Aussage über die Art der Variablen (z. B. Ganzzahl oder Fließkommazahl).
- Um einer *Variablen* einen Wert zuzuweisen, verwendet man den C++ Zuweisungsoperator (=).
- Der Wert einer *Variablen* kann mit *cout* auf dem Bildschirm ausgegeben werden.
- Der Name einer *Variablen* sollte so gewählt werden, daß er eine Aussage über ihre Aufgabe macht.
- In sogenannten Kommentarzeilen sollten Sie innerhalb Ihrer Programme kurz die Bedeutung von Funktionen oder Statements erklären, damit später auch andere Programmierer (oder Sie selbst nach längeren Programmierpausen) Ihre Programme verstehen können.

Stellen Sie sich eine *Variable* als einen Kasten vor, in welchem sich ein Wert befindet. Wenn Sie einer *Variablen* einen Wert zuweisen, stecken Sie diesen Wert sozusagen in den Kasten hinein. Beim späteren Aufruf der *Variablen* schaut das Programm nach, welcher Wert im Kasten enthalten ist.

DEKLARATION (DEFINITION) VON VARIABLEN INNERHALB EINES PROGRAMMS

Ihr Programm verwendet Variablen zum Speichern von Informationen. Je nach Art der zu speichernden Information kann es sich dabei um Buchstaben, Worte, ganze Zahlen oder Kommazahlen handeln. Der Typ einer Variablen trägt nicht nur dieser Tatsache Rechnung, sondern macht auch noch eine Aussage darüber, welche Operationen mit den betreffenden *Variablen* durchgeführt werden können: Zum Beispiel Addition, Multiplikation und so weiter. Die meisten C++ Programme verwenden die in der folgenden Liste aufgeführten Variablentypen:

char	Variable zum Speichern von Buchstaben und Zeichen, durch Zahlen von –128 bis +128 repräsentiert (1 Byte)
int	Ganzzahlige 2-Byte Werte im Bereich von –32768 bis 32767
unsigned	int-Werte im Bereich 0 bis 65535
long	Werte im Bereich –2147483648 bis 2147483647
float	Werte im Bereich $-3{,}4 \cdot 10^{-38}$ bis $3{,}4 \cdot 10^{38}$
double	Werte im Bereich $-1{,}7 \cdot 10^{-308}$ bis $1{,}7 \cdot 10^{308}$

Bevor eine Variable in Ihr Programm eingesetzt werden kann, muß sie zunächst *deklariert* werden. Das heißt, Sie muß dem C++ Compiler erst einmal vorgestellt werden. Dies geschieht durch die Angabe ihres Typs und des Namens, unter welchem das Programm auf die *Variable* zugreift. Die entsprechenden Programmzeilen kann man zum Beispiel direkt hinter die öffnende, geschweifte Klammer schreiben, die auf *main* folgt.

Beim *Variablentyp* wird es sich normalerweise um eine der aufgelisteten Varianten handeln. Der Name einer *Variablen* sollte im Idealfall bereits beschreiben, welche Funktion sie zu erfüllen hat: Zum Beispiel *employee_name*, *employee_age* und so weiter (Name des Angestellten, Alter des Angestellten).

Der Unterstrich (Underscore) hat keine besondere Bedeutung: Er ersetzt lediglich ein Leerzeichen, das in Variablennamen nicht erlaubt ist und dient dadurch der besseren Übersichtlichkeit.

Am Ende jeder Variablendeklaration muß sich ein Semikolon befinden: Auch eine Variablendeklaration wird vom Compiler als Statement interpretiert.

Das folgende Programm deklariert drei Variablen, die durch unterschiedliche Typen gekennzeichnet sind:

```
#include  <iostream.h>
void main(void)
   {
      int test_ergebnis;
      float gehalt;
      long entfernung_zum_mars;
   {
```

Beachten Sie, daß dieses Programm ausschließlich *Variablen* deklariert und sonst keine weiteren Funktionen ausführt. Nach dem Compilieren und starten dieses Programms wird daher auf Ihrem Bildschirm nichts geschehen.

Sollen mehrere *Variablen* des gleichen Typs deklariert werden, so kann man sich Tipparbeit beim Programmieren sparen, wenn man sie alle in eine Zeile schreibt und durch Kommata trennt. Zum Beispiel:

```
float gehalt, einkommens_steuer, renten_beitrag;
```

Was sind *Variablen* ?

Bei einer *Variablen* handelt es sich im Prinzip um den Namen eines Speicherbereichs Ihres RAMs. Während seiner Laufzeit speichert ein Programm Informationen in *Variablen*. Beim Schreiben eines Programms müssen die im Programm enthaltenen Variablen *deklariert* werden. Dies geschieht durch Angabe des Namens und des Typs der Variablen. Das folgende Statement zum Beispiel deklariert eine Variable mit Namen *alter*.

```
int alter;
```

Der Variablentyp legt fest, wie der Wert der Variablen beschaffen ist (z. B. Kommazahl), und welche Operationen mit der Variablen durchgeführt werden können (z. B. Addition und Subtraktion).

AUF DEN NAMEN KOMMT ES AN

Jede *Variable* in Ihrem Programm muß einen eindeutigen Namen besitzen, der möglichst bereits auf die Bedeutung der Variablen hinweisen soll. Die folgende Beispielzeile deklariert die drei Variablen x, y und z:

```
int x, y, z;
```

Angenommen, diese drei Variablen sollen das Alter, das Prüfungsergebnis und den Ausbildungsgrad von Studenten speichern. Dann wäre es für einen anderen Programmierer, der das betreffende Programm prüfen oder weiter bearbeiten muß, ganz sicher viel einfacher, wenn diese Variablen (zum Beispiel) wie folgt hießen:

```
int stud_alter, test_ergebn, grad
```

REGELN ZUR BILDUNG VON VARIABLENNAMEN

Variablen können aus Kombinationen von Buchstaben, Zahlen und Unterstrichen (_) bestehen. Beim ersten Zeichen muß es sich um einen Buchstaben oder einen Unterstrich handeln. Zahlen sind nicht erlaubt. Außerdem darf unter normalen Bedingungen ein Variablenname niemals einen Großbuchstaben enthalten, da bei C++ den Großbuchstaben eine besondere Bedeutung zukommt. Sie werden später noch erfahren, wie man diese einsetzt und dabei Ihre Variablen zum Beispiel so nennen:

```
float MonatsGehalt, EinkommensSteuer;
```

VERBOTENE VARIABLENNAMEN

Eine Reihe von Wörtern sind in C++ als sogenannte Schlüsselwörter reserviert. Den Ausdruck *void* zum Beispiel kennen Sie bereits. Hier eine Liste aller Ausdrücke, die auf keinen Fall als Variablenname verwendet werden dürfen:

asm	*auto*	*break*	*case*	*catch*	*char*
class	*const*	*continue*	*default*	*delete*	*do*
double	*else*	*enum*	*extern*	*float*	*for*
friend	*goto*	*if*	*inline*	*int*	*long*
new	*operator*	*private*	*protected*	*public*	*register*
return	*short*	*signed*	*sizeof*	*static*	*struct*
switch	*template*	*this*	*throw*	*try*	*typedef*
union	*unsigned*	*virtual*	*void*	*volatile*	*while*

Warum *Variablen*?

Je komplexer Ihr Programm wird, desto mehr Operationen muß es bezüglich unterschiedlicher Punkte verarbeiten. Bei einem Gehaltsprogramm zum Beispiel muß das Programm Informationen über jeden einzelnen Angestellten verwalten. Dazu benötigt es eine Reihe verschiedener Variablen, die zum Beispiel *name, gehalt* und *personalnr* heißen könnten. Beim Start des Programms werden diesen Variablen Informationen über den ersten Angestellten der Gehaltsliste zugewiesen, zum Beispiel Herrn *Ackermann.* Nachdem alle Informationen verarbeitet wurden, benutzt das Programm die gleichen Variablen für den zweiten Angestellten – zum Beispiel Herrn *Becker*. Das heißt: Während seiner Ausführung werden in einem Programm ein und derselben Variablen unterschiedliche Werte zugewiesen. Die Werte werden „variiert“ – daher der Name „Variable“.

VARIABLEN EINEN WERT ZUWEISEN

Nach der Deklaration einer Variablen wird ihr mit dem Zuweisungs-Operator (Gleichheitszeichen) ein Wert zugewiesen. Die folgenden Programmzeilen weisen drei verschiedenen Variablen Werte zu.

```
alter = 32;
gehalt = 4389.25;
entfernung_zum_mond = 384000;
```

Wichtiger Hinweis: In der englischen Schreibweise, die für Compiler gültig ist, werden bei Dezimalzahlen keine Kommata, sondern Punkte gesetzt. Um längere Zahlen deutlicher lesbar zu machen, werden sie in der englischen Schreibweise durch Kommata getrennt (im Deutschen ist es bekanntlicherweise umgekehrt). Solche Trennungen sind bei Variablennamen **nicht** erlaubt. Beispiel: **Nicht** 25,000.75, **sondern** 25000.75, was der deutschen Schreibweise 25000,75 entsprechen würde.

Der folgende Programmteil *deklariert* die gerade beschriebenen *Variablen* und weist ihnen anschließend Werte zu:

```
#include <iostream.h>
void main(void)
   {
      int alter;
      float gehalt;
      long entfernung_zum_mond;

      alter = 32;
      gehalt = 4389.25;
      entfernung_zum_mond = 384000;
   }
```

Denken Sie daran, daß auch dieses Programm keine Ausgabe auf dem Bildschirm erzeugt. Es hat keine praktische Bedeutung, sondern soll nur zeigen, wie man Variablen zuweist.

WERTE MIT DER DEKLARATION ZUWEISEN

Im allgemeinen ist es üblich, die Wertzuweisung in der selben Zeile vorzunehmen, in welcher eine Variable deklariert wird. Wie das funktioniert, zeigt das nächste Beispiel:

```
int alter = 32;
float gehalt = 4389.25;
long entfernung_zum_mond = 384000;
```

Diese Vorgehensweise wird Ihnen in den meisten der folgenden Programmbeispiele begegnen.

***Variablen* einen Wert zuweisen**

Variablen speichern Informationen während der Ausführung eines Programms. Um einen Wert innerhalb einer *Variablen* zu speichern, muß der Zuweisungs-Operator (=) angewendet werden. Das folgende Statement verwendet diesen Operator, um der Variablen *lektion* den Wert 5 zuzuweisen:

```
lektion = 5;
```

Zur Vereinfachung dieses Vorgangs kann die Deklaration der Variablen in der gleichen Zeile erfolgen:

```
int lektion = 5;
```

Merke! Erst die Deklaration, dann die Wertzuweisung!

DEN WERT EINER VARIABLEN NUTZEN

Nach Deklaration und Wertzuweisung kann Ihr Programm über den Variablennamen jederzeit auf die *Variable* zugreifen und ihren Wert lesen oder manipulieren. Das unten folgende Programm, *ShowVars.CPP* weist drei Variablen einen Wert zu und stellt diese mit *cout* auf dem Bildschirm dar:

```
#include <iostream.h>
void main(void)
  {
    int age = 32;
    float salary = 25000.75;
    long distance_to_the_moon = 238857;

    cout << "The employee is  " << age << " years old" << endl;
    cout << "The employee makes $" << salary << endl;
    cout << "The moon is " << distance_to_the_moon <<
      " miles from the earth" << endl;
  }
```

Hinweis: Wenn ein Statement nicht mehr in eine Zeile paßt, kann es in die nächste Zeile umgebrochen werden. Dies hat keinen Einfluß auf die Compilierung. Ein Zeilenumbruch darf jedoch nie innerhalb einer Zeichenkette (beispielsweise zwischen den Gänsefüßchen) erfolgen.

Nach dem Compilieren und Starten des Programms erscheinen die folgenden Zeilen auf dem Bildschirm:

```
The employee is 32 years old
The employee makes $25000.75
The moon is 238857 miles from the earth
```

Wie aus dem Programm ersichtlich ist, kann innerhalb eines Programms auf eine Variable zugegriffen werden, indem man einfach ihren Namen einsetzt. Bevor Sie weitermachen, sollten Sie einmal probieren, für die Variablen *age* und *salary* (*Alter* und *Gehalt*) andere Werte einzusetzen – zum Beispiel:

```
int age = 44;
float salary = 52000.50;
```

Compilieren und starten Sie das Programm erneut. Beobachten Sie, was sich geändert hat!

ÜBERSCHREITEN DER SPEICHERKAPAZITÄT EINER VARIABLEN

Sie haben bereits erfahren, daß jedem Variablentyp nur ein begrenzter Zahlenbereich zugeordnet ist. Für Variablen des Typs *int* gilt zum Beispiel der Bereich –32768 bis 32767. Weist man einer Variablen einen Wert zu, der ihren Grenzbereich überschreitet, so erscheint eine *overflow*-Fehlermeldung. Das folgende Programm, *Overflow.CPP*, zeigt dazu ein Beispiel. Es weist einer *int*-Variablen den Wert 40000 zu; ein Wert, der die zulässige Grenze um mehr als 7000 überschreitet. Im Anschluß daran wird einer Variablen des Typs *long* ein zu hoher Wert zugewiesen, und schließlich wird versucht, einer *char*-Variablen, deren Obergrenze bei 127 liegt, den Wert 210 „anzuheften“.

```
#include <iostream.h>
void main(void)
   {
      int positive = 40000;
      long big_positive = 4000000000;
      char little_positive = 210;

      cout << "positive now contains " << positive <<  endl;
      cout << "big positive now contains " << big_positive << endl;
      cout << "little positive now contains " << little_positive << endl;
   }
```

Wenn Sie dieses Programm compilieren und ausführen, wird auf Ihrem Bildschirm folgende Meldung erscheinen:

```
positive now contains -25536
big_positive now contains -294967296
little_positive now contains Ò
```

Wie man sieht, weist das Programm den drei verschiedenen Variablen Werte zu, die ihren Speicherbereich überschreiten. Achten Sie deshalb beim Arbeiten mit Variablen immer auf deren Gültigkeitsbereich: Überlauf-Fehler (Overflow) sind sehr schwierig aufzuspüren und zu korrigieren. Achten Sie vor allem auf den Wert der Variablen *little_positive*: Der *cout* Output Stream versucht, die Variable als Zeichen darzustellen. Das gezeigte Zeichen entspricht daher dem ASCII-Wert 210.

PRECISION

Nicht nur die Größe von Variablen, auch die Genauigkeit (Precision), mit der sie einen Wert repräsentieren, ist begrenzt. Fließkommazahlen können zum Beispiel nicht immer im genauen Format gespeichert werden. Fehler, die damit im Zusammenhang stehen, sind oftmals nur schwer auszumachen.

Das folgende Programm, *Precise.CPP*, weist zwei Variablen des Typs *float* und *double* einen Wert zu, der geringfügig unter 0,5 liegt. Aufgrund von Unzulänglichkeiten des Computers im Umgang mit solch geringen Differenzen repräsentiert die Variable in Wirklichkeit einen abweichenden Wert, den Sie erfahren, wenn Sie das Programm wie immer compilieren und starten:

```
#include <iostream.h>
void main(void)
  {
     float f_not_half = 0.49999990;
     double d_not_half = 0.49999990;

     cout << "Floating point 0.49999990 is " << f_not_half << endl;
     cout << "Double 0.49999990 is " << d_not_half << endl;
  }
```

Nach dem Start erscheint auf dem Monitor:

```
Floating point 0.49999990 is 0.5
Double 0.49999990 is 0.5
```

Der Unterschied ist unübersehbar. Das bedeutet: Die zugewiesenen Werte sind nicht unbedingt identisch mit den tatsächlichen Variablenwerten. Das liegt an der begrenzten Anzahl von Einsen und Nullen, die dem Computer nun mal als Speicherplatz pro Variable zur Verfügung stehen. Doch, wie schon gesagt, kommt dies nur in seltenen Fällen vor – und selbst dann ist die Abweichung nur gering. Sie sollten dieses Problem jedoch nicht vergessen, wenn es um große Genauigkeit geht.

KOMMENTARE VERBESSERN DIE LESBARKEIT

Je größer ein Programm, desto schwieriger seine Lesbarkeit. Dies gilt nicht nur für andere Programmierer, die sich in Ihren Code einarbeiten müssen: Es ist ein bekanntes Phänomen, daß man sogar seinen eigenen Code oft nicht mehr versteht, wenn man sich ein paar Wochen nicht mehr damit beschäftigt hat, und wenn dieser Code komplizierte, logische Verschachtelungen enthält. Die Lesbarkeit eines Programmcodes kann verbessert werden, wenn man sich an folgende Punkte hält:

- Achten Sie auf die Namen der Variablen: Sie sollten auf die Funktion der Variablen hinweisen.
- Achten Sie auf das Verhältnis zwischen Statement und Zeilenumbruch (siehe Lektion 8).
- Schreiben Sie eine Leerzeile zwischen nicht zusammenhängende Statements.
- Sparen Sie nicht mit Kommentaren.

WAS SIND KOMMENTARE?

Am Ende einer Programmzeile oder zwischen zwei Programmzeilen kann ein Programmierer jederzeit einen Text in den Quellcode einfügen, der erklärt, was in der betreffenden Zeile geschieht: einen *Kommentar*. Das ganze sieht dann wie folgt aus:

```
// Das ist ein Kommentar
```

Sobald der Compiler auf einen Doppel-Slash (Doppel-Schrägstrich) stößt, ignoriert er alle Zeichen bis zum Ende der Zeile. Das heißt: Das Zeilenende markiert das Ende des Kommentars.

Es ist üblich, zumindest am Anfang eines Programms den Namen des Programmierers und den Zweck des Programms einzutragen. Beispiel:

```
// Programm: Kosten.CPP
// Programmierer: Kris Jamsa
// Programmiert am: 10.1.98
//
// Zweck: Berechnung der monatlich anfallenden Betriebskosten
```

Diese Zeilen erscheinen nur im Quellcode – nicht aber im Programm.

Kommentarzeilen können auch am Ende eines Statements ergänzende Informationen liefern:

```
entfernung_zum_mond = 238857;   // in Meilen
```

Anfänger werden sich häufig fragen, an welchen Stellen ein Kommentar zu setzen ist. Darauf gibt es nur eine Antwort: Schreiben Sie so viele Kommentare wie möglich! Auch dort, wo es Ihnen vielleicht überflüssig erscheinen mag. Vergessen Sie nicht: Nach einigen Monaten werden Sie wahrscheinlich die Bedeutungen vieler der von Ihnen geschriebenen Statements nicht mehr verstehen – auch wenn sie beim Programmieren noch so klar erschienen. Wie soll es dann erst einem anderen Programmierer ergehen, der Ihren Code bearbeiten soll? Gestalten Sie Ihre Kommentare dabei dennoch so kurz und prägnant wie möglich – auch Telegrammstil kann verständlich sein:

```
alter = 32;  // variable alter erhält Wert 32
gehalt = 25000.75 // variable geh. erhält Wert 25000.75
```

Beachten Sie bitte:

1. Der Sinn des Kommentars liegt in erster Linie darin, Zusammenhänge klar zu machen.

2. Der Inhalt von Kommentaren wird keiner Syntaxprüfung seitens des Compilers unterzogen: Jede mögliche Schreibweise und alle darstellbaren Zeichen sind erlaubt.

Kommentare einfügen

Beim Schreiben von Programmen sollten Sie Kommentare einfügen. Kommentare sind wichtig, damit Sie selbst und andere Programmierer später die Bedeutung einzelner Statements besser verstehen. In C++ markiert der Doppel-Slash den Beginn eines Kommentars. Das Ende des Kommentars entspricht dem Zeilenende:

```
\\ Das ist ein C++ Kommentar
```

Trifft der Compiler auf einen Doppel-Slash, so ignoriert er alle weiteren Zeichen bis zum Zeilenende. Gute Programme zeichnen sich durch eine gute Verständlichkeit aus. Dazu tragen Kommentare in nicht unerheblichem Maße bei.

Zusätzlich zu Kommentaren erhöhen Leerzeilen zwischen nicht zusammengehörenden Statements die Lesbarkeit Ihres Programms. Leerzeilen werden vom Compiler ganz einfach übersprungen.

ZUSAMMENFASSUNG

In dieser Lektion haben Sie gelernt, daß Programme während ihrer Laufzeit Informationen in Variablen speichern. Variablen sind Namen, die Ihr Programm mit bestimmten Speicherbereichen verknüpft. Vor dem Einsatz einer Variablen muß diese zunächst angemeldet werden. Der Fachausdruck dazu heißt: Deklaration. Bei der Deklaration erfährt der Compiler nicht nur den Namen, sondern auch den Typ einer Variablen.

Bevor Sie mit der nächsten Lektion weitermachen, sollten Sie sich vergewissern, ob Sie die Inhalte von Lektion 5 verstanden und behalten haben.

- ✓ Vor der Anwendung einer Variablen muß zunächst deren Name und Typ deklariert werden.
- ✓ Die Namen von Variablen sollten eindeutig auf ihren Zweck hinweisen, damit Sie selbst und andere Programmierer später deren Bedeutung besser verstehen.
- ✓ Die Namen von Variablen müssen mit einem Buchstaben oder einem Unterstrich (_) beginnen.
- ✓ Großbuchstaben haben eine besondere Bedeutung in C++. Schreiben Sie die Namen Ihrer Variablen zunächst ausschließlich in Kleinbuchstaben.
- ✓ Der Typ einer Variablen macht eine Aussage über die Zahlenwerte, die ihr zugeordnet werden können (*char*, *int*, *float*, *long* und *double*).
- ✓ Kommentare erhöhen die Lesbarkeit von Programmen. Sie beginnen in C++ mit dem Zeichen „ // “ (Doppel-Slash).

LEKTION 6

EINFACHE OPERATIONEN

In Lektion 5 haben Sie gelernt, wie man Variablen innerhalb eines Programms deklariert und anwendet. Mit den Variablen lassen sich arithmetische Operationen wie Additionen, Subtraktionen, Multiplikationen und Divisionen sehr einfach ausführen. Diese Lektion zeigt, wie solche Operationen mit Hilfe arithmetischer Operatoren ausgeführt werden. Am Ende dieser Lektion werden Sie verstehen, wie man…

- mathematische Operationen mit den arithmetischen Operatoren durchführt,
- einem Operator einen Vorrang gegenüber einem anderen verleiht,
- die Reihenfolge von Operationen durch Klammern festlegt,
- die Increment- und Decrement-Operatoren „++" und „--" anwendet, um Variablen schrittweise zu erhöhen oder zu verringern.

Mathematik kann sehr einfach sein – mit den arithmetischen C++ Operatoren!

GRUNDLEGENDE MATHEMATISCHE OPERATIONEN

Ganz gleich, welche Aufgabe ein Programm besitzt: Ohne mathematische Operationen wie Addition oder Subtraktion wird es in der Regel selten auskommen. Mit C++ lassen sich sowohl Konstanten als auch Variablen mathematisch verarbeiten. Ob 3 * 5 oder kanten_laenge * kanten_breite – für jeden Zweck gibt es eine Lösung. Hier eine Liste der vier bekannten Grund-Operatoren: plus (+), minus (-), mal (*), geteilt durch (/).

Operator	Zweck	Beispiel
+	Addition	total = kosten + steuer
-	Subtraktion	netto = brutto – abzuege
*	Multiplikation	steuer = kosten * prozentsatz
/	Division	schnitt = total / anzahl

Das folgende Programm, *ShowMath.CPP*, verwendet *cout* zum Darstellen einfacher mathematischer Operationen:

```
#include <iostream.h>
void main(void)
  {
     cout << "5 + 7 = " << 5  +  7 << endl;
     cout << "12 - 7 = " << 12 -  7 << endl;
     cout << "1.2345 * 2 = " << 1.2345 * 2 << endl;
     cout << "15 / 3 = " << 15 / 3 << endl;
  }
```

Jede mathematische Operation erscheint zunächst in Anführungszeichen, und dann ohne Anführungszeichen. Die linke Seite der Zeile ist für den ausgegebenen Bildschirmtext zuständig. Der eigentliche Rechenvorgang vollzieht sich auf der rechten Seite der Zeile, dem Teil ohne Anführungszeichen.

Das Ergebnis von *ShowMath.CPP* nach dem Compilieren sieht wie folgt aus:

```
5 + 7 = 12
12 - 7 = 5
1.2345 * 2 = 2.469
15 / 3 = 5
```

Dieses Programm rechnet nur mit Konstanten. Das nächste Programm, *MathVars.CPP* verwendet dagegen auch Variablen – um genau zu sein: Fließkomma-Variablen.

```
#include <iostream.h>
void main(void)
  {
     float cost = 15.50;        // The cost of an item
     float sales_tax = 0.06;    // Sales tax is 6 percent
     float amount_paid = 20.00;// The amount the buyer paid
     float tax, change, total; // Sales tax, buyer change and
                               // total bill

     tax = cost * sales_tax;
     total = cost + tax;
     change = amount_paid - total;

     cout << "Item Cost: $" << cost << "\tTax: $" << tax <<
        "\tTotal: $" << total << endl;

     cout << "Customer change: $" << change << endl;
  }
```

Im Deklarationsteil weist das Programm den Variablen Werte zu. Daran anschließend führt das Programm Rechenoperationen zur Bestimmung verschiedener Posten aus: Umsatzsteuer, Gesamtkosten und so weiter. Die Bedeutung der Variablen ist zur Übertragung auf deutsche Gegebenheiten natürlich beliebig austauschbar.

Nach dem Start präsentiert sich das Programm wie folgt:

```
Item Cost:  $15.5     Tax: $0.93    Total: $16.43
Customer change: $3.57
```

Nehmen Sie sich die Zeit, das Programm zu verändern. Ersetzen Sie die englischen Variablen-Namen durch deutsche, und ändern Sie die Zahlen. Dadurch erhalten Sie ein gutes Gefühl für den Umgang mit C++ Programmzeilen.

VARIABLEN UM 1 ERHÖHEN

In vielen Programmen ist es erforderlich, daß eine Variable in regelmäßigen Abständen um den Wert 1 erhöht wird – zum Beispiel, wenn gezählt werden soll, wieviel mal eine Datei auf Papier ausgedruckt wurde. Nach jedem Ausdruck könnte dann zum Beispiel eine Variable um 1 erhöht werden. In Form einer Programmzeile sieht das ganze dann wie folgt aus:

```
count = count+1
```

Dieser Ausdruck mag zunächst schwer verständlich erscheinen, denn mathematisch betrachtet ist er blanker Unsinn: Eine Zahl kann nicht so groß sein wie die gleiche Zahl plus 1. Die Zeile ergibt erst Sinn, wenn man bedenkt, daß es sich hier beim Gleichheitszeichen um den C++ Zuweisungs-operator, und nicht um ein gewöhnliches Gleichheitszeichen handelt: Der neue Wert von *count* ist so groß wie der alte, vergrößert um 1, oder einfacher gesagt: Erhöhe *count* um die Zahl 1. Das Ergebnis der Addition wird hier an die Variable zurückgegeben. Das Programm IncCount.CPP verwendet den Zuweisungs-Operator, um die Variable *count* (Anfangswert 1000) um 1 zu incrementieren (zu erhöhen). Die Variable *count* wird zwei mal auf dem Bildschirm dargestellt – einmal vor, und einmal nach der Incrementierung. Beachten Sie den Unterschied, wenn Sie das Programm starten:

```
#include <iostream.h>
void main(void)
   {
      int count = 1000;

      cout << "count's starting value is " << count << endl;
      count = count + 1;
      cout << "count's ending value is " << count << endl;
   }
```

Nach dem Start des Programms erscheinen auf dem Bildschirm folgende Zeilen:

```
count's starting value is 1000
count's ending value is 1001
```

(Der Startwert von count ist 1000, der Endwert von count ist 1001).

Da in C++ Programmen solche Increment-Operationen recht häufig vorkommen, gibt es dafür sogar einen speziellen Operator, das doppelte Pluszeichen (++). Er bewirkt das gleiche wie die Schreibweise *variable = variable + 1*, ist aber kürzer. Die beiden folgenden Ausdrücke haben daher die gleiche Wirkung:

```
count = count+1;  count++;
```

Das folgende Programm, *Inc_Op.Cpp*, verwendet den Increment-Operator, um die Zahl 1000 um den Wert 1 zu erhöhen:

```
#include <iostream.h>
void main(void)
  {
    int count = 1000;

    cout << "count's starting value is " << count << endl;
    count++;
    cout << "count's ending value is " << count << endl;
  }
```

Trifft der Compiler auf den Increment-Operator, so analysiert er zuerst den Wert der betreffenden Variablen, erhöht ihn um 1 und schreibt das Ergebnis zurück in die Variable.

PREFIX- (VORHER) UND POSTFIX- (NACHHER) INCREMENT-OPERATOREN

Das doppelte Pluszeichen kann sowohl vor, als auch nach einer Variablen erscheinen:

```
++variable;     variable ++;
```

Im ersten Fall handelt es sich um den Prefix-, im zweiten Fall um den Postfix-Increment-Operator. C++ behandelt diese beiden Variationen auf unterschiedliche Weise. Dazu ein Beispiel:

```
current_count = count++;
```

Bedeutung: Der Variablen *current_count* wird der Wert der Variablen *count* zugewiesen. *Anschließend* wird count um 1 erhöht. Beide Variablen besitzen nun nicht mehr den gleichen Wert.

Dasselbe würde man mit folgender Schreibweise erreichen:

```
current_count = count;
count = count+1;
```

Betrachten wir nun den Prefix-Increment-Operator:

```
curent_count = ++count;
```

Diesmal ist die Reihenfolge der Operationen umgekehrt: Zuerst wird *count* um 1 erhöht, und dann wird das Ergebnis der Variablen *current_count* zugewiesen. Überschaubarer, aber umständlicher ausgedrückt:

```
count = count + 1;
curent_count = count;
```

Vielleicht werden Sie die zuletzt aufgeführte Methode bevorzugen, weil sie übersichtlicher ist. Dennoch sollten Sie die Bedeutung der Prefix- und Postfix-Operatoren kennen, da sie Ihnen in vielen C++ Programmen begegnen werden.

Das folgende Programm, *Pre_Post.CPP*, zeigt ein Beispiel dafür, wie man diese Operatoren anwendet:

```
#include <iostream.h>
void main(void)
  {
     int small_count = 0;
     int big_count = 1000;

     cout << "small_count is " << small_count << endl;
     cout << "small_count++ yields " << small_count++ << endl;
     cout << "small_count ending value " << small_count << endl;

     cout << "big_count is " << big_count << endl;
     cout << "++big_count yields " << ++big_count << endl;
     cout << "big_count ending value " << big_count << endl;
  }
```

Wenn Sie das Programm compilieren und starten, erscheinen die folgenden Zeilen auf dem Bildschirm:

```
small_count is 0
small_count++ yields 0
small_count ending value 1

big_count is 1000
big_count yields 1001
big_count ending value 1001
```

Die Variable *small_count* wird mit dem Postfix-Operator incrementiert. Die Incrementierung erfolgt erst nach der Bildschirmausgabe. Bei der Variablen *big_count* ist es umgekehrt: Erst erfolgt die Incrementierung, und dann die Bildschirmausgabe. Nehmen Sie sich die Zeit, die erste Variable in eine Prefix-Variable umzuwandeln, und umgekehrt. Achten Sie darauf, was sich nach dem erneuten Compilieren und Starten des Programms verändert.

DECREMENTIEREN

Wenn es möglich ist, eine Variable mit einem doppelten Pluszeichen zu incrementieren, liegt die Vermutung nahe, daß es auch möglich sein sollte, eine Variable mit einem doppelten Minuszeichen zu decrementieren – also um den Wert 1 zu verringern. Das ist in der Tat möglich. Auch hier gibt es einen Postfix- und einen Prefix-Operator. Das folgende Programm, *DecCount.CPP*, zeigt die Anwendung des Decrement-Operators.

```
#include <iostream.h>
void main(void)
   {
      int small_count = 0;
      int big_count = 1000;

      cout << "small_count is " << small_count << endl;
      cout << "small_count-- yields " << small_count-- << endl;
      cout << "small_count ending value " << small_count << endl;

      cout << "big_count is " << big_count << endl;
      cout << "--big_count yields " << --big_count << endl;
      cout << "big_count ending value " << big_count << endl;
   }
```

Nach dem Compilieren und Starten des Programms werden auf Ihrem Bildschirm folgende Zeilen erscheinen:

```
small_count is 0
small_count–yields 0
small_count ending value is -1

big_count is 1000
--big_count yields 999
big_count ending value is 999
```

Die C++ Postfix- und Prefix-Decrement-Operatoren funktionieren genau so, wie ihre „Verwandten", die Increment-Operatoren, mit der Ausnahme, daß ein Variablenwert um den Wert 1 vermindert wird.

WEITERE C++ OPERATOREN

Außer den bisher besprochenen Operatoren stellt C++ noch eine Reihe weiterer Vertreter dieses Typs zur Verfügung. In vielen C++ Programmen werden Sie ganz sicher auf den einen oder anderen Operator aus der folgenden Liste treffen:

Operator	Funktion
%	Modulo, ganzzahliger Divisionsrest
~	Einerkomplement: Invertiert die Bits eines Wertes
&&	AND-Operator: Verknüpft die Bits zweier Werte nach der booleschen AND-Funktion
||	OR-Operator: Boolesche Bit-Verknüpfung zweier Werte nach der OR-Funktion
^	Bitweise EXOR-Verknüpfung
<<	Bitweise Linksverschiebung
>>	Bitweise Rechtsverschiebung

VORRANG VON OPERATOREN

Beim Durchführen mathematischer Berechnungen in C++ ist es oftmals notwendig, daß man sich an eine bestimmte Reihenfolge hält. Einige Operatoren besitzen eine höhere Wertigkeit als andere. Diejenigen mit der höheren Wertigkeit werden zuerst bearbeitet. So wird der Multiplikation zum Beispiel Vorrang gegenüber der Addition eingeräumt. Zum besseren Verständnis ein Beispiel:

```
ergebnis = 5 + 2 * 3
```

Hat die Punktrechnung Vorrang, so lautet das Ergebnis:

```
ergebnis =  5 + (2*3) = 5+6 = 11
```

Rechnet man ohne Vorrang eines bestimmten Operators, so lautet das Resultat:

```
ergebnis = 5+2*3 = 7*3 = 21
```

Um solche Verwirrungen zu vermeiden, wird innerhalb von C++ jedem Operator eine Rangfolge zugewiesen, die darüber entscheidet, welche Rechenoperation zuerst durchgeführt wird. Die folgende Tabelle listet die Rangfolge der verschiedenen Operatoren auf. Die Rangfolge nimmt von oben nach unten ab. Wie man sieht, wird der Multiplikation Vorrang gegenüber der Addition gegeben. Die meisten der in dieser Liste aufgeführten Operatoren wurden Ihnen bisher noch nicht vorgestellt. Keine Sorge: Am Ende dieses Buches werden Sie alle kennen und wissen, wie man sie anwendet.

Operator	Name	Beispiel
::	Scope resolution	class_name::class_attribut_name
::	Global resolution	::variable_name
.	Attribut selector	object.attribut_name
->	Attribut selector	pointer->attribut_name
[ ]	Subscript	pointer [element]
()	Function call	expression(parameters)
()	Value construction	type(parameters)
sizeof	size of an object	sizeof expression
sizeof	Size of a type	sizeof(type)
++	postfix increment	variable++
++	prefix increment	++variable
--	Postfix decrement	variable--
--	Prefix decrement	--variable
&	Adrress operator	&variable
*	Dereference operator	*pointer
new	Allocate operator	new type
delete	Deallocate operator	delete pointer
delete[ ]	Deallocate array	delete pointer
~	Ones complement	~expression
!	NOT operator	!expression
+	Unary plus	+1
-	Unary minus	-1
()	Cast operator	(type) expression
.*	Attribut selector	object.*pointer
->*	Attribut selector	object->*pointer
*	Multiply	expression * expression
/	Divide	expression / expression
%	Modulo	expression % expression
+	Addition	expression + expression
-	Subtraction	expression - expression

REIHENFOLGE VON OPERATIONEN

Wie Sie bereits erfahren haben, räumt C++ den einzelnen Operatoren automatisch einen bestimmten Vorrang gegenüber anderen Operatoren ein. Es mag Fälle geben, in welchen diese Reihenfolge nicht unbedingt mit den Wünschen des Programmierers in Einklang steht.

Ein Beispiel: Ein Programm soll zuerst zwei Preise für ein bestimmtes Produkt addieren, und dann das Ergebnis mit einem Steuersatz multiplizieren:

```
kosten = preis_a + preis_b * 1.06;
```

Bei dieser Schreibweise wird C++ zuerst das Produkt „preis_b * 1.06" bilden, und dann den Wert von preis_a hinzuaddieren – nach dem Leitsatz: Punktrechnung vor Strichrechnung!

Um diese Prioritätenfolge zu durchbrechen, bietet C++ die Verwendung von Klammern an – ganz so, wie in der allgemein üblichen, mathematischen Schreibweise:

```
kosten = (preis_a + preis_b) * 1.06;
```

Jetzt hat die Summenbildung Vorrang vor der Multiplikation: Zuerst werden die Kosten addiert, dann wird die Summe mit dem Faktor 1,06 (1.06) multipliziert.

VORSICHT OVERFLOW : WENN DER SPEICHER BEIM RECHNEN ÜBERLÄUFT

Sie haben bereits gelernt, daß ein Overflow-Error erscheint, wenn man Variablen einen Wert zuweist, der außerhalb ihres Gültigkeitsbereiches liegt. Dieses Problem kann auch beim Rechnen auftreten, wenn das Ergebnis einer Berechnung größer ist, als der Gültigkeitsbereich der Variablen, der es zugewiesen wird.

Dazu wieder ein Beispiel: Im Programm *MathOver.CPP* werden die Zahlen 200 und 300 miteinander multipliziert und der Integer-Variablen *result* zugewiesen. Das Resultat der Multiplikation ist 60000. Der höchste Wert, den *result* annehmen kann, ist jedoch 32767.

```
#include <iostream.h>
void main(void)
  {
     int result;

     result = 200 * 300;

     cout << "200 * 300 =  " << result << endl;
  }
```

Nach dem Start des Programms kann man unschwer feststellen, daß mit dem Ergebnis der Berechnung etwas nicht stimmt:

```
200 * 300 = -5536
```

ZUSAMMENFASSUNG

In dieser Lektion wurden Ihnen die allgemeinen Rechen- und Incrementier-Operatoren von C++ vorgestellt. Um die systematische Durchführung arithmetischer Operationen zu gewährleisten, hält sich C++ beim Rechnen an eine strikte Rangfolge bezüglich der verschiedenen Operatoren. Bevor Sie mit der nächsten Lektion weitermachen, sollten Sie anhand der folgenden Liste noch einmal überprüfen, ob Sie die Inhalte dieser Lektion verstanden und behalten haben.

✓ Die Operatoren +, -, * und / werden zur Addition, Subtraktion, Multiplikation und Division verwendet.

✓ Beim Incrementieren von Zahlen (erhöhen um 1) unterscheidet C++ zwischen dem Prefix- und Postfix-Increment Operatoren.

✓ Beim Decrementieren von Zahlen (verringern um 1) unterscheidet C++ zwischen dem Prefix- und Postfix-Decrement Operatoren.

✓ Der Prefix-Operator steht vor der Variablen und bewirkt, daß der Wert der Variablen erst verändert, und dann zugewiesen wird.

✓ Der Postfix-Operator steht hinter der Variablen und bewirkt, daß der Wert der Variablen erst zugewiesen, und dann verändert wird.

✓ Um die systematische Durchführung von Berechnungen zu gewährleisten, hält sich C++ an eine strikte Rangfolge bezüglich der verschiedenen Operatoren

✓ Um diese Rangfolge nach spezifischen Anforderungen zu ändern, können Klammern gesetzt werden. Alle Operationen innerhalb von Klammern erhalten die höchste Priorität.

LEKTION 7

KEYBOARD EINGABEN

In dieser Lektion werden Sie erfahren, wie man den C++-Input Stream nutzt, um Eingaben von der Tastatur mit Hilfe von Variablen an ein laufendes Programm weiterzugeben.

Am Ende dieser Lektion werden Sie die im folgenden aufgeführten Lerninhalte beherrschen:

- Mit dem *cin* Input Stream kann der Anwender Zahlen, Zeichen und Buchstaben des Keyboards an Variablen eines laufenden Programms weitergeben.
- Das Programm verhält sich bei der Anwendung von *cin* nicht anders, als wäre der Variablen bereits im Quellcode mit Hilfe des Gleichheitszeichens ein Wert zugewiesen worden.
- Auch bei der Verwendung von *cin* muß auf den richtigen Variablentyp und die Grenzen der entsprechenden Gültigkeitsbereiche geachtet werden.

Beim Einsatz des Input Stream geht man in ähnlicher Weise vor, wie bei der Anwendung des Output Stream: Statt des Insertion Operators (<<) verwendet man den Extraction Operator (>>).

ZAHLEN EINGEBEN

Bei der Eingabe von Daten mittels Keyboard muß in Ihrem Programm bereits eine Variable zur Speicherung dieser Daten existieren. Das folgende Programm, *FirstCin.CPP*, liest die Zahlen, die auf dem Keyboard eingetippt werden und stellt sie, wie bisher, auf dem Bildschirm dar. Die Variable, der die eingegebenen Zahlen zugewiesen werden, heißt *number*.

```
#include <iostream.h>
void main(void)
  {
    int number;              // The number read from the keyboard

    cout << "Type your favorite number and press Enter: ";
    cin >> number;
    cout << "Your favorite number is " << number << endl;
  }
```

Nach dem Start des Programms werden Sie aufgefordert, Ihre Lieblingszahl einzugeben. Schreiben Sie eine Zahl auf dem Keyboard, und drücken Sie die Enter-Taste. Auf dem Bildschirm erscheint die Meldung:

```
Your favorite number is
```
(Ihre Lieblingszahl ist)

gefolgt von der betreffenden Zahl.

Das nächste Programm, *TwoNbrs.CPP*, fordert Sie auf, zwei Zahlen einzugeben und anschließend die Enter-Taste zu betätigen. Trennen Sie beide Zahlen durch die Leertaste, die Tab- oder die Enter-Taste. Diese Zahlen werden den beiden Variablen *first* und *second* zugewiesen. Auf dem Monitor erscheint nach *Enter* die Meldung:

Die beiden eingegebenen Zahlen waren... und...

```
#include <iostream.h>
void main(void)
  {
    int first, second;         // Per keyboard eingegebene Zahlen

    cout << "Type two numbers and press Enter: ";
    cin >> first >> second;
    cout << "The numbers typed were " << first << " and " << second << endl;
  }
```

Natürlich ist es auch möglich, das Programm nach mehr als zwei Zahlen fragen zu lassen:

```
cin >> first >> second >> third;
```

Wenn Sie mit *cin* Zeichen einlesen, die auf dem Keyboard eingegeben werden, muß das Programm erkennen, wann die erste Variable zu Ende ist und die zweite Variable beginnt. Dies geschieht entweder mittels eines Leerzeichens, der TAB- oder der Enter-Taste. Probieren Sie das obenstehende Programm mit den drei Variationsmöglichkeiten aus.

Keyboard-Eingaben lesen mit *cin*

Erfordert Ihr Programm Eingaben über die Tastatur, so kann dazu der *cin* Input Stream in Vebindung mit den Extraction-Operator (>>) verwendet werden:

```
cin >> beliebige_variable;
```

Der *Extraction-Operator* hat seinen Namen daher, daß er Daten aus dem Input Stream extrahiert (herausnimmt) und der Variablen zuweist, die auf diesen Operator folgt.

VORSICHT OVERFLOW!

Auch bei der Anwendung von *cin* können Overflow-Fehler auftreten. Sie können dies anhand des Programms *FirstCin.CPP* selbst überprüfen. Geben Sie den Wert 1000000 als Lieblinszahl ein (Vielleicht hilft Ihnen dabei der Gedanke an Ihr Lieblingsgehalt). Da Sie damit die zulässige

Höchstgrenze für Integer-Variablen überschreiten (–32768 bis +32767), tritt ein Overflow-Fehler auf. Wiederholen Sie den Versuch und setzen Sie diesmal eine negative Zahl sowie die oben aufgeführten Grenzwerte ein.

TYPE MISMATCH ERROR

Neben der Gefahr, zu hohe Zahlenwerte im Programm *FirstCin* einzugeben, besteht die Möglichkeit, statt einer Zahl einen Buchstaben oder ein Zeichen einzutippen. Auch in diesem Fall tritt ein Fehler auf – ein sogenannter *Type Mismatch Error*.

Das Programm erwartet eine Variable eines bestimmten Typs (zum Beispiel eine Integer-Variable) und der Anwender gibt eine Variable eines anderen Typs ein (zum Beispiel *char*). Starten Sie das Programm erneut, und schreiben Sie diesmal die Buchstabenkombination ABC als Lieblingszahl. Beobachten Sie, was geschieht!

EINGABE VON ZEICHEN

Die beiden ersten Beispielprogramme dieser Lektion erwarteten ausschließlich die Eingabe von Integer-Variablen. Das folgende Programm, *Cin_Char.CPP*, versetzt den Anwender in die Lage, Buchstaben und Zeichen auf der Tastatur einzutippen und auf dem Bildschirm darzustellen. Der einzige, wesentliche Unterschied zu *FirstCin*: Für die Variable *letter* wird der Typ *char* verwendet:

```
#include <iostream.h>
void main(void)
 {
   char letter;

   cout << "Type any character and press Enter: ";
   cin >> letter;
   cout << "The letter typed was " << letter << endl;
 }
```

Experimentieren Sie ein wenig mit diesem Programm. Schreiben Sie mehr als einen Buchstaben, bevor Sie die Enter-Taste betätigen, und beobachten Sie das Ergebnis: Zwischen jedem *Enter* kann nur ein einziger Buchstabe eingegeben werden.

EINGABE VON KOMMAZAHLEN

Das folgende Programm, *Cin_Long.CPP*, ermöglicht die Eingabe von Kommazahlen im Datenformat *long*:

```
#include <iostream.h>
void main(void)
  {
    long value;

    cout << "Type a large number and press Enter: ";
    cin >> value;
    cout << "The number you typed was " << value << endl;
  }
```

Experimentieren Sie auch hier wieder mit der Eingabe unterschiedlich großer, positiver und negativer Zahlen.

I/O Redirection und der *cin* Input Stream

Wie Sie in Lektion 4 gelernt haben, können Sie mit Hilfe des *cout* Output Stream Ausgaben vom Bildschirm in eine Datei oder an einen Drucker weiterleiten. Der *cout* Output Stream ist eng mit dem Standard Output des Betriebssystems verknüpft. Ähnliches gilt für den *cin* Input Stream: Auch die vom Keyboard stammenden Eingaben lassen sich in eineDatei umleiten. Mehr darüber in den folgenden Lektionen.

ZUSAMMENFASSUNG

In dieser Lektion haben Sie gelernt, wie man mit dem *cin* Input Stream Daten vom Keyboard an ein laufendes Programm übergibt. Dazu muß im Programm eine Variable existieren, der die vom Keyboard kommenden Buchstaben, Zahlen und Zeichen zugewiesen werden, und deren Typ den zu erwartenden Eingaben entspricht.

Bevor Sie mit der nächsten Lektion weitermachen, sollten Sie anhand der folgenden Liste noch einmal überprüfen, ob Sie die Inhalte dieser Lektion verstanden und behalten haben.

- ✓ Mit dem *cin* Input Stream können vom Keyboard stammende Eingaben im Zusammenhang mit dem Extraction-Operator (>>) gelesen werden.
- ✓ Diese Daten werden in Variablen gespeichert, die im betreffenden Programm deklariert sein müssen.
- ✓ Bei mehreren Eingaben hintereinander müssen die einzelnen Werte durch *Space* (Leerzeichen), *Tabulator* oder *Enter* getrennt werden.
- ✓ Bei der Eingabe ungültiger Daten (fremder Typ oder Wert zu groß) treten Fehler des Typs *Type Mismatch* oder *Overflow* auf.

LEKTION 8

IHR PROGRAMM TRIFFT ENTSCHEIDUNGEN

Bei größeren Programmen ist es oft erforderlich, daß die Erfüllung bestimmter Voraussetzungen über den weiteren Verlauf eines Programms entscheidet. Das heißt: Teile eines Programms werden entweder ausgeführt oder nicht ausgeführt, wenn verschiedene Bedingungen entweder erfüllt oder nicht erfüllt sind. Dazu verwenden C++ Programme das sogenannte *if*-Statement. Am Ende dieser Lektion werden Sie mehr über die an dieser Stelle kurz zusammengefaßten Grundlagen des *if*-Statements wissen.

- Mit dem relationalen Operator kann innerhalb von C++ Programmen bestimmt werden, ob zwei Werte gleich sind, oder ob ein Wert größer oder kleiner ist als der andere.
- Mit dem *if*-Statement lassen sich Entscheidungen treffen.
- Das *if*-Statement kann auch in verschachtelter Form mit geschweiften Klammern angewendet werden.
- Mit dem *if-else*-Statement kann eine Reihe von Programmzeilen ausgeführt werden, wenn eine Bedingung richtig ist, und eine andere Reihe von Programmzeilen, wenn die gleiche Bedingung falsch ist.
- Durch die Kombination von *if-else*-Statements kann ein Programm unterschiedliche Bedingungen testen und auf sie reagieren.
- Mit den Operatoren AND (&&) und OR (||) kann der Wahrheitsgehalt mehrerer Aussagen zum Ausdruck gebracht werden. Zum Beispiel: Wenn der Programmierer einen Hund besitzt **&&** dieser Hund ein Dalmatiner ist, dann...
  Mit anderen Worten: Wenn eine Bedingung A erfüllt ist und gleichzeitig eine Bedingung B, dann...

Mit den in diesem Kapitel gezeigten Beispielen wird Ihr C++ Wortschatz zum ersten mal so umfangreich, daß Sie danach mit eigenen, nützlichen Programmen beginnen können.

ZWEI WERTE VERGLEICHEN

Bevor ein Programm Entscheidungen trifft, muß es zunächst ein paar Überprüfungen durchführen.

Ein Programm könnte zum Beispiel feststellen, ob das Testergebnis eines Schülers genau 100 Punkte aufweist. Ein anderes Programm könnte testen, ob ein bestimmter Artikel mehr als 50 DM kostet. Das geschieht mit den relationalen Operatoren. Solche Operatoren setzten Werte in Beziehung zueinander und stellen dadurch fest, ob ein Wert größer, kleiner oder gleich dem anderen ist. Bei diesem Vergleich ist das Ergebnis entweder nur wahr oder nur falsch, denn zwei Werte können nur gleich oder ungleich sein. Es gibt nichts dazwischen. Zwei Werte können auch nicht gleichzeitig gleich und ungleich sein. Demnach ist es entweder wahr, daß zwei Werte gleich sind (oder falsch, daß sie ungleich sind) – oder es ist wahr, daß sie ungleich sind (oder falsch, daß sie gleich sind).

Operator	**Überprüfung**	**Beispiel**
==	Wenn zwei Werte gleich sind	Punktezahl == 100
!=	Wenn zwei Werte nicht gleich sind	alt != new
>	Wenn der erste Wert größer ist als der zweite	kosten > 50
<	Wenn der erste Wert kleiner ist als der zweite	gehalt < 20000
>=	Wenn der erste Wert größer oder gleich dem zweiten ist	Preis >= 30
<=	Wenn der erste Wert kleiner oder gleich dem zweiten ist	alter <= 21

DAS *IF*-STATEMENT

Das *if*-Statement führt zunächst eine Überprüfung durch. Vom Ergebnis dieser Überprüfung hängt es ab, ob die danach folgenden Statements ausgeführt werden oder nicht. Das Format des *if*-Statements (*if* = *wenn* im Deutschen) lautet:

```
If          (die hier stehende Aussage wahr ist)
  Statement;
```

In den Klammern hinter *if* befindet sich eine Aussage. Wenn diese Aussage wahr ist, wird das unmittelbar auf diese Zeile folgende Statement ausgeführt. Bei der Aussage handelt es sich im einfachsten Fall um zwei Werte, die durch einen relationalen Operator in Beziehung zueinander gebracht werden – zum Beispiel „a > b“. Ist diese Aussage falsch – also a nicht größer b, so wird das betreffende Statement **nicht** ausgeführt.

Das folgende Programm, *First_If.CPP*, verwendet das *if*-Statement, um den Wert der Variablen *test_score* mit der Zahl 90 zu vergleichen. Wenn der Wert von *test_score* größer oder gleich 90 ist, wird dem Anwender gratuliert. Im anderen Fall endet das Programm unvermittelt.

```
#include <iostream.h>
void main(void)
 {
   int test_score = 95;

   if (test_score >= 90)
     cout << "Congratulations, you got an A!" << endl;
 }
```

Der Variablen *test_score* wird zu Beginn des Programms der Wert 95 zugewiesen. Danach fragt das Programm mittels des relationalen Operators „>=“, ob der Wert größer als 90 oder gleich 90 ist. Diese Bedingung ist erfüllt. Das folgende Statement, die Gratulationsmeldung, wird ausgeführt. Experimentieren Sie mit dem Programm und finden Sie heraus, was geschieht, wenn Sie der Variablen *test_score* einen Wert < 90 zuweisen. Können Sie bereits jetzt das Programm so verändern, daß die Meldung „Schade: Punktezahl zu niedrig“ erscheint, wenn das Ergebnis unter 90 Punkten liegt?

Einfache und komplexe Statements

Es kann in einem Programm häufig notwendig sein, daß mehrere Statements ausgeführt werden müssen, wenn eine Bedingung erfüllt ist. Wird nur ein Statement ausgeführt, so spricht man von einem einfachen *if*-Statement.

Beispiel eines einfachen Statements:

```
if (test_score >= 90)
  cout << "Congratulations, you got an A!" << endl;
```

Sollen mehrere Statements ausgeführt werden, so müssen diese in geschweiften Klammern ({ }) zusammengefaßt werden. Schließlich muß der Compiler wissen, welches Statement noch zu *if* gehört, und welches nicht mehr. Statements dieser Art nennt man im Englischen auch *Compound Statements*.

```
if (test_score >= 90)
  {
    cout << "Gratuliere! " << endl;
    cout << "Ihr Testergebnis ist" test_score << endl;
  }
```

Merken Sie sich ganz einfach nur, daß zusammengesetzte Statements in geschweifte Klammern gesetzt werden müssen.

Das folgende Programm, *Compound.CPP*, gibt zwei Meldungen aus, wenn das Ergebnis größer oder gleich 90 ist:

```
#include <iostream.h>
void main(void)
  {
    int test_score = 95;

    if (test_score >= 90)
      {
        cout << "Congratulations, you got an A!" << endl;
        cout << "Your test score was " << test_score << endl;
      }
  }
```

EINFACHE UND ZUSAMMENGESETZTE STATEMENTS

Es gibt Fälle, in welchen mehr als ein Statement auf eine mit *if* überprüfte Bedingung folgt. Diese zusammengehörenden Statements werden in geschweifte Klammern gesetzt, wie das folgende Beispiel zeigt.

```
if (alter >= 18)
   {
      cout << "Sie besitzen das Wahlrecht" << endl;
      cout << "Sie dürfen den Führerschein machen" << endl;
   }
```

DAS *ELSE*-STATEMENT

Die zuletzt gezeigten Programme verwendeten das *if*-Statement, um zu prüfen, ob eine Zahl größer als 90 oder gleich 90 war. Wenn die Bedingung falsch war, gaben die Programme keine Meldung aus, sondern endeten ganz einfach. In vielen Fällen ist es jedoch wünschenswert, daß auch in diesen Fällen etwas geschieht. Dazu stellt C++ das *else*-Statement zur Verfügung. Das Format dazu lautet wie folgt:

```
If                  (die hier stehende Aussage wahr ist)
  Statement 1;
else
  Statement 2;
```

Der Ausdruck *else* bedeutet im Deutschen soviel wie: *anderenfalls* oder *wenn nicht.*

Das folgende Programm, *If_Else.CPP*, verwendet das *if*-Statement zur Überprüfung, ob ein Testergebnis größer oder gleich 90 ist. Ist diese Bedingung erfüllt, so wird das Programm eine Glückwunschmeldung ausgeben. Ist die Bedingung nicht erfüllt, so teilt das Programm dem Betreffenden mit, daß er sich etwas mehr Mühe geben sollte.

```
#include <iostream.h>
void main(void)
 {
   int test_score = 95;

   if (test_score >= 90)
     cout << "Congratulations, you got an A!" <<endl;
   else
     cout << "You must work harder next time!" << endl;
 }
```

Zusammengesetzte Statements mit *else*

Zusammengesetzte Statements werden in geschweifte Klammern gesetzt. Auch nach *else* dürfen zusammengesetzte Statements folgen, die ebenfalls von geschweiften Klammern umgeben sein müssen. Das folgende Programm, *Cmp_Else.CPP*, zeigt ein Beispiel sowohl für *if* als auch für *else*:

```
#include <iostream.h>
void main(void)
 {
   int test_score = 65;
   if (test_score >= 90)
     {
       cout << "Congratulations, you got an A!" << endl;
       cout << "Your test score was " << test_score << endl;
     }
   else
     {
       cout << "You should have worked harder!" << endl;
       cout << "You missed " << 100 - test_score <<  " points " << endl;
     }
 }
```

Da das Testergebnis bereits im Programm auf 65 Punkte gesetzt wurde, erscheinen auf dem Bildschirm die auf *else* folgenden Statements. Erhöhen Sie beim Experimentieren mit dem Programm die Variable *test_score* auf einen Wert von über 89, compilieren Sie das Programm erneut und beobachten Sie das Ergebnis.

Ein erneutes Compilieren ist beim nächsten Programm, *GetScore.CPP*, nicht mehr notwendig: Hier gibt der Anwender das Testergebnis per Tastatur mit dem bereits vorgestellten *cin*-Input Stream ein.

```
#include <iostream.h>
void main(void)
  {
    int test_score;

    cout << "Type in the test score and press Enter: ";
    cin >> test_score;

    if (test_score >= 90)
      {
        cout << "Congratulations, you got an A!" << endl;
        cout << "Your test score was " << test_score << endl;
      }
    else
      {
        cout << "You should have worked harder!" << endl;
        cout << "You missed " << 100 - test_score <<  " points " << endl;
      }
  }
```

Vor jeder neuen Eingabe muß das Programm leider jedesmal neu gestartet werden. Sie werden noch lernen, wie man diesen Nachteil mittels *Schleifen* umgehen kann. Doch bereits in der vorliegenden Form zeigt das Beispiel, wie sich die Möglichkeiten eines Programms durch Kombination bereits erlernter Statements und Operatoren drastisch erhöhen.

EINRÜCKUNGEN ERHÖHEN DIE LESBARKEIT

Betrachten Sie noch einmal die Zeilen des letzten Programms: Die geschweiften Klammern und der von ihnen umgebene Code ist um einige Zeichenabstände eingerückt. Diese Einrückungen dienen einzig und allein der besseren Lesbarkeit des Quellcodes. Fallen sie weg, so wird sich nach dem Compilieren am Verhalten des Programms nichts ändern. Die Mühe wird sich dennoch lohnen, da der Aufbau des Programms dadurch für Sie selbst und andere wesentlich transparenter wird.

Die *if-else* Verarbeitung

In komplexen Programmen ist es oft erforderlich, daß Bedingungen überprüft werden, die entweder wahr oder falsch sein können. In beiden Fällen ist es häufig notwendig, daß Reaktionen seitens des Programms erfolgen. Diese Reaktionen können aus einem oder mehreren Statements bestehen. Mit dem *if-else*-Statement lassen sich solche Programmstrukturen auf einfache Weise realisieren:

```
if          (Bedingung erfüllt)
 statement;
else
 statement;
```

Sollen mehrere Statements ausgeführt werden, wenn eine Bedingung wahr oder falsch ist, so müssen diese in geschweiften Klammern zusammengefaßt werden.

```
if          (Aussage)
 {
   erstes wahres Statement;
   zweites wahres Statement;
 }
else
 {
   erstes falsches Statement;
   zweites falsches Statement;
 }
```

Überprüfen mehrerer Bedingungen

In umfangreicheren Programmen gibt es zahlreiche Fälle, in welchen mit dem *if*-Statement mehr als nur eine Bedingung abgefragt werden soll. Zum Beispiel möchte ein Computerclub mit Hilfe eines C++ Programms an alle Mitglieder, die ein CD-ROM-Laufwerk besitzen und gleichzeitig in C++ programmieren, eine Nachricht verschicken. Dazu stellt C++ den logischen *AND*-Operator zur Verfügung (&&). Soll die Nachricht jedoch an alle Mitglieder gehen, die entweder ein CD-ROM-Laufwerkbesitzen, oder in C++ programmieren, so wird der logische *OR*-Operator angewendet (||). Dazu ist es erforderlich, jede der beiden Bedingungen in runde Klammern zu setzen.

```
if ((Anwender besitzt Laufwerk) && (Anwender programmiert in C++))
```

Beachten Sie die äußeren und inneren Klammern. Die äußeren Klammern gehören zum *if*-Statement, die inneren zum *AND*-Operator.

Wenn das auf *if* folgende Statement (oder die Gruppe von Statements) ausgeführt werden soll, müssen beide Bedingungen vor und nach dem *AND*-Operator erfüllt sein. Ist eine Bedingung nicht erfüllt, so gilt die vollständige Bedingung als nicht erfüllt oder falsch. Das folgende Statement verwendet den *OR*-Operator. Eine Tierhandlung könnte mit dem zugehörigen Programm zum Beispiel eine Werbung an alle Katzen- und Hundebesitzer verschicken:

```
if ((tier = hund) || (tier = katze))
```

Beim *OR*-Operator genügt es, wenn mindestens eine Bedingung erfüllt ist:

• Nur Hund, nur Katze oder Katze und Hund: Bedingung erfüllt
• Keine Katze und kein Hund: Bedingung **nicht** erfüllt

VON FALSCHEN NULLEN UND RICHTIGEN EINSEN

In Verbindung mit dem *if*-Statement ist es in C++ möglich, Bedingungen als wahr oder falsch zu deklarieren, wenn man den betreffenden Variablen entweder einen Wert größer Null oder Null zuweist. Besitzt ein Kunde einen Hund, so kann man der Variablen „*hund*“ den Wert 1 zuweisen:

```
hund = 1;
```

Besitzt er keinen Hund, so lautet das Statement:

```
hund = 0;
```

Beim Abfragen mit *if* kann in diesem Fall die Zeile:

`If (hund = 1)` durch die Zeile `If (hund)` ersetzt werden.

C++ erkennt automatisch, ob die Variable den Wert 0 oder 1 besitzt und reagiert entsprechend: Im Falle 1 wird das nachfolgende Statement ausgeführt – im Falle 0 nicht.

Das folgende Programm, *Dog_Cat.CPP*, verwendet die Variablen *user_owns_a_dog* beziehungsweise *user_owns_a_cat* (anwender_besitzt_einen_hund, ...eine_katze) in Verbindung mit *if* zur Bestimmung, welches Haustier der Anwender besitzt.

```
#include <iostream.h>
void main(void)
 {
   int user_owns_a_dog = 1;
   int user_owns_a_cat = 0;

   if (user_owns_a_dog)
     cout << "Dogs are great" << endl;

   if (user_owns_a_cat)
     cout << "Cats are great" << endl;

   if ((user_owns_a_dog) && (user_owns_a_cat))
     cout << "Dogs and cats can get along" << endl;

   if ((user_owns_a_dog) || (user_owns_a_cat))
     cout << "Pets are great!" << endl;
 }
```

Je nachdem, ob der Anwender nur einen Hund, nur eine Katze, Katze und Hund, Katze oder Hund besitzt, kommen die unterschiedlichen Meldungen:

```
Hunde sind großartig
Katzen sind großartig
Hunde und Katzen vertragen sich
Haustiere sind großartig
```

Experimentieren Sie mit dem Programm, indem Sie zum Beispiel beiden Variablen den Wert 0 und dann den Wert 1 zuweisen oder die Zuordnung von 0 und 1 vertauschen.

DER *NOT*-OPERATOR

Dieser Operator kann gegebenenfalls zwar angewendet werden, wenn ein Programmierer mal in Not gerät – der Name kommt jedoch vom englischen Wort „not“, was soviel bedeutet wie „nicht“. In einem Programm kann es vorkommen, daß bestimmte Statements dann nicht durchgeführt werden sollen, wenn eine Bedingung erfüllt ist (wie die bisherigen Beispiele zeigten), sondern wenn eine Bedingung **nicht** erfüllt – eine Aussage falsch – oder eine Variable 0 ist.

Die Zeilen:

```
If (! anwender_besitzt_hund)
  Cout << "Sie sollten sich einen Hund anschaffen" << endl;
```

überprüfen, ob der Anwender keinen Hund besitzt und reagieren entsprechend.

Der *NOT*-Operator (!) verwandelt eine falsche Bedingung in eine wahre – und umgekehrt. Nehmen wir an, der Anwender besäße keinen Hund. Die Variable *anwender_besitzt_hund* enthält dann den Wert 0. Wird der *NOT*-Operator auf diese Variable angewendet, so verwandelt er die 0 in eine 1 (wahr). Die gesamte Bedingung wird nun als wahr aufgefaßt, so daß das Programm das folgende Statement ausführt.

Das folgende Beispiel, *Use_Not.CPP*, veranschaulicht die Anwendung des *NOT*-Operators:

```
#include <iostream.h>
void main(void)
 {
   int user_owns_a_dog = 0;
   int user_owns_a_cat = 1;

   if (! user_owns_a_dog)
     cout << "You should buy a dog" << endl;

   if (! user_owns_a_cat)
     cout << "You should buy a cat" << endl;
 }
```

Experimentieren Sie, wie bereits in den vorangehenden Beispielen, mit diesem Programm, indem Sie den Variablen alle weiteren Kombinationen (1, 0 oder 1, 1 bzw. 0, 0) aus Nullen und Einsen zuordnen. Beobachten Sie, was nach dem Compilieren und Starten geschieht.

Die Anwendung logischer Operatoren in C++

Es gibt Fälle, in welchen die in einem Programm vorkommenden Bedingungen aus mehreren Komponenten zusammengesetzt sein können. Zur Lösung dieses Problems kann der *AND*-Operator verwendet werden, bei dem jede einzelne Bedingung in Klammern gesetzt werden muß. Zum Beispiel kann ein Programm danach fragen, ob ein Angestellter einen Stundenlohn erhält, und ob er in einer bestimmten Woche mehr als 40 Stunden gearbeitet hat.

```
if ((angestellten_lohn == stündlich) && (angestellten_zeit > 40))
  statement;
```

Genügt es dem Programm, daß nur eine der beiden Bedingungen erfüllt ist, so kann der *OR*-Operator herangezogen werden: Wenn Bedingung A **oder** Bedingung B erfüllt ist, dann... Im Beispiel wird gefragt, ob es sich bei einem Fahrzeug um einen PKW oder um ein Motorrad handelt:

```
If ((fahrzeug == pkw ) || (fahrzeug == motorrad))
  statement;
```

Auch hier wird wieder jede der Bedingungen in Klammern gesetzt. Manchmal kann es notwendig sein, daß ein Statement ausgeführt wird, wenn die betreffende Bedingung nicht erfüllt ist. In diesem Fall kann der *NOT*-Operator (!) verwendet werden. Dieser Operator verwandelt eine erfüllte Bedingung in eine nicht erfüllte – und umgekehrt. Aus *wahr* wird *falsch* – und aus *falsch* wird *wahr*. *AND*-, *OR*- und *NOT*-Operatoren nennt man auch „logische Operatoren".

DAS *IF* ... *ELSE IF*-STATEMENT

Die Palette der beim Programmieren anfallenden Aufgaben ist unerschöpflich. So ist es zum Beispiel vorstellbar, daß nicht nur gefragt werden soll, ob eine erreichte Punktezahl größer oder gleich 90 ist: Es ist auch möglich, innerhalb eines Programms zu fragen, ob die Punktezahl zwischen 60 und 70, zwischen 70 und 80 oder zwischen 80 und 90 liegt.
Kein Problem mit dem AND-Operator:

```
if ((testergebnis>59) AND (testergebnis<70))
  statement;
if ((testergebnis>69) AND (testergebnis<80))
  statement;
```

und so weiter.

Ganz schöne Schreibarbeit! Einfacher geht's mit *if...else if*, wie das Programm *ShowGrad.CPP* zeigt:

```
#include <iostream.h>
void main(void)
 {
   int test_score;

   cout << "Type in your test score and press Enter: ";
   cin >> test_score;

   if (test_score >= 90)
     cout << "You got an A!" << endl;
   else if (test_score >= 80)
     cout << "You got a B!" << endl;
   else if (test_score >= 70)
     cout << "You got a C" << endl;
   else if (test_score >= 60)
     cout << "Your grade was a D" << endl;
   else
     cout << "You failed the test" << endl;
 }
```

Das Programm fragt zuerst, ob die Punktezahl größer gleich 90 ist. Ist dies der Fall, so erscheint eine entsprechende Meldung, und alle anderen Abfragen werden nicht mehr berücksichtigt. Ist die Punktezahl jedoch nicht größer oder gleich 90, so wird das zweite *else if*-Statement abgefragt: Punktezahl größer gleich 80 – und so weiter. Das Programm fährt so lange fort, bis es zur richtigen Punktezahl gelangt. Beachten Sie, daß es sich beim letzten Statement nur um ein *else*-Statement handelt. Experimentieren Sie auch mit diesem Programm, indem Sie verschiedene Punktezahlen für die Variable *test_score* einsetzen.

DAS *SWITCH*-STATEMENT

In zahlreichen Fällen geht es darum, eine Reihe ganz bestimmter, unzusammenhängender Bedingungen abzufragen. Im *switch*-Statement bietet sich eine einfache Lösung an.

Das folgende Programm beginnt mit dem *switch*-Statement, gefolgt von der zu überprüfenden Variablen, die in Klammern steht. Da es sich bei dieser Variablen um den Typ *char* handelt, muß, wenn ein Wert für sie eingesetzt wird, dieser Wert in halbe Anführungszeichen (Hochkommata) gesetzt werden. Hierbei handelt es sich um das Zeichen ('), das mit SHIFT plus der #-Taste (Lattenkreuz) rechts neben dem „Ä" auf den Bildschirm gebracht werden kann.

Mit *case* wird die Variable *grade* überprüft. Der Ausdruck *case 'A'* bedeutet demnach nichts anderes als:

„Wenn es sich bei *grade* um ein A (Buchstabe oder Zeichen A) handelt, dann...

Das „dann“ verbirgt sich hinter dem sich anschließenden Doppelpunkt, dem ein Statement zur Ausgabe einer Meldung auf dem Bildschirm folgt.

Der Ausdruck „*default*“ am Ende des *switch*-Statements dient zum Abfangen aller Möglichkeiten, die mit *case* nicht erfaßt wurden: Wenn *grade* weder A, noch B, noch C, noch D ist, dann wird das auf *default* folgende Statement ausgegeben. Doch hier endlich das Programm: *Switch.Cpp*:

```
#include <iostream.h>
void main(void)
  {
    char grade = 'B';
    switch (grade)
      {
        case 'A': cout << "Congratulations on your A" << endl;
                  break;
        case 'B':  cout << "Not bad, a B is ok" << endl;
                  break;
        case 'C': cout << "C's are only average" << endl;
                  break;
        case 'D': cout << "D's are terrible" << endl;
                  break;
        default:  cout << "No excuses! Study harder!" << endl;
                  break;
      }
  }
```

Alle zu *switch* gehörenden Programmzeilen werden in geschweifte Klammern gesetzt.

Da in diesem Programm der Variablen *grade* das Zeichen „B“ zugeordnet wurde, wird nach dem Start des Programms die Meldung „Not bad, a B is ok“ erscheinen.

Ändern Sie das Zeichen, das *grade* zugeordnet wurde, und beobachten Sie das Verhalten des Programms!

Sie werden sich fragen, was es mit dem *break*-Statement nach jedem *case* auf sich hat. Läßt man es weg, so werden alle nach dem erstmaligen Auftreten eines als zutreffend befundenen *case* auch alle weiteren Bedingungen als wahr erkannt: Angenommen, B trifft zu. Ohne *break* werden in diesem Falle auch die zu C und D gehörenden Statements auf dem Bildschirm ausgegeben. Dies liegt in der Natur des *switch*-Statements.

ZUSAMMENFASSUNG

In dieser Lektion haben Sie gelernt, wie man mit dem *if*-Statement Entscheidungen innerhalb eines Programms treffen kann: Eine Reihe auf *if* folgender Statements wird ausgeführt, wenn eine mit *if* abgefragte Bedingung wahr ist, und eine Reihe weiterer Statements, denen ein *else* vorausgeht, wird ausgeführt, wenn die mit *if* abgefragte Bedingung nicht wahr ist. Bevor Sie mit der nächsten Lektion weitermachen, sollten Sie anhand der folgenden Aussagen überprüfen, ob Sie die Lerninhalte dieser Lektion verstanden und behalten haben:

- ✓ Mit den relationalen Operatoren kann innerhalb von C++ überprüft werden, ob ein Wert größer oder kleiner als ein anderer ist, oder ob beide Werte gleich sind.
- ✓ Das *if*-Statement überprüft eine Bedingung. Ist die Bedingung erfüllt, so werden die danach folgenden Statements ausgeführt.
- ✓ Variablen, die den Wert 0 besitzen, werden vom *if*-Statement als falsch erkannt. Alle Werte ungleich Null gelten als richtig.
- ✓ Mit den Operatoren *AND* (&&) und *OR* (||) können mehrere Bedingungen miteinander verknüpft werden.
- ✓ Der *NOT*-Operator (!) kehrt wahr und falsch um: Ein Statement wird ausgeführt, wenn eine Bedingung nicht zutrifft.
- ✓ Soll nach *if* oder *else* mehr als ein Statement ausgeführt werden, so sind diese Statements in geschweifte Klammern zu setzen.
- ✓ Das Einrücken von Zeilen erleichtert die Lesbarkeit eines Programms.
- ✓ Bei Überprüfen nicht zusammenhängender Bedingungen kann das *switch*-Statement angewendet werden.
- ✓ Trifft das Programm beim *switch*-Statement auf eine erfüllte Bedingung, so werden automatisch auch alle weiteren Bedingungen als erfüllt betrachtet. Dies kann mit dem Einsatz des *break*-Statements vermieden werden.

LEKTION 9

STATEMENTS WIEDERHOLEN

In Lektion 8 haben Sie gelernt, wie man mit dem *if*-Statement Entscheidungen fällt. In fast allen Programmiersprachen besteht die Möglichkeit, Anweisungen so oft zu wiederholen, bis eine bestimmte Bedingung erfüllt ist. Dieses Verfahren hat eine gewisse Ähnlichkeit mit dem *if*-Statement und wird in dieser Lektion besprochen: Die C++ Schleifenkonstruktionen. Je nach Bedarf stehen hierbei *for, while* und *do...while* Schleifen zur Wiederholung von Statements zur Verfügung. Am Ende der Lektion werden Sie wissen, daß...

- ❒ man mit *for*-Schleifen eine beliebige Anzahl von Statements mehrmals wiederholen kann,
- ❒ man mit einer *while*-Schleife eine beliebige Anzahl von Statements so oft wiederholen kann, wie eine bestimmte Bedingung erfüllt ist.
- ❒ mit der *do...while*-Schleife eine beliebige Anzahl von Statements mindestens einmal ausgeführt werden kann, und daß nur unter bestimmten Bedingungen eine Wiederholung stattfindet.

Schleifen stellen ein recht wirkungsvolles Programmierwerkzeug dar. Erweitern Sie Ihre Programmierkenntnisse und experimentieren Sie mit den in dieser Lektion vorgestellten Beispielen.

STATEMENTS SO OFT WIEDERHOLEN, WIE MAN WILL

Das mehrfache Wiederholen von Statements gehört zweifelsfrei zu den einfachsten und den am häufigsten vorkommenden Elementen eines Programms. Anwendungen gibt es in Hülle und Fülle – zum Beispiel, wenn eine bestimmte Datei fünf mal ausgedruckt werden soll.

Zu diesem Zweck verwendet man die *for*-Schleife, deren wesentlichstes Element eine sogenannte Kontrollvariable darstellt. Diese Variable gibt an, wie oft eine Schleife wiederholt, beziehungsweise durchlaufen werden soll. Im nun folgenden Beispiel heißt sie *count* und hat den Wert 10:

```
for (count=1; count <= 10; count ++)
  statement;
```

Die *for*-Schleife besteht aus drei Teilen:

- Initialisierung (Anfangswert der Kontrollvariablen – hier 1)
- Testbedingung (Endwert der Kontrollvariablen, hier 10)
- Increment (Erhöhung der Kontrollvariablen um 1 nach jedem Durchlauf)

Die Initialisierung erfolgt nur einmal: Der Variablen wird der Wert 1 zugewiesen. Nach jedem Durchlauf wird getestet, ob die Bedingung *count <= 10* erfüllt ist. Ist diese Bedingung erfüllt (zum Beispiel bei *count = 1*), so wird das darauf folgende Statement ausgeführt. Außerdem wird die Variable um 1 erhöht (*count ++*).

Ist die Bedingung nicht erfüllt, dann endet die Schleife (zum Beispiel bei *count = 11*), und das Programm fährt mit dem nächsten Statement hinter der Schleife fort.

Hier das ganze noch einmal in übersichtlicher (aber nicht üblicher) Schreibweise:

```
for
  (
    count = 1;          // Initialisierung
    count <= 10;        // Test
    count ++            // Incrementierung
  )
```

Das folgende Programm, *FirstFor.CPP*, verwendet eine *for*-Schleife zum Darstellen der Zahlen 1 bis 100 auf Ihrem Bildschirm:

```
#include <iostream.h>
void main(void)
  {
    int count;

    for(count = 1: count <= 100; count++)
      cout << count << '  ';
  }
```

Die Variable *count* wird zunächst auf eins gesetzt und dann bei jedem Durchlauf um eins erhöht. So lange wie *count* nicht größer als 100 ist, wird der aktuelle Wert der Variablen auf dem Bildschirm ausgegeben. Experimentieren Sie mit diesem Programm, indem Sie die Initialisicrungs-, Test- und Incremetierwerte von *count* verändern.

Das nächste Programm, *AskCount.CPP*, fragt nach einer Zahl, die der Anwender eingeben muß. Anschließend werden alle Zahlen von Null bis zu dieser Zahl auf dem Bildschirm dargestellt: Die eingegebene Zahl wird der Kontrollvariablen *count* im Test-Bereich der *for*-Schleife zugewiesen:

```
count <= ending_value
```

Experimentieren Sie auch mit diesem Programm und setzen Sie verschiedene Werte für *count* und *ending_value* ein. Bedenken Sie, daß bei einer Eingabe von 0 oder –1 keine Ausgabe erfolgen kann, da die Schleifenbedingungen nicht erfüllt sind. Versuchen Sie, durch eine zu hohe Wahl von *ending_value* einen *Overflow Error* zu provozieren.

```
#include <iostream.h>
void main(void)
 {
   int count;
   int ending_value;

   cout << "Type in the ending value and press Enter:";
   cin >> ending_value;

   for (count = 0; count <= ending_value; count++)
     cout << count << ' ';
 }
```

FOR-SCHLEIFEN MIT ZUSAMMENGESETZTEN STATEMENTS

Wie man mit *if* zusammengesetzte Statements bearbeitet, haben Sie bereits gelernt. Dies ist auch mit einer *for*-Schleife möglich. Auch hier müssen die zusammengehörenden Statements in geschweifte Klammern gesetzt werden. Auch das folgende Programm, *Add1_100.CPP*, zählt von 1 bis 100. Hinzu kommt jedoch, daß es zusätzlich alle aufgezählten Werte aufsummiert und der Variablen *total* zuordnet.

Die hier vorgestellte Art der Aufsummierung wird in vielen Programmiersprachen übrigens recht häufig angewendet: *total = total + count* oder allgemein: *x = x+y.*

```
#include <iostream.h>
void main(void)
 {
   int count;
   int total = 0;

   for (count = 1; count <= 100; count++)
     {
       cout << "Adding " << count << " to " << total;
       total = total + count;
       cout << " yields " << total << endl;
     }
 }
```

ÄNDERUNG DER INCREMENTIERUNG

Bisher wurde die Kontrollvariable bei jedem Schleifendurchlauf stets um den Wert 1 erhöht. Dies ist jedoch nicht zwingend vorgegeben: Jede beliebige Zahl ist möglich. Im folgenden Programm, *By_Fives.CPP*, wird jede fünfte Zahl zwischen 1 und 100 auf dem Bildschirm ausgegeben:

```
#include <iostream.h>
void main(void)
 {
   int count;

   for (count = 0; count <= 100; count += 5)
     cout << count << ' ';
 }
```

Beim Starten dieses Programms erscheinen die Zahlen 0, 5, 10... bis 100. Dafür ist das Statement *count += 5* verantwortlich. Im Prinzip könnte man dafür auch den Ausdruck: *count = count + 5* schreiben. Die im Programm vorgestellte Schreibweise ist jedoch kürzer und wird deshalb bevorzugt.

Das Incrementieren einer Variablen innerhalb einer Schleife ist nicht auf das Hochzählen beschränkt: Es ist auch möglich, Variablen schrittweise zu verringern. Das folgende Programm, *Cnt_Down.CPP*, verwendet eine *for*-Schleife, um die Zahlen von 100 bis 1 (also in rückwärtiger Folge), auf dem Bildschirm darzustellen:

```
#include <iostream.h>
void main(void)
 {
   int count;

   for (count =100; count >= 1; count--)
     cout << count << ' ';
 }
```

Mit jedem Durchlauf wird *count* um den Wert 1 vermindert. Die Schleife wird abgebrochen, wenn *count* den Wert 0 besitzt.

Vorsicht vor Endlosschleifen

Sie haben anhand der vorgestellten Beispiele gesehen, daß man mit *for*-Schleifen festlegen kann, wie oft ein bestimmtes Statement oder eine Gruppe von Statements wiederholt wird. Aufgrund von Programmierfehlern kann es jedoch leider vorkommen, daß eine Schleife erst dann endet, wenn man das Programm gewaltsam abbricht. Solch ein Fehler kann zum Beispiel dann vorliegen, wenn man aus Versehen eine falsche Variable incrementiert.

Im folgenden Kurzbeispiel wird überprüft, ob *count* bereits den Wert 100 erreicht hat oder nicht. Da jedoch nicht *count*, sondern die Variable *falsch* incrementiert wird, behält *count* den Wert Null – und die Schleife läuft endlos weiter. Schließlich wird die Bedingung *count <= 100* niemals erfüllt. In solch einem Fall hilft nur noch die berühmte Tastenkombination *Control-Alt-Delete*.

```
for (count = 0; count <= 100; falsch++)
```

Das folgende Beispiel, *LoopVar.CPP*, zeigt, daß derVariablentyp von Schleifen nicht auf den Wert *Integer* beschränkt ist. Es ist sogar möglich, Character-Variablen (Typ *char*) zu verwenden. Im ersten Teil des Programms werden alle Buchstaben von A bis Z auf dem Bildschirm ausgegeben. Im Anschluß daran wird die *float*-Variable *value* in Schritten von 0,1 incrementiert – und zwar so lange, bis sie den Wert 1 besitzt.

```
#include <iostream.h>
void main(void)
  {
    char letter;
    float value;

    for (letter = 'A'; letter <= 'Z'; letter++)
      cout << letter;

    cout << endl;

    for (value = 0.0; value <= 1.0; value += 0.1)
      cout << value << ' ';

    cout << endl;
  }
```

Nach dem Start des Programms werden auf dem Bildschirm die folgenden Zeilen erscheinen:

```
ABCDEFGHIJKLMNOPQRSTUVWXYZ
0 0,1 0,2 0,3 0,4 0,5 0,6 0,7 0,8 0,9
```

DIE *FOR*-SCHLEIFE IM ÜBERBLICK

Mit *for*-Schleifen ist es möglich, eine beliebige Anzahl einzelner oder zusammengefaßter Statements beliebig oft zu wiederholen. Die Anzahl der Wiederholungen ist fest vorgegeben und wird durch eine sogenannte Kontrollvariable bestimmt.

Die *for*-Schleife besteht aus drei Teilen plus einem Statement (oder mehreren Statements):

- Initialisierung
- Test (Abfrage, ob Maximalwert bereits erreicht oder nicht)
- Incrementierung
- Statement(s)

Bei der Initialisierung wird der Startwert bestimmt. Im Test-Teil wird spezifiziert, bei welchem Wert die Schleife abbrechen soll. Die Incrementierung legt fest, um welchen Wert die Kontrollvariable bei jedem Durchlauf erhöht werden soll. Die Variable wird so lange incrementiert, bis sie den im Test-Teil angegebenen Wert erreicht hat. Mit anderen Worten: So lange wie die im Test-Teil spezifizierte Bedingung erfüllt ist. Nach jedem Durchlauf wird das auf die Schleife folgende Statement ausgeführt.

Es klingt trivial, doch effektvoll wird die *for*-Schleife erst durch die Tatsache, daß die Kontrollvariable auch in dem auf die Schleife folgenden Statement zum Einsatz kommen kann. Dadurch wird es erst möglich, Zahlenfolgen oder grafische Muster (Variable als Koordinate) auf den Bildschirm zu bringen. Mit hunderten einzelner Statements wäre dies eine sehr langwierige und umständliche Angelegenheit.

Es ist auch möglich, innerhalb von *for*-Schleifen rückwärts zu zählen.

Außer Variablen des Typs *Integer* können alle anderen Variablen verwendet werden. Damit ist dann auch eine Incrementierung im Bereich von Zahlen kleiner als 1 möglich.

Beachten Sie bitte, daß bei Fehlern eine *for*-Schleife leicht zur Endlos-Schleife werden kann. Solch eine Schleife kann nur noch durch einen Programm-Abbruch beendet werden.

DIE *WHILE*-SCHLEIFE

In den bisherigen Beispielen ging es darum, Statements mittels einer *for*-Schleife mehrmals zu wiederholen. Die Anzahl der Wiederholungen war dabei fest vorgegeben.

Manchmal hängt die Anzahl der Wiederholungen jedoch von Bedingungen ab, die erst während des Programmablaufs erfüllt werden und deshalb nicht vorhersehbar sind. In solchen Fällen stellt die *while*-Schleife ein geeignetes Mittel dar. Diese Schleife wird so oft durchlaufen, wie eine bestimmte Bedingung erfüllt ist.

Das allgemeine Format der *while*-Schleife lautet:

```
while(bedingung_erfüllt)
  statement;
```

Trifft ein Programm auf eine *while*-Schleife, so überprüft es zuerst, ob die betreffende Bedingung erfüllt ist. Trifft dies zu, so wird das folgende Statement ausgeführt. Nachdem dies geschehen ist, wird die Bedingung erneut überprüft – und so weiter. Dieser Prozeß wird so lange durchgeführt, bis die Bedingung irgendwann nicht mehr erfüllt ist. Erst dann wird die *while*-Schleife abgebrochen.

Das folgende Programm, *Get_YN.CPP*, bittet Sie, Buchstaben einzugeben. Das Programm verwendet eine *while*-Schleife, um Zeichen, die auf dem Keyboard eingegeben wurden, auszulesen und auf dem Bildschirm darzustellen. Gleichzeitig ertönt ein Signal aus dem PC-Lautsprecher. Das geschieht so lange, wie der Anwender kein Y oder ein N eingibt. Die Schleife wird in diesem Fall abgebrochen.

```
#include <iostream.h>
void main(void)
 {
   int done = 0;     // Set to true when Y or N is encountered
   char letter;

   while (! done)
     {
       cout << "\nType Y or N and press Enter to continue:";
       cin >> letter;

       if ((letter == 'Y') || (letter == 'y'))
         done = 1;
       else if ((letter == 'N') || (letter == 'n'))
         done = 1;
       else
         cout << '\a';      // Sound the speaker's bell for
                  // invalid character
     }
   cout << "The letter you typed was " << letter << endl;
 }
```

Das Programm verwendet *done* als Kontrollvariable. Bei der Eingabe von *Y* oder *N* wird *done* auf wahr (1) gesetzt, und die Schleife bricht ab. Die *while*-Schleife wird so lange wiederholt, so lange *done* den Wert 0 aufweist. Beachten Sie bitte, daß auch hier eine Gruppierung verschiedener Statements verwendet wird, die durch geschweifte Klammern zusammengefaßt wurden. Mit dem *OR*-Operator (||) ist es möglich, daß das Programm sowohl auf Kleinbuchstaben als auch auf Großbuchstaben reagiert.

DIE *WHILE*-SCHLEIFE IM ÜBERBLICK

Manchmal kann es beim Programmieren einer Schleife noch ungewiß sein, wie oft sie durchlaufen werden soll. In solchen Fällen verwendet man while-Schleifen. So lange eine bestimmte Bedingung erfüllt ist, werden die nachfolgenden (durch geschweifte Klammern zusammengefaßten) Statements wiederholt. Dazu ist es erforderlich, daß die zu untersuchende Bedingung innerhalb der *while*-Schleife bei jedem Durchlauf abgefragt wird. Zum Beispiel könnte es sich um eine Liste von Angestellten handeln, deren Gehälter berechnet werden sollen. Bei jedem Durchlauf wird danach gefragt, ob das Ende der Liste erreicht ist. Lautet die Antwort nein, so wird die Schleife erneut durchlaufen und die Listennummer um 1 erhöht. Die Schleifenbedingung ist in diesem Falle dann erfüllt, wenn das Ende *nicht* erreicht ist.

Wie das Programm erkennt, ob das Ende einer Liste oder einer Datei erreicht ist, wird in einem anderen Kapitel erklärt.

MINDESTENS EINMAL: DIE *DO...WHILE*-SCHLEIFE

Es gibt Anwendungsfälle, bei denen es von Bedeutung ist, daß ein Statement mindestens einmal ausgeführt wird – ganz gleich, ob eine Bedingung nun erfüllt ist oder nicht – und bei welchen erst alle weiteren Wiederholungen von der Erfüllung bestimmter Bedingungen abhängen. In diesen Fällen bietet sich die *do...while*-Schleife als Lösung an. Das Format solch einer Schleife lautet:

```
do {
  statements;
} while (bedingung_erfüllt)
```

Trifft das Programm auf eine *do...while*-Schleife, so werden die darin enthaltenen Statements ausgeführt. Nach dem letzten Statement innerhalb der Schleife überprüft das Programm die angegebene Bedingung. Ist diese erfüllt, so springt das Programm zurück zum Start der Schleife und führt die gesamte Prozedur noch einmal durch.

Ist die Bedingung falsch, so wird die Schleife kein zweites mal durchlaufen. Das Programm macht mit dem nächsten Statement hinter der Schleife weiter. Typische Anwendungsfälle für Schleifen dieser Art sind Auswahlmenüs. Dem Anwender werden verschiedene Möglichkeiten zur Auswahl auf dem Bildschirm angeboten. Dazu genügt ein einmaliger Schleifendurchlauf. Entscheidet sich der Anwender für eine der Möglichkeiten (außer „Beenden"), so führt das Programm die entsprechenden Schritte aus und zeigt danach wieder das Auswahlmenü. Dies geschieht durch das erneute Ausführen der in der Schleife enthaltenen Statements.

Bei der Auswahl von „Beenden" wird die Schleife abgebrochen und das Programm fährt mit dem nächsten Statement hinter der Schleife fort.

DIE *DO...WHILE*-SCHLEIFE IM ÜBERBLICK

Bei Programmen kann es notwendig sein, daß ein Statement zunächst einmal ausgeführt werden muß. In Abhängigkeit davon, ob bestimmte Bedingungen erfüllt sind, kann danach die Notwendigkeit für die Wiederholung des Statements vorliegen. In solchen Fällen ist die *do...while*-Schleife ein geeignetes Mittel.

Trifft ein Programm auf solch eine Schleife, so werden zunächst die in der Schleife enthaltenen Statements ausgeführt. Im Anschluß daran überprüft das Programm die Schleifenbedingung. Ist sie erfüllt, so werden die Schleifen-Statements wiederholt – und zwar so lange, bis die bei jedem Durchlauf aufs neue überprüfte Bedingung nicht mehr erfüllt ist. In diesem Fall führt das Programm das erste auf die Schleife folgende Statement aus.

Zusammenfassung

Das Wiederholen eines oder mehrerer Statements wird auch als *iterative Programmierung* bezeichnet. Diese Lektion stellte Ihnen die iterativen Statements von C++ vor: Die Schleifen.

Mit der *for*-Schleife kann eine beliebige Anzahl von Statements so oft wiederholt werden, wie man es beim Schreiben des Programms vorgibt.

Die *while*-Schleife wiederholt eine beliebige Anzahl von Statements so oft, bis eine bestimmte Bedingung erfüllt ist.

Bei einer *do...while*-Schleife werden die darin enthaltenen Statements auf jeden Fall einmal ausgeführt. Erst danach wird die Schleifenbedingung untersucht. Ist sie erfüllt, so wird die Schleife wiederholt. Ist sie nicht erfüllt, wird die Schleife abgebrochen.

Bevor Sie mit der nächsten Lektion weitermachen, sollten Sie anhand der folgenden Punkte überprüfen, ob sie den Inhalt dieser Lektion verstanden und behalten haben:

- ✓ Die *for*-Schleife wiederholt ein Statement oder mehrere Statements so oft, wie es beim Erstellen des Programms durch die Wahl des Wertes der Schleifenvariablen vorgegeben wurde.
- ✓ Das *for*-Statement besteht aus folgenden Teilen:
  Initialisierung, Test, Incrementierung und dem zu wiederholenden Statement.
- ✓ Die Incrementierung kann auch Werte ungleich 1 annehmen und sogar rückwärts erfolgen (Decrementierung).
- ✓ Eine *while*-Schleife wird so lange ausgeführt, wie eine bestimmte, in der Schleife spezifizierte Bedingung erfüllt ist.
- ✓ Die *while*-Schleife wird zum Beispiel verwendet, um den Inhalt einer Datei bis zum Datei-Ende auszulesen.
- ✓ Die *do...while*-Schleife wird mindestens einmal ausgeführt – ganz gleich, ob die Schleifenbedingung erfüllt ist oder nicht. Danach verhält sie sich wie eine *while*-Schleife.
- ✓ *Do while*-Schleifen sind zum Beispiel für die Verarbeitung von Menüs geeignet.
- ✓ Wird eine der drei beschriebenen Schleifen beendet, so fährt das Programm mit dem Statement fort, daß auf die Schleife folgt.

Abschnitt 2

FUNKTIONEN

Wenn Programme an Umfang zunehmen, ist es empfehlenswert, sie in kleinere, überschaubarere Einheiten zu untergliedern. Diese Einheiten nennt man im Fachjargon auch „Funktionen". Jeder Funktion innerhalb eines Programms kommt eine bestimmte Aufgabe zu. Stellen Sie sich ein Datenverarbeitungsprogramm vor: Da gibt es Funktionen, die für das Eintippen von Zahlen verantwortlich sind. Andere Funktionen wiederum sorgen dafür, daß die Daten in geordneter Form auf dem Bildschirm erscheinen, daß die gespeicherten Zahlen addiert, ausgedruckt oder sortiert werden, oder daß Zahlenkolonnen als farbige Balkengrafik eine höhere Aussagekraft erhalten.

Beim Programmieren kann jede Funktion getrennt bearbeitet werden, so wie ein gesondertes Programm. Das erleichtert nicht nur die Programmierarbeit, sondern auch das Verständnis des betreffenden Programms. Funktionen, die einmal für ein bestimmtes Programm geschrieben wurden, können auch in anderen Programmen verwendet werden. Das spart Zeit und Arbeit.

Die Lektionen dieses Kapitels beschäftigen sich mit folgenden Themen:

LEKTION 10 FUNKTIONEN

LEKTION 11 ÄNDERUNG VON PARAMETERWERTEN

LEKTION 12 DIE RUN-TIME LIBRARY

LEKTION 13 LOKALE VARIABLEN UND SCOPE

LEKTION 14 FUNKTIONS-OVERLOADING

LEKTION 15 ANWENDUNG VON C++ REFERENZEN

LEKTION 16 DEFAULT PARAMETERWERTE

LEKTION 17 KONSTANTEN UND MAKROS

LEKTION 10

FUNKTIONEN

Größere Programme sollten stets in kleinere, überschaubarere Einheiten (Funktionen) untergliedert werden. Jeder dieser Funktionen innerhalb eines Programms kommt eine bestimmte Aufgabe zu. Stellen Sie sich ein Datenverarbeitungsprogramm vor: Zahlen addieren, Diagramme darstellen, eine Menüauswahl zur Verfügung stellen und so weiter.

Fällt eine dieser Aufgaben an, so *ruft* das Programm die dafür zuständige Funktion auf und übergibt ihr die zu verarbeitenden Daten – zum Beispiel die Temperaturwerte aller Tage eines Jahres, die von der betreffenden Funktion als Kurve dargestellt werden sollen. Am Ende dieser Lektion werden Sie verstehen, was sich hinter den folgenden, grundsätzlichen Aussagen verbirgt:

- Funktionen enthalten zusammengehörende Statements zur Lösung einer bestimmten Aufgabe.
- Damit eine Funktion ihre Aufgabe erfüllen kann, wird sie vom Programm über ihren Namen, gefolgt von zwei runden Klammern, aufgerufen. Zum Beispiel: *beep()*.
- Hat eine Funktion ihre Aufgabe erfüllt, so gibt sie häufig ein Ergebnis (*Return Value*) in Form eines bestimmten Datenformates (*int* oder *float*) an das Programm zurück. Dieses Ergebnis kann dann vom Programm beispielsweise einer Variablen zugewiesen werden.
- In die Klammern hinter dem Funktionsnamen können sogenannte Parameter eingesetzt werden. Dies sind Daten, die vom Programm an eine Funktion zur Verarbeitung übergeben werden.
- C++ verwendet *Funktions-Prototypen* zur Bestimmung des Variablentyps, den eine Funktion an das Programm zurückgibt – und zur Bestimmung der Anzahl und des Variablentyps der Parameter, die das Programm an eine Funktion übergibt.

Bei umfangreicheren Programmen ist der Einsatz von Funktionen unumgänglich, wenn man den Überblick nicht verlieren möchte. Sie werden feststellen, daß das Schreiben von Funktionen nicht besonders schwer ist.

EINE ERSTE FUNKTION

Beim Schreiben eines Programms sollten Sie genau analysieren, welche Aufgaben das Programm im einzelnen zu erfüllen hat, und planen Sie für jede dieser Aufgaben eine Funktion ein. Wenn Sie feststellen, daß eine Funktion mehr als eine Aufgabe zu erfüllen hat, sollten Sie die betreffende Funktion wiederum aufteilen. Verleihen Sie jeder Funktion, so wie es bereits bei den Variablen besprochen wurde, einen eindeutigen Namen, aus welchem die Aufgabe der Funktion deutlich hervorgeht.

Beispiele:

Funktionsname	Funktionszweck
druck()	Daten ausdrucken
kurve()	Kurven zeichnen
addier()	Zahlen addieren
menu()	Menü aufrufen
meldg()	Warnmeldung auf dem Bildschirm ausgeben
lade()	Dateien laden
rette()	Dateien speichern
etc.	

Diese Funktionsnamen sind natürlich nur ein Beispiel. Für die Wahl eines Funktionsnamens gibt es nur die Vorschrift, die auch für Variablen gilt: Es dürfen keine Schlüsselwörter wie zum Beispiel *if, or, end* und so weiter verwendet werden.

Tip: Verwenden Sie im Zweifelsfalle die deutschen Übersetzungen für die von Funktionen ausgeführten Aufgaben. So kann garantiert nichts schiefgehen. Also zum Beispiel nicht *cout()*, sondern *ausgabe()*.

Eine Funktion ist in ihrer Struktur ähnlich aufgebaut wie das bereits in den vergangenen Lektionen häufig verwendete *main*-Programm. Mit anderen Worten: Dem Funktionsnamen geht die Typ-Angabe voraus (zum Beispiel *int* oder *void*). Dem Funktionsnamen folgt eine Parameterliste, die in runden Klammern steht. Auch wenn keine Parameter vorhanden sind, müssen die Klammern gesetzt werden. Wie bei *main* werden auch bei Funktionen geschweifte Klammern verwendet, um zu zeigen, welche Statements zur betreffenden Funktion gehören.

Das Format einer Funktion sieht wie folgt aus:

```
return_typ  funktionsname(parameterliste)
 {
   variablen_deklarationen;
   statements;
 }
```

Vergleichen wir diese Zeilen mit dem *main*-Programm:

```
void main(void)
```

Beim ersten **void** handelt es sich um den return typ;

main entspricht dem Funktionsnamen und

das zweite **void** (in Klammern) entspricht der Parameterliste.

Auch die Variablendeklarationen sind nicht anders, als bereits besprochen. Sie könnten zum Beispiel lauten:

```
int count;
```

Sogar die Statements unterscheiden sich in einer Funktion nicht von denjenigen, die wir bereits unter *main* kennengelernt haben. Beispiel:

```
for (count=0; count<=10; count++)
cout << count << '  ';
```

Eine Funktion kann natürlich auch aus nur einem Statement bestehen, wie das folgende Beispiel zeigt:

```
void show_message(void)
  {
    cout << "Hallo, C++ löst meine Programmierprobleme" << endl;
  }
```

Der Compiler wird aus dieser Funktion, wenn sie isoliert auftritt, keinen lauffähigen Code erzeugen, sondern Fehlermeldungen auf den Bildschirm bringen. Erst in Verbindung mit dem, was wir bereits kennen, entsteht nach dem compilieren ein auf einer Funktion basierendes Programm. Laden Sie das Programm *Show_Msg.CPP* von der CD-Rom und probieren Sie es aus!

```
#include <iostream.h>
void show_message(void)
  {
    cout << "Hello, I've been Rescued by C++" << endl;
  }

void main(void)
  {
    cout << "About to call the function" << endl;
    show_message();
    cout << "Back from the function" << endl;
  }
```

Im Zusammenhang mit *main* haben Sie bereits etwas über die Bedeutung von *void* gelernt: Eine Art Platzhalter, der immer dann in Erscheinung tritt, wenn keine Werte an eine Funktion übergeben und keine Werte von einer Funktion empfangen werden. Dies ist im gezeigten Beispiel der Fall.

Die Funktion *show_message* wird in *main* aufgerufen – und zwar mit der Zeile:

```
show_message();
```

Vorher und nachher werden zusätzliche Texte auf dem Bildschirm ausgegeben. Diese Texte stammen jedoch von *main*, und nicht von einer Funktion.

Der Aufruf einer Funktion kann daher wie ein Statement in einer Folge anderer Statements betrachtet werden.

`About to call the function`	(Aufruf der Funktion)
`Hello, I've been Rescued by C++`	(Hallo, C++ war meine Rettung)
`Back from the function`	(Zurück von der Funktion)

Dieses einfache Programm würde natürlich auch ohne zusätzliche Funktion arbeiten. Bei komplexeren Programmen kann jedoch auf Funktionen nicht verzichtet werden. Das Beispiel sollte daher lediglich zeigen, wie Funktionen prinzipiell angewendet werden. In späteren Beispielen werden Sie auch mit Programmen experimentieren, deren Funktionen Parameter übergeben, das heißt, deren Klammern hinter dem Namen einen Wert enthalten.

Wenn ein Programm auf einen Funktionsaufruf trifft, „springt" es buchstäblich zur betreffenden Funktion, bearbeitet alle in dieser Funktion enthaltenen Statements und macht anschließend mit dem nächsten Statement hinter dem Funktionsaufruf weiter.

In unserem Beispiel bedeutet dies: Das Programm beginnt bei *main*, trifft auf das erste Statement und führt es aus. Auf dem Bildschirm erscheint der Text „About to...". Danach trifft das Programm auf den Funktionsaufruf. Es springt zur Funktion „*show_message*" und führt das in der Funktion enthaltene Statement aus. Auf dem Bildschirm erscheint die zweite Zeile: „Hello, ...". Das Ende der Funktion ist erreicht, das Programm kehrt zurück und führt das Statement aus, das auf den Funktionsaufruf folgt. Auf dem Bildschirm erscheint die dritte Zeile: „Back from...".

Funktionen hätten wenig Sinn, wenn man nicht beliebig viele davon einsetzen könnte. Das folgende Programm, *Two_Msgs.CPP*, ruft zwei aufeinanderfolgende Funktionen auf:

```
#include <iostream.h>
void show_title(void)
  {
    cout << "Book: Rescued by C++" << endl;
  }
void show_lesson(void)
  {
    cout << "Lesson: Getting Started With Functions" << endl;
  }
void main(void)
  {
    show_title();
    show_lesson();
  }
```

Diesmal enthält *main* lediglich zwei unmittelbar aufeinanderfolgende Funktionsaufrufe. Dies zeigt, daß Programme auch ausschließlich aus Funktionen aufgebaut sein können. Experimentieren Sie mit dem Programm, indem Sie den Inhalt der Funktionen verändern und die Reihenfolge des Aufrufs vertauschen. Versuchen Sie selbst, noch eine dritte Funktion hinzuzufügen.

Sie werden bald merken, daß Funktionen für den Programmierer eine ungeheuere Erleichterung darstellen: Programme können leichter verändert und besser überblickt werden. Außerdem ist es möglich, Funktionen, die für ein Programm entwickelt wurden, auch in anderen Programmen einzubauen. So kann man sich mit der Zeit eine ganze Funktionsbibliothek erstellen, die es ermöglicht, Programme fast wie aus dem Baukasten zusammenzustellen.

Funktionen aufrufen

Bei einer Funktion handelt es sich um eine Anzahl zusammenhängender Statements zur Bewältigung einer bestimmten Aufgabe. Umfangreichere Operationen lassen sich mittels Funktionen in kleine, überschaubare Abschnitte aufteilen.

Die Funktion wird über ihren Namen aufgerufen. Auf den Namen folgen zwei runde Klammern, so, wie im Beispiel gezeigt:

```
funktionsname();
```

Soll ein Programm Informationen (Parameter) an eine Funktion weitergeben, so müssen diese in die Klammern hinter dem Funktionsnamen gesetzt, und durch Kommata getrennt werden:

```
lohn(name, nummer, gehalt)
```

Nachdem das letzte Statement einer Funktion ausgeführt wurde, fährt das Programm mit dem unmittelbar auf den Funktionsaufruf folgenden Statement fort.

INFORMATIONEN FÜR FUNKTIONEN

Zur Erhöhung der Leistungsfähigkeit von Funktionen ist es unter C++ möglich, Informationen vom Programm an Funktionen weiterzugeben – sogenannte Parameter. Verwendet eine Funktion Parameter, so ist eine Angabe des Parametertyps erforderlich. Zum Beispiel: *int, float, char* und so weiter. Die folgende Funktion zum Beispiel verwendet einen Parameter des Typs *int* (Integer):

```
void zeige_zahl(int wert)
  {
    cout << "Der Wert des Parameters ist " << wert << endl;
  }
```

Beim Aufruf der Funktion *zeige_zahl* muß das Programm einen bestimmten Zahlenwert an die Funktion weitergeben. Dieser Wert steht in den Klammern hinter dem aufgerufenen Funktionsnamen. Beispiel:

```
zeige_zahl(1001);
```

Immer dann, wenn in der Funktion die Variable *wert* auftaucht, wird ihr der Zahlenwert zugewiesen, der in der Klammer des Funktionsaufrufes steht (hier 1001):

```
...
zeige_zahl(1001);
...
...
...
void zeige_zahl(int wert)
  {
    cout << "Der Wert des Parameters ist " << 1001 << endl;
  }
```

Im Verborgenen „erkennt" C++ sozusagen, daß die Zahl in den Klammern hinter dem Funktionsaufruf für die Variable *wert* Gültigkeit besitzt.

Das folgende Programm, *UseParam.CPP*, verwendet die Funktion *show_number* gleich mehrmals, und übergibt ihr bei jedem Aufruf einen anderen Parameter.

```
#include <iostream.h>
void show_number(int value)
  {
    cout << "The parameter's value is " << value << endl;
  }
void main(void)
  {
    show_number(1);
    show_number(1001);
    show_number(-532);
  }
```

Wenn Sie das Programm starten, erscheinen auf dem Bildschirm die folgenden Zeilen:

```
The parameter's value is 1
The parameter's value is 1001
The parameter's value is -532
```

Experimentieren Sie mit dem Programm, indem Sie die Parameterwerte verändern. Denken Sie daran, daß für jeden Parameter ein bestimmter Typ definiert sein muß. Der numerische Gültigkeitsbereich darf daher nicht überschritten werden, sonst tritt ein Syntaxfehler auf. In vielen Fällen werden mehrere Parameter an Funktionen übergeben. Für jeden dieser Parameter muß ein gesonderter Name und der dazugehörige Typ angegeben werden. Das nun folgende Programm, *BigSmall.CPP*, verwendet die Funktion *show_big_and_little* (zeige groß und klein), um die größte und kleinste der drei empfangenen Integer-Variablen anzuzeigen:

```
#include <iostream.h>
void show_big_and_little(int a, int b, int c)
 {
   int small = a;
   int big = a;

   if (b > big)
     big = b;
   if (b < small)
     small = b;
   if (c > big)
     big = c;
   if (c < small)
     small = c;

   cout << "The biggest value is " << big << endl;
   cout << "The smallest value is " << small << endl;
 }

void main(void)
 {
   show_big_and_little(1, 2, 3);
   show_big_and_little(500, 0, -500);
   show_big_and_little(1001, 1001, 1001);
 }
```

In diesem Programm werden drei mal hintereinander drei (Zahlen) Parameter an die Funktion *show_big_and_little* übergeben. In allen drei Fällen gibt es jedesmal eine kleinste und eine größte Zahl. Aufgabe der Funktion ist es, durch eine logisch geschickte Abfrage mit dem *if*-Statement die jeweils größte und kleinste Zahl herauszufinden.

Welcher der übergebenen Parameter nun welcher Variablen der Funktion zugeordnet wird, hängt allein von der Reihenfolge der Werte ab. Stehen beim Aufruf der Funktion in den Klammern die Zahlen 1, 2, 3, so wird die Zahl 1 der ersten Variablen *int a* in der Klammer des Funktionskopfes (int a, int b, int c) zugeordnet: Erster Wert an a, zweiter an b und so weiter.

Nach dem Start des Programms werden auf dem Bildschirm folgende Zeilen erscheinen:

```
The biggest value is 3
The smallest value is 1
The biggest value is 500
The smallest value is -500
The biggest value is 1001
The smallest value is 1001
```

Im folgenden Beispiel verwendet das Programm *Show_Emp.CPP* die Funktion *show_employee*, um das Alter (Typ *int*) und Gehalt (Typ *float*) eines Angestellten aufzulisten:

```
#include <iostream.h>
void show_employee(int age, float salary)
 {
   cout << "The employee is " << age << " year sold" << endl;
   cout << "The employee makes $" << salary << endl;
 }
void main(void)
 {
   show_employee(32, 25000.00);
 }
```

In dieser Funktion wird neben dem Variablentyp *integer* auch der Typ *float* übergeben.

Parameter an Funktionen übergeben

Bei der Verwendung von Parametern gilt: Für jeden Parameter muß ein eindeutiger Name und Variablentyp (*int*, *float*, *char*) gewählt werden. C++ weist den Variablen die Parameter in der Reihenfolge zu, wie sie in den Klammern hinter dem Funktionsaufruf erscheinen. Die eingesetzten Werte dürfen die für die einzelnen Parameter-Variablentypen gültigen Bereiche nicht überschreiten.

Rückgabe von Ergebnissen

Wie bereits erwähnt, dienen Funktionen der Lösung bestimmter Aufgaben. In vielen Fällen handelt es sich dabei ganz einfach um Berechnungen. Die Funktion gibt dann ihre Rechenergebnisse an den „Aufrufer" zurück: Die Stelle im Programm, an welcher der Name der Funktion erscheint – an welcher sie „aufgerufen" wird. Auch für die Rückgabe von Werten gilt, daß der Typ des Wertes (*int*, *float* usw.) genau bezeichnet ist.

Um anzugeben, von welchem Typ der zurückgegebene Wert ist, schreibt man ihn vor den Funktionsnamen an den Kopf der Funktion. Die folgende Funktion zum Beispiel, *addiere_werte*, addiert zwei Zahlen des Typs *integer* und gibt das Ergebnis ebenfalls als integer-Zahl (*resultat*) zurück:

```
int addiere_werte(int a, int b)
  {
    int resultat;
    resultat = a + b;
    return (resultat);
  }
```

Der Ausdruck *int* vor dem Funktionsnamen gibt an, daß die mit *return* zurückgegebene Variable vom Typ *integer* ist. Das *return*-Statement sorgt übrigens dafür, daß ein in einer Funktion erzeugter Wert wieder an das Programm zurückgegeben und die Funktion beendet wird. Funktionsaufrufe müssen übrigens nicht immer isoliert in einer einzigen Zeile erfolgen: Sie können auch direkt in ein Statement eingebaut werden. Die folgenden Zeile nutzt *cout*, um über einen Aufruf der Funktion *addiere_werte* die Summe zweier Zahlen direkt auf dem Bildschirm auszugeben:

```
cout << "Die Summe ist " << addiere_werte(500, 501) << endl;
```

Das Erscheinen des Funktionsnamens als Teil des Statements genügt, die Funktion aufzurufen und die mit *return* zurückgegebene Zahl mittels *cout* auf den Bildschirm zu bringen. Statt des Umwegs über die Variable *resultat* kann man die Summe zweier Variablen auch direkt unter *return* zusammenfassen:

Statt der drei Zeilen des obigen Beispiels:

```
int resultat;
resultat = a + b;
return (resultat);
```

kann man auch schreiben:

```
return(a+b);
```

Das ist zwar weniger übersichtlich, hat jedoch den gleichen Effekt und ist kürzer.

Das folgende Programm, *AddValue.CPP*, verwendet die Funktion *add_values* (addiere_werte), um verschiedene Zahlenwerte zu addieren:

```
#include <iostream.h>
int add_values(int a, int b)
  {
    return(a+b);
  }
```

```
void main(void)
  {
    cout << "100 + 200 = " << add_values(100, 200) << endl;
    cout << "500 + 501 = " << add_values(500, 501) << endl;
    cout << "-1 + 1 = " << add_values(-1, 1) << endl;
  }
```

Nehmen Sie sich Zeit, um mit dem Programm zu experimentieren und ändern Sie zum Beispiel die Werte, die das Programm an die Funktion übergibt. Achten Sie darauf, daß bei zu hohen Werten kein Overflow-Fehler auftritt.

Manchmal kann es notwendig sein, statt ganzer Zahlen auch Brüche in einer Funktion zu erzeugen. In diesem Fall muß statt *integer* der Variablentyp *float* eingesetzt werden.

Beispiel:

```
float durchschnitt(int a, int b)
  {
    return((a+b) / 2.0);
  {
```

Die Bezeichnung *float* vor dem Funktionsnamen gibt in diesem Falle an, daß von der Funktion eine *float*-Variable zurückgegeben wird. Sie entsteht erst innerhalb der Funktion aus der Quotientenberechnung zweier Integer-Variablen.

Das folgende Programm, *GetAve.CPP*, verwendet die Funktion *average_value* (Durchschnittswert), um den Durchschnittswert der Zahlen 5 und 10 zu berechnen und darzustellen:

```
#include <iostream.h>
float average_value(int a, int b)
  {
    return((a + b) / 2.0);
  }
void main(void)
  {
    cout << "The average value is: " << average_value(5, 10) << endl;
  }
```

FUNKTIONEN, DIE KEINEN RETURN-WERT ZURÜCKGEBEN

Nicht alle Funktionen geben ein Ergebnis zurück. Sie haben bereits solch eine Funktion verwendet, als Sie mit *show_message* in Verbindung mit *cout* einen Text auf dem Bildschirm ausgegeben haben. Soll eine Funktion keine Werte zurückgeben, so muß vor ihren Namen der Ausdruck *void* gesetzt werden. Tritt innerhalb solch einer Funktion ein *return*-Statement auf, so bedeutet dies nicht, daß ein Wert zurückgegeben wird, sondern daß dieFunktion an dieser Stelle endet:

```
return ;
```

Alle Statements, die innerhalb solch einer Funktion nach dem *return*-Statement folgen, werden nicht ausgeführt.

FUNKTIONSPROTOTYPEN

Bevor ein Programm eine Funktion aufruft, müssen die an die Funktion übergebenen Variablentypen, und die Variablentypen, die die Funktion zurückgibt, bekannt sein. Dies ist noch einigermaßen übersichtlich, solange die Funktionen eines Programms von *main* aus aufgerufen werden. Es ist jedoch auch möglich, innerhalb von Funktionen weitere Funktionen aufzurufen. Damit C++ einen Überblick über alle in einem Programm verwendeten Funktionen besitzt, ist es empfehlenswert, sogenannte Funktionsprototypen an den Anfang eines jeden Programmcodes zu setzen. Ein Prototyp beliefert das Programm (und andere Programmierer, die Ihren Code lesen) mit Informationen über die Parameter und die Return-Werte der einzelnen Funktionen. Die folgenden Statements zeigen ein Beispiel:

```
void show_message(void);
void show_number (int);
void show_employee(int, float);
int add_values(int, int);
float average_value(int, int);
```

Bei den Variablentypen am Anfang des Prototyps handelt es sich um die Bezeichnung des Return-Wertes. In den Klammern stehen die Typen der an das Programmübergebenen Variablen (Parameter). Eine Funktion kann zwar mehrere Parameter empfangen, aber nur einen Return-Wert zurückgeben.

Wenn Sie versuchen, ein Programm ohne Funktions-Prototypen zu starten, wird eine Fehlermeldung auftreten. Sie werden einwenden, daß wir bereits eine Menge von Beispielprogrammen ohne Prototypen verwendet haben. Das ist richtig, aber all diese Programme zeichneten sich dadurch aus, daß alle Funktionen vor *main* aufgeführt waren. Der Prototyp entsprach in diesen Fällen der Funktionskopfzeile. Im folgenden Beispiel (*Proto.CPP*) beginnt das Programm mit *main*. Der Return-Wert wird bereits vor dem Auftreten der Funktion verwendet. Beim Weglassen des Prototyps würde hier deshalb eine Fehlermeldung erscheinen.

```
#include <iostream.h>
float average_value(int, int); // Function prototype

void main(void)
  {
    cout << "The average of 2000 and 2 is " <<
      average_value(2000, 2) << endl;
  }

float average_value(int a, int b)
  {
    return((a + b) / 2.0);
  }
```

FUNKTIONSPROTOTYPEN

Der Prototyp informiert den Compiler über Anzahl und Typ der an eine Funktion übergebenen Parameter und über den Typ des entsprechenden Return-Wertes. Anhand der Prototypen wird unter C++ beim Compilieren des Quelltextes überprüft, ob an alle Funktionen auch die richtigen Variablentypen übergeben werden.

Ältere Compilerversionen verfügten zum Teil nicht über solch einen Komfort. Nicht selten kam es vor, daß Programmierer Stunden damit verbrachten, Fehler zu suchen, die durch falsche Variablentypen entstanden. So vergißt man zum Beispiel leicht, daß es sich beim in Funktionen gebildeten Quotienten zweier Integer-Variablen bereits nicht mehr um eine Integer-, sondern um eine Float-Variable handelt. Die übergebenen Parameter sind dann vom Typ *integer*, beim Return-Wert handelt es sich jedoch um den Typ *float*.

Wenn beim compilieren Ihrer Programme entsprechende Fehlermeldungen erscheinen, sollten Sie sich eigentlich darüber freuen, daß Ihnen eine lästige Fehlersuche erspart bleibt. Früher war es nämlich häufig so, daß bei Fehlern ganz einfach nur eines geschah: Das Programm funktionierte nicht.

ZUSAMMENFASSUNG

In dieser Lektion haben Sie gelernt, wie man Funktionen programmiert und aufruft, wie man Parameter an Funktionen übergibt und Return-Werte zurück bekommt und wie man Funktionen mittels Funktionsprototypen deklariert. Bevor Sie mit dem nächsten Abschnitt fortfahren, sollten Sie anhand der folgenden Punkte überprüfen, ob Sie die Inhalte dieser Lektion verstanden und behalten haben:

✓ Mit Funktionen lassen sich Programme in kleinere, überschaubarere Blöcke, sogenannte Funktionen, unterteilen. Jede Funktion sollte unbedingt einen unverwechselbaren und aussagekräftigen Namen aufweisen, der Hinweise auf die von ihr zu erfüllenden Aufgaben erteilt.

✓ Funktionen können einen Wert zurückgeben. In diesem Fall muß der Variablentyp dieses Wertes vor den Namen der Funktion gesetzt werden. Gibt die Funktion keinen Wert zurück, so muß der Ausdruck *void* vor dem Funktionsnamen stehen.

✓ Programme können Daten mittels sogenannter Parameter an Funktionen weitergeben. In diesem Fall muß für jeden Parameter eine Angabe des Variablentyps durchgeführt, und ein eindeutiger Name festgelegt werden. Werden keine Parameter an eine Funktion übergeben, so muß der Ausdruck *void* in die Klammern hinter dem Funktionsnamen gesetzt werden.

✓ Damit C++ die mit einer Funktion in Zusammenhang stehenden Variablen kennt, muß für jede Funktion ein sogenannter Prototyp an den Anfang des Programms gesetzt werden. Dies ist jedoch nur dann erforderlich, wenn im Programmcode der Aufruf einer Funktion vor der Funktion selbst erscheint.

LEKTION 11

PARAMETERWERTE ÄNDERN

In Lektion 10 haben wir gesehen, wie man Programme mit Hilfe von Funktionen in überschaubarere Teile untergliedert. Sie wissen bereits, daß Programme Informationen an eine Funktion weitergeben können. In dieser Lektion wird erläutert, wie man diese Informationen (Parameterwerte) innerhalb einer Funktion verändert. Dazu sind mehrere Schritte erforderlich, die Sie am Ende dieser Lektion beherrschen werden. In Lektion 11 lernen Sie, daß...

- Parameterwerte nur in Verbindung mit Pointern oder einer C++ Referenz verändert werden können;
- Parameterwerte nur geändert werden können, wenn ihre Adresse im Speicher bekannt ist. Dazu benötigt man den *Address*-Operator (&);
- mit dem *Memory Indirection*-Operator (*) der unter einer bestimmten Adresse gespeicherte Wert bestimmt werden kann;
- das Programm die Adresse des Parameters an die Funktion übergeben muß, wenn der Wert eines Parameters in einer Funktion geändert werden soll.

WARUM FUNKTIONEN PARAMETER NORMALERWEISE NICHT ÄNDERN KÖNNEN

Das folgende Programm, *NoChange.CPP* (keine Änderung), übergibt zwei Parameter (*big* und *small*) an die Funktion *display_values*. Die Funktion weist beiden Parametern die Werte 1001 zu und zeigt sie anschließend auf dem Bildschirm.

In *main* werden die Werte zusätzlich vor und nach dem Funktionsaufruf angezeigt. Beim Start des Programms überzeugt ein Blick auf den Bildschirm, daß bei der Rückkehr zum Programm, trotz der in der Funktion durchgeführten Änderung, dic Variablen wieder ihre ursprünglichen Werte angenommen haben: No change!

Doch zunächst das Programm:

```
#include <iostream.h>
void display_values(int a, int b)
  {
    a = 1001;
    b = 1001;

    cout << "The values within display_values are " << a <<
      " and " << b << endl;
  }
```

```
void main(void)
  {
    int big = 2002, small = 0;

    cout << "Values before function " << big << " and "  <<
      small << endl;

    display_values(big, small);

    cout << "Values after function " << big << " and " <<
      small << endl;
  }
```

Und nun die Zeilen, die auf dem Bildschirm, nach dem Programmstart, ausgegeben werden:

```
Values before function 2002 and 0
The values within display_values are 1001 and 1001
Values after function 2002 and 0
```

Wie man erkennt, ändert die Funktion tatsächlich beide Parameterwerte: Statt 2002 und 0 erscheinen die Zahlen 1001 und 1001. Am Ende der Funktion jedoch, wenn das Programm zu *main* zurückkehrt, ist alles wieder beim alten. Um dies zu verstehen, muß man wissen, wie Parameter an Funktionen übergeben werden.

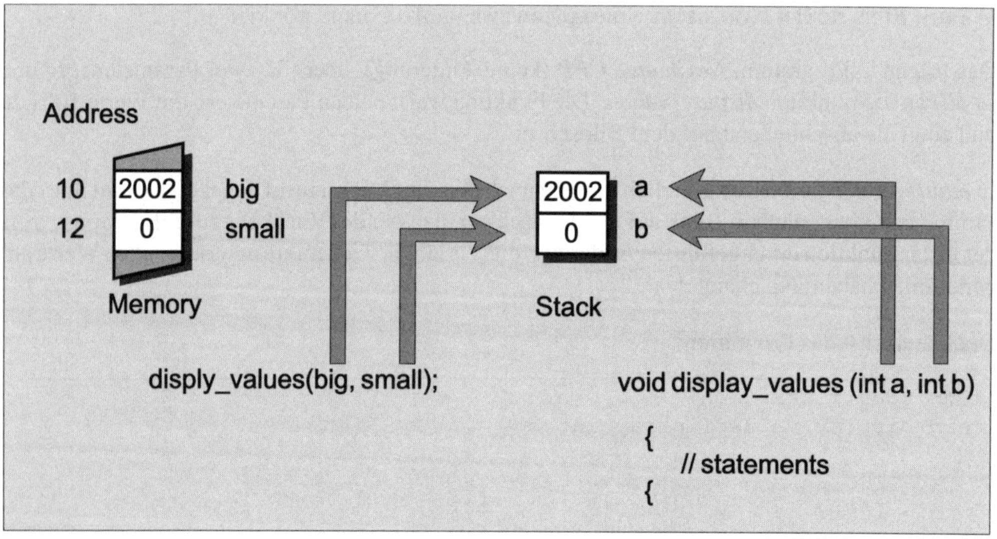

Bild 11.1: *C++ legt Kopien der Parameterwerte an einem temporären Speicherort, dem sogenannten Stack, ab.*

Normalerweise macht C++ bei der Parameterübergabe eine Kopie der Parameterwerte und setzt die Kopie in einen temporären Speicherbereich, Stack genannt, ein. Diese Kopie wird von der Funktion zur Durchführung ihrer Operationen verwendet. Am Ende der Funktion wird dieser Stackinhalt nicht mehr weiterbenutzt – und damit auch nicht mehr die Änderungen, die innerhalb der Funktion mit dem Stackinhalt durchgeführt wurden.

Die Originale der kopierten Variablen befinden sich immer noch unverändert an anderer Stelle des Speichers. Da auf sie nach dem Ende der Funktion wieder zugegriffen wird, müssen zwangsweise wieder die ursprünglichen Werte erscheinen: 2001 und 0, um bei unserem Beispiel zu bleiben. Die Änderung der Werte im Stack hat keinen Einfluß auf die Originalwerte, die an einer anderen Stelle des Speichers untergebracht sind.

C++ Funktionen ändern (normalerweise) keine Parameter

Wenn ein Programm Parameter an eine Funktion übergibt, werden von diesen Parametern Kopien erzeugt und in einem gesonderten Speicherbereich, dem sogenannten Stack, aufbewahrt. Alle von einer Funktion durchgeführten Parameteränderungen wirken sich nur auf die Kopien im Stack aus – nicht aber auf die Originale.

Am Ende einer Funktion werden diese Kopien und deren Änderungen nicht weiter verwendet. Da die Funktion auf die Speicheradressen der Originale keinen Zugriff hat, bleiben die Parameter für das Programm unverändert.

UND TROTZDEM: PARAMETERWERTE ÄNDERN

Um den Wert eines Parameters zu ändern, muß die Funktion wissen, an welcher Stelle des Speichers das Original des Parameterwertes abgelegt ist. Um einer Funktion die betreffende Adresse mitzuteilen, muß der C++ *Address Operator* (&) eingesetzt werden. Der folgende Funktionsaufruf veranschaulicht, wie Ihr Programm diesen Operator anwenden muß, um die Adresse der Variablen *big* und *small* an die Funktion *change_values* weiterzugeben. Das geschieht mittels der den Parametern vorangestellten &-Zeichen (genaugenommen: kaufmännisches „und" oder englisch: ampersand).:

```
change_values(&big, &small)
```

Innerhalb der Funktionsdefinition muß angegeben werden, daß das Programm die Parameter über ihre Adresse an die Funktion übergibt: Es werden sogenannte Pointer-Variablen deklariert, die an einem vorangestellten Stern zu erkennen sind:

```
void change_values(int *big, int *small)
```

Eine Pointer-Variable ist eine Variable, die eine Speicheradresse enthält. Um den Parameterwert innerhalb einer Funktion zu ändern, schreibt man einen Stern davor. Beispiel:

```
*big = 1001;
*small = 1001;
```

Das folgende Programm, *ChgParam.CPP*, verwendet den Addreß-Operator (&), um die Adresse der Parameter *big* und *small* an die Funktion *change_values* weiterzugeben. Die Funktion wiederum verwendet Pointer, die auf die Speicheradressen der Parameter verweisen (also auf die Originale, und nicht auf die Kopien). Aus diesem Grunde bleiben die von der Funktion durchgeführten Änderungen auch nach deren Ende erhalten:

```
#include <iostream.h>
void change_values(int *a, int *b)
 {
   *a = 1001;
   *b = 1001;

   cout << "The values within display_values are " << *a <<
     " and " << *b << endl;
 }

void main(void)
 {
   int big = 2002, small = 0;

   cout << "Values before function " << big << " and " <<
     small << endl;

   change_values(&big, &small);

   cout << "Values after function " << big << " and " <<
     small << endl;
 }
```

Wenn Sie das Programm starten, erscheinen die folgenden Zeilen auf dem Bildschirm:

```
Values before function 2002 and 0
The values within display_values are 1001 and 1001
Values after function 1001 and 1001
```

Die durch die Funktion geänderten Werte bleiben nach dem Beenden der Funktion diesmal erhalten. Das wurde erreicht, indem die Adressen der Original-Parameter mit dem Address-Operator (&) an die Funktion übergeben wurden. Mit einem Stern vor den Variablen (Pointer) wurde innerhalb der Funktion auf diese Adressen zugegriffen, und nicht, wie normalerweise, auf die im Stack enthaltene Kopie.

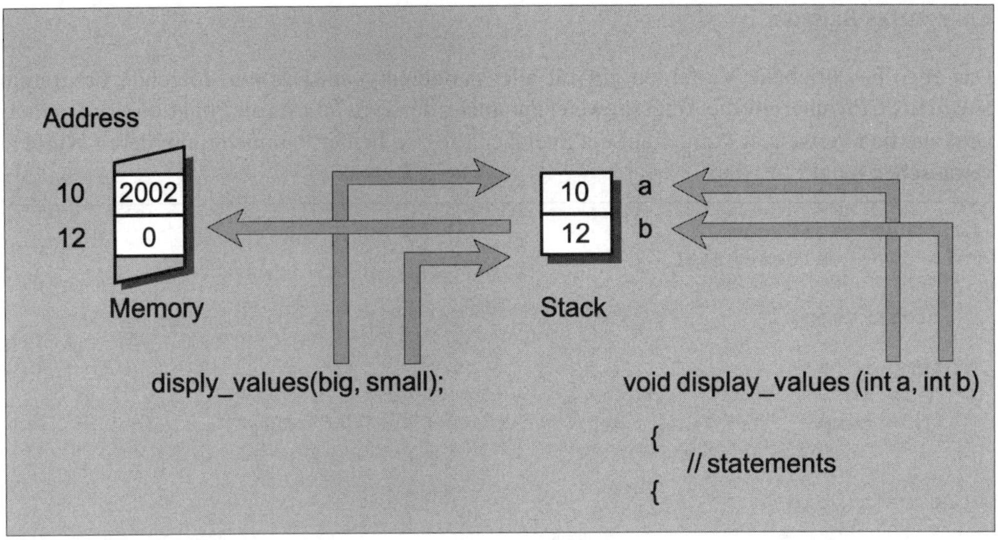

Bild 11.2: *Parameterübergabe zu einer Funktion mit dem Adress-Operator (&).*

Mit Pointern können in einer Funktion alle Parameterwerte nach Belieben geändert werden.

Parameterwerte innerhalb von Funktionen ändern

Um Parameterwerte innerhalb einer Funktion zu ändern, muß die Funktion wissen, an welcher Stelle des Speichers sich die Originalwerte der Parameter befinden. Dazu verwendet man bei der Parameter-Übergabe den Address-Operator (&).

```
beliebige_funktion(&beliebige_variable)
```

Innerhalb der Funktion muß C++ wissen, daß es auf diese Adressen zugreifen soll. Das geschieht mit einem Pointer: Dem Parameternamen wird ganz einfach ein Stern (*) vorangestellt:

```
void beliebige_funktion(int *beliebige_variable)
```

Bei der Änderung des Parameterwertes muß der Pointer auch bei der Zuweisung und Ausgabe eingesetzt werden:

```
*beliebige_variable = 1001;
cout << *beliebige_variable;
```

Wenn ein Programm versucht, die Adresse einer Variablen an eine Funktion zu übergeben, die keine Pointer enthält, erscheint eine Fehlermeldung. Eine Fehlermeldung wird auch hervorgerufen, wenn an eine Funktion, die mit Pointern arbeitet, Parameter ohne Address Operator zugewiesen werden.

EIN ZWEITES BEISPIEL

Das oben beschriebene Verfahren gilt für alle Variablentypen. Das nun folgende Programm, *SwapVals.CPP*, übergibt die Adresse zweier Parameter des Typs *float* an die Funktion *swap_values*. Die Funktion verwendet Pointer auf die Speicheradressen beider Parameter, um deren Werte zu vertauschen (engl.: to swap).

```
#include <iostream.h>
void swap_values(float *a, float *b)
  {
    float temp;

    temp = *a;
    *a = *b;
    *b = temp;
  }

void main(void)
  {
    float big = 10000.0;
    float small = 0.00001;

    swap_values(&big, &small);

    cout << "Big contains " << big << endl;
    cout << "Small contains " << small << endl;
  }
```

Das Programm übergibt die Parameter an die Funktion anhand ihrer Adresse. Innerhalb der Funktion greifen die Statements mittels Pointer auf die Adressen der Parameter zu. Es lohnt sich, einen Blick auf die Funktion *swap_values* zu werfen. Diese Funktion deklariert *a* und *b* als Pointer auf Werte vom Typ *float*:

```
Void swap_values (float *a, float *b)
```

Die Variable *temp* wird jedoch als gewöhnliche *float*-Variable deklariert, und nicht als Pointer:

```
float temp;
```

Betrachten Sie das folgende Statement:

```
temp = *a;
```

Das Statement bewirkt, daß *temp* den Wert annimmt, auf den *a* zeigt. Hierbei handelt es sich um den hohen Wert 10000,0.

Weil *temp* den Variablentyp *float* aufweist, ist die Zuweisung korrekt. Eine Pointervariable ist eine Variable, die eine Adresse enthält. Das folgende Statement würde *temp* zu einer Pointervariablen deklarieren, die auf eine Speicheradresse verweist, welche einen Wert des Typs *float* enthält.

```
float *temp;
```

In diesem Beispiel könnte *temp* die Adresse einer Fließkommavariablen speichern, aber nicht den Wert der Variablen selbst.

Wenn man den Indirection-Operator (*) vor der Variablen *a* bei der Zuweisung entfernt, würde das Statement versuchen, den in *a* gespeicherten Wert der Variablen *temp* zuzuweisen. Hierbei handelt es sich um eine Adresse. Da es sich bei *temp* jedoch um einen Fließkommawert und nicht um die Adresse eines Fließkommawertes handelt, würde ein Fehler auftreten.

Falls Ihnen dies alles noch etwas unklar erscheinen sollte: Keine Sorge! Diese Zusammenhänge werden später noch einmal etwas ausführlicher betrachtet. Merken Sie sich für jetzt ganz einfach, daß Sie Pointer verwenden müssen, um die Werte von Parametern innerhalb von Funktionen zu verändern.

ZUSAMMENFASSUNG

In dieser Lektion haben Sie gelernt, wie man die Werte von Parametern innerhalb einer Funktion, mit Hilfe von Pointern, verändert. In einer der folgenden Lektionen werden Sie erfahren, wie man mit C++ Referenzen diesen Vorgang weiter vereinfacht. Bevor Sie weitermachen, sollten Sie anhand der folgenden Punkte überprüfen, ob Sie den Inhalt dieser Lektion verstanden und behalten haben.

- ✓ Parameterwerte können innerhalb einer Funktion nur geändert werden, wenn man dazu Pointer oder C++ Referenzen verwendet.
- ✓ Für jeden Parameter, der an eine Funktion übergeben wird, legt C++ im Stack des Computers eine Kopie an. Beim Stack handelt es sich um einen temporären Bereich des Speichers. Alle in einer Funktion durchgeführten Änderungen eines Parameters wirken sich nur auf diese Kopie aus.
- ✓ Um den eigentlichen Parameter, und nicht nur seine Kopie zu ändern, muß die Funktion die Adresse des Parameters im Speicher kennen.
- ✓ Dies geschieht mittels des Address-Operators (&).
- ✓ Kennt die Funktion die Adresse des Parameters, so greift sie mit Pointern darauf zu. Dazu wird dem Variablennamen ein Stern vorgestellt (Indirection- oder Stern-Operator).

LEKTION 12

DIE RUN-TIME LIBRARY

Viele Compiler stellen ein umfangreiches Angebot von Funktionen zur Verfügung, die von Ihren Programmen genutzt werden können: Sogenannte Run-Time Libraries. Dadurch läßt sich der Umfang eigener Programmierarbeit erheblich reduzieren: Das Programm ruft ganz einfach die Run-Time Library Funktion auf. Je nach verwendetem Compiler kann solch eine Library aus hunderten von brauchbaren und hilfreichen Funktionen bestehen. Diese Lektion zeigt, wie man solche Funktionen in ein Programm implementiert und damit sehr viel Zeit und Arbeit beim Erstellen leistungsfähiger Software einsparen kann. Am Ende dieser Lektion werden Sie wissen, daß...

- ❒ es sich bei der Run-Time Library um eine Sammlung von Funktionen handelt, die Ihr Compiler zur Verfügung stellt, und die sich leicht in ein Programm einfügen lassen;
- ❒ Sie eine Header-Datei der Run-Time Library zur Definition eines Funktionsprototypen in Ihr Programm einfügen müssen, um eine Run-Time Library Funktion zu verwenden;
- ❒ einige Compiler auf Run-Time Libraries als *Application Programm Interface* (API) verweisen.

ANWENDUNG VON RUN-TIME LIBRARY FUNKTIONEN

Aus Lektion 10 haben wissen Sie, daß der C++ Compiler beim Verarbeiten des Quellcodes erst auf eine Funktionsdefinition oder einen Prototypen treffen muß, bevor er die betreffende Funktion auch anwenden kann. Das gilt auch für jede Funktion der Run-Time Library, die in einem Programm verwendet werden soll. Dazu stellt C++ bereits die richtigen Header-Dateien mit den benötigten Funktionsprototypen zur Verfügung, die in Verbindung mit dem *#include*-Statement an den Anfang des Codes geschrieben werden. Danach kann im Programm die entsprechende Library-Funktion an jeder beliebigen Stelle aufgerufen werden. Das folgende Programm, *ShowTime.Cpp*, verwendet die Library-Funktionen *time* und *ctime*, um das aktuelle Datum und die aktuelle Uhrzeit auf dem Bildschirm anzuzeigen. Die Header-Datei *time.h* enthält die Prototypen dieser beiden Library-Funktionen:

```
#include <iostream.h>
#include <time.h>        // For run-time library functions

void main(void)
 {
   time_t system_time;

   system_time = time(NULL);

   cout << "The current system time is " <<
     ctime(&system_time) << endl;
}
```

Nach dem Start des Programms zeigt Ihr Bildschirm die Uhrzeit und das Datum:

```
The current system time is Sat Oct 25 16:13:51 1997
```

Die Verwendung der Funktionen *time* und *ctime* wurde durch das Einfügen der Header-Datei *time.h* in den Programmcode ermöglicht. Im Falle der Funktion *ctime* gibt das Programm die Adresse der Variablen *system_time* weiter, indem es den in Lektion 11 besprochenen Address-Operator verwendet.

Auf ähnliche Weise verwendet das folgende Programm, *Sqrt.CPP*, die Funktion *sqrt*, um die Quadratwurzel verschiedener Werte zu berechnen. Der zugehörige Funktionsprototyp heißt in diesem Falle *math.h*:

```
#include <iostream.h>
#include <math.h>        // Contains sqrt prototype

void main(void)
  {
    cout << "The square root of 100.0 is " << sqrt(100.0) << endl;
    cout << "The square root of 10.0 is " << sqrt(10.0) << endl;
    cout << "The square root of 5. 0 is " << sqrt(5.0) << endl;
  }
```

Als letztes Beispiel soll das Programm *SysCall.CPP* die Möglichkeiten der Systemfunktion aufzeigen, deren Prototyp durch die Header-Datei *stdlib.h* definiert wird. Diese Systemfunktion bietet eine einfache Möglichkeit zur Ausführung von Betriebssystem-Befehlen inerhalb eines C++ Programms, wie zum Beispiel *DIR*.

```
#include stdlib.h

void main(void)
  {
    sytem("DIR");
  }
```

In diesem Beispiel wird der DOS-Befehl *DIR* verwendet, um das Directory des aktuellen Verzeichnisses auf dem Bildschirm auszugeben. Experimentieren Sie mit diesem Programm, indem Sie andere DOS-Befehle einsetzen.

MEHR ÜBER RUN-TIME LIBRARY FUNKTIONEN

Ihr Compiler stellt hunderte von Funktionen innerhalb der Run-Time Library zur Verfügung. Die Bedeutung dieser Funktionen sollte in einer guten Compiler-Dokumentation beschrieben sein. In solchen Beschreibungen könnte zum Beispiel für die Funktion *sqrt* folgende Zeile für die Beschreibung des Prototyps abgedruckt sein:

```
double sqrt(double);
```

Dieses Beispiel besagt, daß die Funktion einen Wert des Typs *double* zurückgibt und auch einen Parameter des Typs *double* erwartet.

Nehmen Sie sich doch einmal die Zeit und drucken Sie die Header-Dateien *math.h*, *ctime.h* und *stdlib.h* aus. Sie befinden sich im Verzeichnis *INCLUDE* neben dem Compiler. Beim Durchlesen der Listings werden Sie ganz sicher eine Menge über Run-Time Libraries dazulernen – auch wenn Sie vielleicht auf Anhieb nicht alles verstehen.

API-FUNKTIONEN

Viele Compiler unterstützen zusätzlich API-Funktionen (Application Program Interface). Für Windows Programmierer stellen sie eine Reihe interessanter Funktion für Grafikzwecke und Multimedia-Anwendungen zur Verfügung. Finden Sie heraus, welche API-Funktionen für Ihren Compiler geeignet sind.

ZUSAMMENFASSUNG

Die C++ Run-Time Library stellt eine sehr leistungsfähige Zusammenstellung verschiedener Funktionen zur Verfügung, die Sie in Ihre Programme einbauen können. Die Anwendung solcher Funktionen erspart es dem Programmierer, das „Rad neu zu erfinden". Bevor Sie sich der nächsten Lektion zuwenden, sollten Sie anhand der folgenden Punkte überprüfen, ob Sie die Inhalte dieser Lektion verstanden und behalten haben:

- ✓ Eine Run-Time Library ist eine Sammlung von Funktionen, die der Compiler zum Einbau in Ihre Programme zur Verfügung stellt.
- ✓ Um solch eine Library zu nutzen, muß ein Funktionsprototyp spezifiziert werden. Viele C++ Compiler stellen Header-Dateien zur Verfügung, die bereits den richtigen Funktionsprototyp für jede Run-Time Library Funktion enthalten.
- ✓ Zusätzlich bieten viele C++ Compiler sogenannte API-Funktionen zur Unterstützung spezieller Aufgaben wie Grafik- oder Multimedia-Anwendungen.

LEKTION 13

LOKALE VARIABLEN UND IHRE GÜLTIGKEITSBEREICHE

In vorangegangenen Lektionen haben Sie bereits Variablen innerhalb einer Funktion deklariert. Solche Variablen sind nur innerhalb der Funktion bekannt und heißen daher auch „lokale Variablen". Andere Funktionen haben keinen Zugriff darauf – sie „wissen" sozusagen nicht einmal, daß diese Variablen existieren. Diese Lektion beschäftigt sich mit der Anwendung lokaler Variablen und ihren Gültigkeitsbereichen. Am Ende dieser Lektion werden Sie verstehen, daß...

- ❒ lokale Variablen innerhalb einer Funktion genau so wie in *main* deklariert werden: Durch Angabe ihres Namens und ihres Typs;
- ❒ die Namen lokaler Variablen nur auf die betreffende Funktion beschränkt sind;
- ❒ Gültigkeitsbereich einer Variablen den Ort beschreibt, an welchem eine Variable plaziert sein muß, damit das Programm auf sie zugreifen kann;
- ❒ globale Variablen im Gegensatz zu lokalen Variablen im gesamten Programm bekannt sind;
- ❒ man mit dem C++ *Global Resolution* Operator den Gültigkeitsbereich einer Variablen kontrollieren kann.

Die Deklaration lokaler Variablen innerhalb einer Funktion ist sehr leicht und funktioniert genau so wie in *main*.

DEKLARATION LOKALER VARIABLEN

Eine lokale Variable wird innerhalb einer Funktion deklariert. Sie ist nur innerhalb der betreffenden Funktion bekannt und kann nur von dieser verwendet werden. Lokale Variablen werden zu Beginn einer Funktion deklariert – direkt nach der öffnenden, geschweiften Klammer:

```
Void some_function(void)
  {
    int count;
    float result;
  }
```

Das folgende Programm, *UseBeeps.CPP*, verwendet die Funktion *sound_speaker*, um den im Computer eingebauten Lautsprecher (so oft wie durch die Variable *counter* definiert) zum Tönen zu bringen. Die Variable *counter* wird in einer *for*-Schleife so lange incrementiert, bis sie den Wert der Variablen *beeps* erreicht hat. Die lokale Variable *beeps* wird in diesem Beispiel nicht zwischen den geschweiften Klammern der Funktion, sondern zwischen den runden Klammern hinter dem Funktionsnamen deklariert:

```
#include <iostream.h>
void sound_beeps(int beeps)
 {
   for (int counter = 1; counter <= beeps; counter++)
   cout << '\a';
 }

void main(void)
 {
   sound_beeps(2);
   sound_beeps(3);
 }
```

NAMENSKONFLIKTE

Es kann natürlich vorkommen, daß in verschiedenen Funktionen gleichnamige Variablen auftauchen – zum Beispiel, wenn man sich angewöhnt, Schleifenvariablen mit *counter* zu bezeichnen. In diesem Falle treten keine Namenskonflikte auf, da jede Funktion nur die in ihr enthaltenen Variablen kennt.

Das folgende Programm, *LclName.CPP*, verwendet die Variablen mit dem Namen *value* sowohl in *main* als auch in der Funktion *add_values*. Da es sich auch bei *main* um eine Funktion handelt, treten hier keine Namenskonflikte auf:

```
#include <iostream.h>
int add_values(int a, int b)
 {
   int value;

   value = a + b;

   return(value);
 }

void main(void)
 {
   int value = 1001;
   int other_value = 2002;

   cout << value << " + " << other_value << " = " <<
     add_values(value, other_value) << endl;
 }
```

Lokale Variablen

Lokale Variablen werden innerhalb einer Funktion an deren Beginn deklariert, sind nur innerhalb einer Funktion bekannt und rufen keine Namenskonflikte mit gleichnamigen Variablen innerhalb anderer Funktionen hervor. Die Deklaration und die Namensgebung gehorchen den selben Regeln, wie dies bei den bisher bekannten, unter *main* deklarierten, globalen Variablen der Fall ist.

GLOBALE VARIABLEN

Wie Sie bereits gelernt haben, wird eine lokale Variable nur innerhalb einer bestimmten Funktion deklariert und auch nur von dieser erkannt. In C++ Programmen können zusätzlich zu lokalen Variablen auch globale Variablen auftreten. Diese sind innerhalb des gesamten Programms gültig. Um eine globale Variable zu deklarieren, setzt man die Variablendeklaration ganz einfach außerhalb irgendwelcher Funktionen (und außerhalb von *main*) an den Anfang des Programms, wie das Beispiel zeigt.

```
int globale_variable
void main(void)
  {
    statement;
  }
```

Das folgende Programm, *Global.CPP*, verwendet eine globale Variable mit dem Namen *number*. Jede der in diesem Programm enthaltenen Funktionen kann den Wert dieser globalen Variablen verwenden oder auch ändern. In diesem Beispiel zeigt jede Funktion den momentanen Wert dieser Variablen an und erhöht ihn um die Zahl 1:

```
#include <iostream.h>

int number = 1001;

void first_change(void)
  {
    cout << "number's value in first_change " << number << endl;
    number++;
  }

void second_change(void)
  {
    cout << "number's value in second_change " << number << endl;
    number++;
  }
```

```
void main(void)
  {
    Cout << "number's value in main " << number << endl;
    number++
    first_change();
    second_change();
  }
```

Wenn Sie das Programm *Global.CPP* starten, wird Ihr Bildschirm die folgenden Zeilen anzeigen:

```
number's value in main 1001
number's value in first_change 1002
number's value in second_change 1003
```

Im allgemeinen gilt die Regel, daß man mit dem Einsatz globaler Variablen sparsam umgehen sollte. Da jede Funktion den Wert einer globalen Variablen verändern kann, ist es vor allem bei umfangreichen Programmen nicht einfach, alle Änderungen der betreffenden Variablen in den einzelnen Funktionen nachzuvollziehen.

Statt dessen sollte die Variable in Ihrem Programm innerhalb von *main* deklariert, und dann als Parameter an die Funktionen übergeben werden, die sie benötigen. Denken Sie daran, daß C++ eine temporäre Kopie des Variablenwertes auf dem Stack erzeugt und den ursprünglichen Wert der Variablen nicht verändert.

KONFLIKTE ZWISCHEN LOKALEN UND GLOBALEN VARIABLEN:

Globale Variablen sollten soweit wie möglich vermieden werden. Sollte Ihr Programm jedoch eine globale Variable verwenden, so kann es vorkommen, daß lokale und globale Variablen in Konflikt miteinander geraten. Wenn solch ein Konflikt auftritt, hat die lokale Variable unter C++ stets Vorrang. Mit anderen Worten: Das Programm geht davon aus, daß sich jede Referenz zu dem vom Konflikt betroffenen Namen auf die lokale Variable bezieht.

Es kann jedoch vorkommen, daß auf eine globale Variable zugegriffen werden muß, deren Name mit demjenigen einer lokalen Variablen in Konflikt gerät. In solchen Fällen kann ein C++ Programm den sogenannten *Global Resolution Operator* (::) verwenden.

Nehmen wir zum Beispiel an, daß sowohl eine lokale als auch eine globale Variable den Namen *number* besitzen. Wenn Ihre Funktionen die lokale Variable *number* verwenden sollen, so verweist die Funktion auf normale Weise auf diese Variable, wie im folgenden Beispiel gezeigt:

```
number = 1001;  // Lokale Variablenreferenz
```

Wenn die Funktion jedoch auf die globale Variable verweisen soll, wird der *Global Resolution Opeartor* verwendet. Die folgende Zeile zeigt das betreffende Programmbeispiel:

```
::number = 2002;     // Globale Variablenreferenz
```

Das folgende Programm, *GlobLoca.CPP* verwendet die globale Variable *number*. Zusätzlich verwendet die Funktion *show_numbers* eine lokale Variable des gleichen Namens. Die Funktion verwendet den *Global Resolution Operator*, um auf die globale Variable zuzugreifen:

```
#include <iostream.h>
int number = 1001;  // Global variable
void show_numbers(int number)
 {
   cout << "Local variable number contains " << number << endl;
   cout << "Global variable number contains " << ::number << endl;
 }

void main(void)
 {
   int some_value = 2002;

   show_numbers(some_value);
 }
```

Wenn das obige Programm ausgeführt wird, erscheinen auf Ihrem Bildschirm die folgenden Zeilen:

```
Local variable number contains 2002
Global variable number contains 1001
```

Wie aus dem Beipsiel ersichtlich, können C++ Programme unter Verwendung des *Global Resolution Operators* zwischen lokalen und globalen Variablen wählen. Vermeiden Sie trotzdem globale Variablen, wann immer es möglich ist, da dies oftmals zu Fehlfunktionen führen kann, die sich später oft nicht mehr nachvollziehen lassen.

Was sind eigentlich globale Variablen ?

Eine globale Variable ist eine Variable, deren Name innerhalb eines gesamten Programms Gültigkeit besitzt. Sie wird außerhalb der Funktionen und zu Beginn des Quellcodes deklariert. Alle der Deklaration folgenden Funktionen können diese Variable verwenden. Da die unkorrekte Verwendung einer globaler Variablen jedoch zu schwerwiegenden Programmfehlern führen kann, sollten sie möglichst vermieden werden.

GÜLTIGKEITSBEREICHE VON VARIABLEN

Beim Studium der Literatur über C++ begegnet einem der englischen Begriff „*Scope*“ und man fragt sich verwundert, was es mit diesem Ausdruck auf sich hat. *Scope* kann mit „Gültigkeitsbereich von Variablen“ übersetzt werden. Außerhalb der Funktion, in welcher sie definiert wurden, sind lokale Variablen ungültig. Für globale Variablen trifft dies nicht zu. Man spricht in diesem Falle auch von einem größeren Gültigkeitsbereich *(Scope)* der globalen Variablen.

ZUSAMMENFASSUNG

In dieser Lektion haben Sie gelernt, wie man lokale Variablen innerhalb einer Funktion deklariert. Sie sind notwendig, um die Effektivität umfangreicherer Programme zu steigern. Außerdem wurden Ihnen globale Variablen vorgestellt, deren Namen und Werte innerhalb des gesamten Programms Gültigkeit besitzen. Da sie zu schwerwiegenden und schwer auffindbaren Fehlern führen können, sollte ihr Gebrauch auf ein Mindestmaß beschränkt werden. In Lektion 14 werden Sie erfahren, wie man in einem C++ Programm zwei oder mehrere Funktionen mit dem gleichen Namen deklarieren kann, die unterschiedliche Parameter oder einen unterschiedlichen Return-Wert unterstützen. Durch diesen „Overload“ eines Funktionsnamens wird der Gebrauch einer Funktion vereinfacht. Bevor Sie mit der nächsten Lektion fortfahren, sollten Sie anhand der folgenden Liste überprüfen, ob Sie die wichtigsten Inhalte von Lektion 13 verstanden und behalten haben:

- ✓ Lokale Variablen werden innerhalb einer Funktion deklariert.
- ✓ Lokale Variablen sind nur in der Funktion gültig, in der sie deklariert wurden.
- ✓ Zwei oder mehrere Funktionen können lokale Variablen mit gleichem Namen verwenden, ohne daß es dabei zu Konflikten kommt.
- ✓ Eine globale Variable ist innerhalb des gesamten Programms gültig.
- ✓ Eine globale Variable wird außerhalb einer Funktion und zu Beginn des Programms deklariert.
- ✓ Da jede Funktion den Wert einer globalen Variablen verändern kann, ist es empfehlenswert, globale Variablen zwecks Vermeidung schwer auffindbarer Fehler möglichst nicht zu verwenden.

LEKTION 14

FUNKTIONS-OVERLOADING

Angenommen, sie benötigen eine Funktion, die zwei Variablen addiert und eine Funktion, die drei Variablen deklariert. Normalerweise sind dazu zwei verschiedene Funktionen mit unterschiedlichen Namen notwendig. C++ macht es jedoch möglich, zu diesem Zweck mehrere Funktionen mit gleichem Namen zu verwenden. Das Programm erkennt an der Anzahl der zu übergebenden Parameter automatisch, welche der betreffenden Funktionen aufgerufen werden muß. Dieser Prozeß wird in der Fachsprache auch als *Overloading* bezeichnet und ist ausschließlich unter C++ verfügbar. Am Ende dieser Lektion werden Sie verstehen...

- ❒ warum das Verfahren des Funktions-Overloading es ermöglicht, den gleichen Funktionsnamen für verschiedene Funktionen zu verwenden, um damit eine unterschiedliche Anzahl von Parametern zu verarbeiten.

OVERLOADING

Alle unter dem Overloading zusammengefaßten Funktionen besitzen nicht nur den gleichen Namen, sondern auch den gleichen Return-Typ. Das folgende Programm, *Overload.CPP*, führt einen Overload mit der Funktion *add_values* durch. Die erste Funktion dieses Namens addiert zwei Integer-Werte. Die zweite Funktion addiert drei Werte. Während der Compilierung bestimmt der Compiler die zu verwendenden Funktionen.

```
#include <iostream.h>
int add_values(int a, int b)
 {
  return(a + b);
 }

int add_values(int a, int b, int c)
 {
  return(a + b + c);
 }

void main(void)
 {
  cout << "200 + 801 = " << add_values(200, 801) << endl;
  cout << "100 + 201 + 700 = " << add_values(100, 201, 700) << endl;
 }
```

Das Programm definiert zwei Funktionen mit den Namen *add_values*. Die erste Funktion addiert zwei Integer-Werte, während die zwei Funktion drei Werte addiert. Bei diesem Verfahren muß man dem Compiler noch nicht einmal mitteilen, daß es zwei Funktionen des gleichen Namens gibt. Man braucht sie lediglich zu definieren. Allein anhand der Anzahl der Parameter erkennt das Programm, an welche Funktion sie übergeben werden müssen.

Auf ähnliche Weise behandelt das folgende Programm, *MsgOvr.CPP*, die Funktion *show_message*. Die erste Funktion zeigt eine Standardmeldung, da sie vom Programm keine Parameter erhält. Die zweite Funktion zeigt eine Meldung, die vom Programm an sie übergeben wird, und die dritte Funktion zeigt zwei von *main* übergebene Nachrichten:

```
#include <iostream.h>
void show_message(void)
 {
   cout << "Default message: Rescued by C++" << endl;
 }

void show_message(char *message)
 {
   cout << message << endl;
 }

void show_message(char *first, char *second)
 {
   cout << first << endl;
   cout << second << endl;
 }

void main(void)
 {
   show_message();
   show_message("I've Been Rescued!");
   show_message("C++ is not so hard!", " Overloading is cool!");
 }
```

ANWENDUNGSMÖGLICHKEITEN VON OVERLOADING

Ein häufiger Anwendungsfall für den Einsatz mehrerer Funktionen gleichen Namens ist die Verarbeitung unterschiedlicher Variablentypen. Angenommen, ein Programm habe eine Funktion mit dem Namen *wochentag*, die den aktuellen Wochentag berechnen und als Zahlen (0 für Sonntag, 1 für Montag und so weiter) zurückgibt. Durch das Overloading wird es möglich, den Wochentag aufgrund unterschiedlicher Angaben zu berechnen – zum Beispiel durch Angabe des Datums oder durch die Angabe, um den wievielten Tag im Jahr es sich handelt. An eine Funktion werden drei Parameter, an die andere Funktion wird nur ein Parameter übergeben.

Zum Beispiel:

```
int wochentag(tagesnummer)
  {
    statements;
  }

int wochentag(int monat, int tag, int jahr)
  {
    statements;
  }
```

Overloading erhöht die Lesbarkeit eines Programms

Mit dem Overloading-Verfahren ist es möglich, mehrere Funktionen mit gleichem Namen innerhalb eines C++ Programms zu definieren. Der Unterschied zwischen den einzelnen Funktionen besteht darin, daß sie eine unterschiedliche Anzahl von Parametern verarbeiten. Diese Methode verbessert die Lesbarkeit des Programmcodes erheblich, da sich der Programmierer nicht mehr die Namen verschiedener Funktionen merken muß.

ZUSAMMENFASSUNG

Bevor Sie mit der nächsten Lektion weitermachen, sollten Sie anhand der folgenden Punkte überprüfen, ob Sie die Inhalte dieser Lektion verstanden und behalten haben:

- ✓ Das Overloading-Verfahren erlaubt den Einsatz mehrerer Funktionen gleichen Namens innerhalb eines Programms.
- ✓ Die vom Overloading betroffenen Funktionen müssen sich durch die Anzahl der von ihnen verarbeiteten Parameter unterscheiden.
- ✓ Beim Compilieren wird anhand der Anzahl der vom Programm übergebenen Parameter festgelegt, welche Funktion in welchem Fall aufgerufen wird.
- ✓ Das Overloading-Verfahren macht Programme übersichtlicher, da sich der Programmierer weniger Funktionsnamen merken muß.

LEKTION 15

C++ REFERENZEN

Sie haben bereits gelernt, wie man Parameterwerte mittels Pointern verändert. Um diesen Vorgang zu vereinfachen, stellt C++ sogenannte Referenzen zur Verfügung. Eine Referenz ist ein zweiter Name (*alias*), den ein Programm zu einem Verweis auf eine Variable einsetzen kann. Verwendet man eine Referenz auf eine Variable innerhalb einer Funktion, so kann ein Parameter ohne die Hilfe eines Pointers verändert werden.

Hier eine kurze Zusammenfassung der in dieser Lektion behandelten Themen:

- Um eine Referenz innerhalb eines Programms zu deklarieren und zu initialisieren, wird eine Variable deklariert, hinter deren Typ ein *und*-Zeichen (&) gesetzt wird. Danach wird dieser Ausdruck der ursprünglichen Variablen mit einem Gleichheitszeichen zugewiesen. Zum Beispiel: *Int& alias_name = variable;*.
- Ein Programm kann eine Referenz als Parameter an eine Funktion übergeben, die wiederum den entsprechenden Parameterwert ohne Pointer verändern kann.
- Innerhalb einer Funktion muß der Parameter als Referenz mit einem *und*-Zeichen (&) hinter dem Parametertyp deklariert werden. Pointer sind dazu nicht notwendig.

Funktionen mit Pointern wirken aufgrund der eigenwilligen Schreibweise oftmals sehr verwirrend auf Programmier-Anfänger. Referenzen machen das Ändern von Parametern dagegen sehr einfach.

REFERENZ UND „*ALIAS*“

Mit einer Referenz erzeugen Sie einen zweiten Namen (*alias*-Namen) für eine Variable in einem Programm. Um eine Referenz zu deklarieren, geben Sie den Typ an, auf den ein &-Zeichen („Ampersand“) folgt. Anschließend muß noch angegeben werden, für welchen Variablen-Namen dieser Ausdruck der Zweitname sein soll. Das geschieht mittels Gleichheitszeichen:

```
Int& alias_name = variable;
```

In einem Programm können Variablen- und Aliasname beliebig ausgetauscht werden:

```
Alias_name = 1001;
Variable = 1001;
```

Das folgende Programm, *Show_Ref.CPP*, erzeugt eine Referenz mit dem Namen *alias_name* und weist ihr den Variablennamen *nummer* zu. In diesem Programm werden sowohl die Referenz als auch die Variable verwendet:

```
#include <iostream.h>
void main(void)
 {
   int number = 501;
   int& alias_name = number;      // Create the reference

   cout << "The variable number contains " << number << endl;
   cout << "The alias to number contains " << alias_name << endl;

   alias_name = alias_name + 500;

   cout << "The variable number contains " << number << endl;
   cout << "The alias to number contains " << alias_name << endl;
 }
```

Das Programm addiert die Zahl 500 zum Aliasnamen. Dadurch wird die Zahl 500 auch automatisch zur Variablen *nummer* hinzuaddiert, was die Bildschirmausgabe nach dem Start beweist:

```
The variable number contains 501
The alias to number contains 501
The variable number contains 1001
The alias to number contains 1001
```

Referenzen

Eine C++ Referenz ist ein zweiter Name (*alias*), den ein Programm zum Zugriff auf eine Variable verwenden kann. Um eine Referenz zu deklarieren, schreibt man den Variablentyp, der ohne Leerzeichen von einem „&“ gefolgt wird. Darauf folgt der Aliasname und schließlich ein Gleichheitszeichen mit dem Namen der Variablen, für die eine Referenz geschrieben werden soll. Beispiel:

```
Float& salary_alias = salary;
```

REFERENZEN ALS PARAMETER

Der wesentlichste Grund für die Anwendung von Aliasnamen ist das Ändern von Parametern in einer Funktion. Das folgende Programm, *Referenc.CPP*, weist der Variablen *number* eine Referenz mit dem Namen *number_alias* zu. Das Programm gibt die Referenz-Variable an die Funktion *change_value* weiter, die ihr den Wert 1001 zuweist:

egal ob int& nummer
oder int &nummer

```
#include <iostream.h>
void change_value(int &alias)
  {
    alias = 1001;
  }

void main(void)
  {
    int number;
    int& number_alias = number;

    change_value(number_alias);

    cout << "The variable number contains " << number << endl;
  }
```

Das Programm übergibt die Referenz an die Funktion *change_value*. In ihrer Funktionsdeklaration wird der Parameter *alias* als Referenz zu einem Wert des Typs *int* erklärt.

```
void change_value(int& alias)
```

Innerhalb der Funktion *change_value* kann der Parameterwert ohne Pointer geändert werden. Ein Beispiel das zeigt, wie Parameteränderungen durch die Verwendung von Referenzen einfacher werden.

Kommentare erleichtern die Übersicht

Die meisten erfahrenen Programmierer sind an den Umgang mit Pointern so gewöhnt, daß es ihnen gar nicht auffällt, wenn in einem Programm einmal Parameter mittels Referenzen geändert werden. Aus diesem Grunde sollten Sie immer dann einen entsprechenden Kommentar in Ihr Programm einfügen, wenn es auch von anderen Programmierern gelesen wird und Parameteränderungen mittels Referenzen enthält.

EIN ZWEITES BEISPIEL

In Lektion 11 haben Sie mit der folgenden Funktion zwei Fließkomma-Variablen vertauscht:

```
void swap_values(float *a, float *b)
  {
    float temp;

    temp = *a;
    *a = *b;
    *b = temp;
  }
```

Diese Funktion kombiniert Pointer-Variablen mit „gewöhnlichen" Variablen. Das folgende Programm, *Swap_Ref.CPP*, vereinfacht diese Funktion, indem es Referenzen auf Fließkomma-Variablen verwendet:

```
#include <iostream.h>
void swap_values(float& a, float& b)
 {
   float temp;

   temp = a;
   a = b;
   b = temp;
 }

void main(void)
 {
   float big = 10000.0;
   float small = 0.00001;
   float& big_alias = big;
   float& small_alias = small;

   swap_values(big_alias, small_alias);
   cout << "Big contains " << big << endl;
   cout << "Small contains " << small << endl;
 }
```

Sie werden feststellen, daß die Funktion dadurch wesentlich einfacher zu verstehen ist – auch wenn nun zwei zusätzliche Variablennamen hinzugekommen sind.

Regeln für den Umgang mit Referenzen

Referenzen sind keine Variablen. Ihr Wert kann nachträglich nicht geändert werden. Im Gegensatz zu Pointern können folgende Operationen mit Referenzen nicht durchgeführt werden:

- Ermitteln von Referenz-Adressen mit dem *Address-Operator*
- Mit Pointern auf Referenzen verweisen
- Vergleichen von Referenzen mit den Vergleichsoperatoren (größer als, kleiner als)
- Rechenoperationen
- Änderungen ihrer Werte

PARAMETER ÄNDERN MIT REFERENZEN

C++ Referenzen vereinfachen den Prozeß der Parameter-Änderung in erheblicher Weise. An die Stelle der nicht einfach zu verstehenden und zu handhabenden Pointer treten bei Referenzen sogenannte Aliasnamen. Statements, die Pointer- und nicht-Pointer-Variablen kombinieren, entfallen bei der Verwendung von Referenzen.

ZUSAMMENFASSUNG

In dieser Lektion haben Sie gelernt, wie man mit C++ Referenzen einen zweiten (alias-) Namen für eine Variable erzeugt. Bevor Sie mit Lektion 16 fortfahren, sollten Sie anhand der folgenden „Checkliste" noch einmal überprüfen, ob Sie die Inhalte dieser Lektion verstanden und behalten haben:

- ✓ Eine C++ Referenz ist ein zweiter (alias-) Name für eine Variable.
- ✓ Um eine Referenz zu deklarieren, schreibt man den Variablentyp, dahinter ein &-Zeichen, gefolgt vom Aliasnamen, einem Gleichheitszeichen und dem Namen der Ursprungsvariablen.
- ✓ Der einmal festgelegt Wert einer Referenz kann nachträglich nicht mehr geändert werden.
- ✓ Wenn Sie Referenzen zum Ändern von Parametern in einem Programm verwenden, sollten Sie einen entsprechenden Kommentar nicht vergessen. Fortgeschrittene Programmierer sind möglicherweise nur mit der Pointer-Methode vertraut und könnten Referenzen übersehen.
- ✓ Referenzen sollten auf jeden Fall sparsam eingesetzt werden, damit ein Programm übersichtlich bleibt.

LEKTION 16

STANDARD-PARAMETERWERTE

In C++ ist es auch möglich, Parameter beim Aufruf von Funktionen wegzulassen. In solchen Fällen werden für die fehlenden Parameter sogenannte Standardwerte (Default Values) verwendet. In dieser Lektion werden Sie lernen, wie man Standard-Parameterwerte innerhalb von Funktionen definiert. Außerdem werden Sie die folgenden Grundlagen beherrschen:

- In C++ können Standard-Parameterwerte deklariert werden;
- diese Werte werden bei der Funktionsdefinition im Funktions-Header angegeben;
- wenn ein Funktionsaufruf einen oder mehrere Parameter wegläßt, verwendet C++ die Standard-Parameter;
- wenn ein Funktionsaufruf einen Parameter wegläßt, müssen auch alle nachfolgenden Parameter weggelassen werden.

Der Vorteil dieses Verfahrens liegt darin, daß eine Funktion von mehreren Programmen aufgerufen werden kann.

STANDARD PARAMETER DEKLARIEREN

Das folgende Programm, *Defaults.CPP*, weist den Parametern *a*, *b* und *c* Standardwerte zu. Das geschieht innerhalb der Funktion *show_parameters.* Das Programm ruft die Funktion auf. Zuerst werden keine Parameterwerte angegeben, dann Werte für *a*, anschließend für *a* und *b* und dann für *a*, *b* und *c*:

```
#include <iostream.h>
void show_parameters(int a=1, int b=2, int c=3)
 {
   cout << "a " << a << " b " << b << " c " << c << endl;
 }

void main(void)
 {
   show_parameters();
   show_parameters(1001);
   show_parameters(1001, 2002);
   show_parameters(1001, 2002, 3003);
 }
```

Nach dem Start des compilierten Programms erscheinen folgende Zeilen auf dem Bildschirm:

```
a 1   b 2   c 3
a 1001   b 2   c 3
a 1001   b 2002   c3
a 1001   b 2002   c 3003
```

Die Funktion verwendet die Standard-Parameter, die sie benötigt.

REGELN ZUM WEGLASSEN VON PARAMETERWERTEN

Fehlt in einem Programm ein Parameter für eine Funktion, in welcher Standard-Parameterwerte deklariert sind, so müssen auch alle weiteren Parameter weggelassen werden. Ein „mittlerer" Parameter (zum Beispiel *b*) kann demnach nicht alleine weggelassen werden. Im vorangehenden Beispiel konnte Parameter *b* nur dann entfallen, wenn auch Parameter *c* weggelassen wurde.

Standard-Parameterwerte angeben

Bei der Definition einer Funktion können unter C++ sogenannte Standardwerte für einen oder mehrere Parameter angegeben werden. Sollte das Programm bei späteren Aufrufen einen oder mehrere Parameter weglassen, so verwendet die Funktion statt dessen die entsprechenden Standard-Parameter. Für die Zuweisung von Standardwerten verwendet man ganz einfach den Zuweisungsoperator innerhalb der Funktionsdefinition. Das folgende Funktionsbeispiel deklariert Standardwerte für die Parameter *hours* und *rate*:

```
float payroll(int employ_id, float hours = 40, float rate = 5.50)
  {
     // statements
  }
```

Wird im Programm ein Parameter weggelassen, so entfallen auch alle nachfolgenden Parameter.

ZUSAMMENFASSUNG:

In dieser Lektion haben Sie gelernt, wie man Standardwerte für die Parameter von Funktionen deklariert. Wenn ein Programm während seines Ablaufs bei einem Funktionsaufruf einen oder mehrere Parameter wegläßt, so werden diese durch die entsprechenden Standardwerte ersetzt.

Bevor Sie mit der nächsten Lektion fortfahren, sollten Sie anhand der folgenden Punkte überprüfen, ob Sie die Inhalte dieser Lektion verstanden und behalten haben:

- ✓ Standardwerte für Funktionsparameter werden mittels des Zuweisungsoperators innerhalb der Funktionsdefinition deklariert.
- ✓ Werden in einem Programm während eines Funktionsaufrufs Parameter weggelassen, so werden die entsprechenden Standard-Parameter verwendet.
- ✓ Wird ein Parameter weggelassen, so müssen auch alle danach folgenden Parameter weggelassen werden.
- ✓ Die Anwendung von Standard-Parametern versetzen Funktionen in die Lage, auch für andere Programme nutzbar zu sein.

LEKTION 17

KONSTANTENNAMEN UND MAKROS

Zur besseren Lesbarkeit von Programmen unterstützt C++ die Verwendung von Konstantennamen und Makros. Mit Namen für Konstanten kann ein numerischer Wert, zum Beispiel 50, innerhalb des Quellcodes mit einem aussagekräftigen Namen wie beispielsweise *CLASS_SIZE* versehen werden. Liest ein anderer Programmierer diesen Namen, so wird er nicht lange raten müssen, was die Zahl 50 bedeutet: Die Anzahl der Schüler einer Klasse (zum Beispiel).

Makros besitzen eine ähnliche Aufgabe. Mit ihnen lassen sich komplexe Berechnungen durch einen aussagekräftigen Namen ersetzen. In diesem Beispiel wird der Ausdruck:

```
result = (x*y-3) * (x*y-3) * (x*y-3)
```

durch das einfacher zu schreibende Makro:

```
result = CUBE(x*y-3)
```

ersetzt.

Das Makro verbessert hier nicht nur die Lesbarkeit Ihres Codes, sondern reduziert auch die Fehlermöglichkeit. Hier eine Zusammenfassung von Lektion 17, die sich eingehend mit Makros und Konstanten beschäftigt:

- ❒ Ein Programm wird leichter verständlich und veränderbar, wenn man numerische Werte durch Konstanten ersetzt, die mit einem aussagekräftigen Namen versehen sind;
- ❒ Berechnungen und Gleichungen können unter C++ durch Makros mit aussagekräftigem Namen ersetzt werden;
- ❒ die betroffenen Zahlen und Gleichungen werden beim Compilieren im sogenannten Präprozessor durch die entsprechenden Namen ersetzt;
- ❒ die meisten der C++ Compiler führen eine Prädefinition der verwendeten Makros und Konstanten durch.

KONSTANTENNAMEN

Eine Konstante mit einem Namen ist ganz einfach ein Name, dem innerhalb eines Programms eine Konstante (ein konstanter Zahlenwert) zugewiesen wird. Dieser Name kann jedoch, im Gegensatz zu Variablen, während des Ablaufs eines Programms nicht geändert werden. Dies ist bei Konstanten auch nicht notwendig, wenn wir zum Beispiel an die Zahl Pi denken. Konstantennamen werden mit der Präprozessor-Anweisung *#define* erzeugt. Das folgende Statement zum Beispiel definiert die Konstante mit dem Namen *CLASS_SIZE* und weist ihr den Wert 50 zu:

```
#define CLASS_SIZE 50
```

Um Konstanten deutlich erkennbar zu machen, werden sie von vielen Programmierern in Großbuchstaben geschrieben. Das folgende Programm, *Constant.CPP*, definiert und zeigt die Konstante mit dem Namen *CLASS_SIZE*:

```
#include <iostream.h>
#define CLASS_SIZE 50   // Number of students in the class

void main(void)
 {
   cout << "CLASS_SIZE constant is " << CLASS_SIZE << endl;
 }
```

Die Konstante wird mit *#define* am Anfang des Programms definiert. Nach der Definition kann an jeder Stelle des Programms durch Angabe ihres Namens auf den mit ihr verknüpften Zahlenwert zugegriffen werden.

Achtung: Die vorangehenden Konstantendefinitionen wurden nicht mit einem Semikolon abgeschlossen. Der Grund dafür ist einfach: Dieses Zeichen würde in den Konstantenwert mit aufgenommen werden. Im Beispiel würde der Compiler statt des Wertes „50" den Ausdruck „50;" einsetzen, was natürlich zu Fehlern führen würde.

Präprozessor-Anweisungen

Vor der Compilierung eines Programms wird zunächst ein sogenannter Präprozessor gestartet. Er untersucht das Programm unter anderem auf Zeilen, die mit einem Kreuz-Zeichen (#) beginnen, wie zum Beispiel *#include*. Trifft der Präprozessor auf eine *#include*-Anweisung (zum Beispiel *#include iostream.h*), so fügt er die angegebene Datei in den Quellcode ein – so, als wären die betreffenden Zeilen von Hand eingetippt worden. Trifft der Präprozessor auf eine *#define*-Anweisung, so erzeugt er eine Konstante oder ein Makro mit dem angegebenen Namen. Findet der Präprozessor diesen Namen im weiteren Verlaufe des Quellcodes wieder, so ersetzt er den Namen durch den am Anfang zugewiesenen Wert oder Ausdruck.

Konstanten sind nicht auf integer-Werte beschränkt: Auch die Verwendung von Strings und Fließkommazahlen ist erlaubt. Das folgende Programm zum Beispiel, *Bookinfo.CPP*, verwendet die *#define*-Anweisung zur Erzeugung dreier Konstanten, die Informationen über dieses Buch enthalten:

```
#include <iostream.h>
#define TITLE "Rescued by C++, Third Edition"
#define LESSON 17
#define PRICE 29.95

void main(void)
 {
   cout << "Book Title: " << TITLE << endl;
   cout << "Current Lesson: " << LESSON << endl;
   cout << "Price: $" << PRICE << endl;
 }
```

Nach dem Start des Programms erscheinen auf Ihrem Bildschirm die folgenden Zeilen:

```
Book title: Rescued by C++, Third Edition
Current Lesson: 17
Price: $29.95
```

Konstanten mit *#define* benennen

Um die Lesbarkeit von Programmen zu verbessern, sollten numerische Werte innerhalb eines Programms durch Konstanten mit aussagekräftigem Namen ersetzt werden. Dies geschieht durch die Präprozessor Anweisung *#define*, die am Anfang eines Programms eingesetzt und zur besseren Unterscheidung in Großbuchstaben geschrieben werden sollte. Die folgende *#define*-Anweisung erzeugt zum Beispiel eine Konstante mit dem Namen *SECONDS_PER_HOUR*:

```
#define SECONDS_PER_HOUR 3600
```

Beim Compilieren wird der Ausdruck *SECONDS_PER_HOUR* an jeder Stelle, an der er vorkommt, durch den numerischen Wert 3600 ersetzt. Beachten Sie, daß die Konstantendefinition nicht mit einem Semikolon enden darf. Dies würde zu Fehlern führen, da statt des Wertes „3600“ dann der Ausdruck „3600;“ eingesetzt würde.

KONSTANTENNAMEN BEI CODE-ÄNDERUNGEN

Konstantennamen vereinfachen nicht nur das Lesen, sondern auch das Ändern von Programmen. Der folgende Programmteil zum Beispiel greift mehrmals auf die Zahl 50 zu:

```
#include <iostream.h>
void main(void)
  {
    int student;
    for (student = 0; student < 50; student++)
      get_test_score(student);

    for (student = 0; student < 50; student++)
      calculate_grade(student);

    for (student = 0; student < 50; student++)
      print_grade(student);
  }
```

Angenommen, die Zahl der Studenten steigt auf 55. Normalerweise müßte nun der Code nach den Stellen abgesucht werden, an denen die Zahl 50 erscheint. Diese Zahlen müßten nun in jedem einzelnen Fall auf den Wert 55 geändert werden. Einfacher geht's, wenn man statt der Zahl 55 den Namen *CLASS_SIZE* verwendet:

```
#include <iostream.h>
#define CLASS_SIZE 50

void main(void)
  {
    int student;
    for (student = 0; student < CLASS_SIZE; student++)
      get_test_score(student);

    for (student = 0; student < CLASS_SIZE; student++)
      calculate_grade(student);

    for (student = 0; student < CLASS_SIZE; student++)
      print_grade(student);
  }
```

In diesem Beispiel muß lediglich die Zahl 50 in der *#define*-Anweisung geändert werden:

```
#define CLASS_SIZE 55
```

MAKROS STATT GLEICHUNGEN

In vielen Programmen spielen mathematische Berechnungen eine große Rolle, zum Beispiel:

```
result = (x*y-3) * (x*y-3) * (x*y-3);
```

Der Ausdruck (x*y-3) wird drei mal mit sich selbst multipliziert – eine Operation, die zum Beispiel bei Berechnungen von Rauminhalten vorkommen könnte. Um diesen Ausdruck zu vereinfachen und die Möglichkeit von Tippfehlern bei der Eingabe zu reduzieren, erlaubt C++ die Definition von Makros. Im Programm steht dann zum Beispiel statt:

```
result = (x*y-3) * (x*y-3) * (x*y-3);
```

nur noch:

```
result = CUBE(x*y-3);
```

nachdem zuvor das Makro *CUBE* mit der Anweisung:

```
#define CUBE(x) ((x)  * (x)  * (x))
```

definiert wurde.

Das folgende Programm, *ShowCube.CPP*, verwendet das Macro CUBE, um die dritte Potenz der Zahlen von 1 bis 10 zu berechnen:

```
#include <iostream.h>
#define CUBE(x) ((x)*(x)*(x))

void main(void)
  {
    for (int i = 1; i <= 10; i++)
    cout << i << " cubed is " << CUBE(i) << endl;
  }
```

Beim Durchlaufen des Präprozessors wird das Makro *CUBE(i)* im *cout*-Statement durch den mathematischen Ausdruck *((i) * (i) * (i))* ersetzt. Das „*i*“ in Klammern hinter *Cube* entspricht dem „*x*“ in der *#define*-Anweisung.

Auffallend ist, daß auch die auf das Makro folgenden Variablen in Klammern gesetzt sind: *CUBE(x) ((x)*(x)*(x))* statt *CUBE x (x*x*x)*.

Diese Schreibweise ist wichtig, wenn es sich in den inneren Klammern um zusammengesetzte Ausdrücke handelt. Bereits beim Auftreten von Minuszeichen würde es ohne Klammern zu gravierenden Fehlberechnungen kommen, wie das folgende Beispiel zeigt:

Richtig:

```
result = CUBE(3+5-2)
result = ((3+5-2)*(3+5-2)*(3+5-2));
```

Falsch:

```
result = CUBE 3+5-2
result = (3 + 5 -2 * 3 + 5 - 2 * 3 + 5 -2 );
```

Makros und Funktionen

Funktionen erscheinen nur ein einziges mal im Quelltext, können jedoch von jeder beliebigen Stelle des Programms aufgerufen werden. Programme werden dadurch kürzer.

Die für Makros definierten Werte werden vom Präprozessor an jeder Stelle des Programms eingefügt, an der das Makro auftaucht; wenn's sein muß, hundert mal oder mehr. Dadurch wird der Umfang des Programms vergrößert.

Flexible Makro-Anwendung

Makros können in Programmen auf sehr unterschiedliche Arten eingesetzt werden. Der Programmierer sollte dabei jedoch als oberstes Ziel stets eine Vereinfachung des Programms vor Augen haben. Das folgende Programm, *MacDelay.CPP*, veranschaulicht die Flexibilität von Makros und vermittelt einen Eindruck davon, wie der Präprozessor einen Makronamen durch seine entsprechenden Statements ersetzt:

```
#include <iostream.h>
#define delay(x)  { \
                    cout << "Delaying for " << x << endl; \
                    for(long int i=0; i < x; i++) \
                      ; \
                  }

void main(void)
 {
   delay(100000L);

   delay(200000L);

   delay(300000L);
 }
```

Da die Makro-Definition mehrere Zeilen umfaßt, erscheint hier am Ende jeder Zeile ein Backslash-Zeichen (\). Das bedeutet, daß jede so beendete Zeile mit der folgenden zusammenhängt.

Trifft der Präprozessor auf einen Makro-Verweis, so ersetzt er diesen durch alle in der Definition aufgeführten Statements.

ZUSAMMENFASSUNG

Makros und Konstantennamen dienen dazu, die Lesbarkeit eines Programms zu verbessern und die Fehlerhäufigkeit zu reduzieren. Bevor Sie mit der nächsten Lektion fortfahren, sollten Sie anhand der folgenden Punkte noch einmal überprüfen, ob Sie den Inhalt dieser Lektion verstanden und behalten haben:

- ✓ Durch Makros und Konstantennamen können komplexe, mathematische Ausdrücke und numerische Werte durch aussagekräftige Namen ersetzt werden.
- ✓ Ändert sich ein numerischer Wert oder ein Rechenausdruck, so braucht er nur an der Stelle geändert zu werden, an welcher er definiert ist. Alles andere übernimmt der Präprozessor.
- ✓ Während der Compilierung benutzt C++ ein spezielles Programm, das Präprozessor genannt wird, um jede Konstante oder jedes Makro mit seinem korrespondierenden Wert zu laden.
- ✓ Makros werden schneller ausgeführt als Funktionen, erweitern aber andererseits den Umfang des auszuführenden Programms.
- ✓ Überschreitet eine Makro-Definition die Länge einer Zeile, dann kann die vorangehende Zeile durch einen Backslash abgeschlossen – und in der folgenden Zeile weitergeschrieben werden.

Abschnitt 3

SPEICHERN VON INFORMATIONEN UND ANWENDUNG VON ARRAYS UND STRUCTURES

Sie haben bereits gelernt, daß eine Variable eines bestimmten Typs Informationen, also Zahlen und Zeichen, speichern kann. Die bisherigen Beispiele dieses Buches waren nicht in der Lage, mit Variablen mehr als einen einzigen Wert zu speichern.

In umfangreicheren Programmen ist es jedoch meistens erforderlich, daß mehrere Werte zur gleichen Zeit gespeichert werden müssen: Zum Beispiel 100 Testergebnisse, 30 Ladenpreise oder die Namen und Adressen von 500 Angestellten.

In diesem Kapitel werden Sie lernen, wie man verschiedene C++ Datentypen dazu verwendet, um mehrere Werte mit derselben Variablen zu speichern. Diese Lektionen dieses Kapitels haben folgende Themen zum Inhalt:

LEKTION 18 ARRAYS

LEKTION 19 CHARACTER STRINGS

LEKTION 20 STRUCTURES

LEKTION 21 UNIONS

LEKTION 22 POINTERS

LEKTION 18

ARRAYS

Programme speichern während ihrer Laufzeit Informationen in Variablen. In den bisherigen Programmen dieses Buches wurde zur gleichen Zeit jeweils nur ein einziger Zahlenwert gespeichert. Programme mit praktischem Nutzen müssen jedoch häufig wesentlich mehr Werte speichern: 1000 Buchtitel, 50 Testergebnisse und so weiter.

Um dies zu ermöglichen, verwenden Programme ganz spezielle Datenstrukturen, die man Arrays nennt. Bei einem Array handelt es sich, grob vereinfacht ausgedrückt, um eine Variable, die gleichzeitig mehrere Werte des gleichen Datentyps speichern kann – zum Beispiel 10 Werte des Typs *int*.

Zur Deklaration eines Arrays benötigt ein Programm einen Arraynamen, den Typ der vom Array zu speichernden Variablen und die Anzahl der Werte, die in einem Array gespeichert werden sollen.

Diese Lektion beschreibt die Deklaration von Arrays und die Art und Weise, wie Daten in Arrays gespeichert – und aus Arrays wieder abgerufen werden. Das bedeutet in zusammengefaßter Form:

- Bei einem Array handelt es sich um eine Datenstruktur, mit welcher mehrere Werte des gleichen Typs unter einem Variablennamen gespeichert werden können.
- Bei der Deklaration eines Arrays müssen der Datentyp und die Anzahl der Elemente (maximale Anzahl der zu speichernden Werte) angegeben werden.
- Jedes Element eines Arrays ist vom gleichen Typ.
- Um einen Wert in einem Array zu speichern, muß die Nummer des betreffenden Elementes angegeben werden. Das erste Element hat zum Beispiel die Nummer 0, das zweite die Nummer 1 und so weiter.
- Auch beim Zugriff auf den in einem Element gespeicherten Wert spielt die Nummer des Elements eine Rolle: Man schreibt den Arraynamen, gefolgt von der Elementnummer, die in eckigen Klammern steht (zum Beispiel: *werte[3]*).
- Bei der Deklaration eines Arrays kann der Zuweisungs-Operator zum Initialisieren einzelner Elemente verwendet werden (zum Beispiel: *werte[3]=34*).
- Array-Variablen können wie Parameterwerte an Funktionen übergeben werden.

In C++ werden Arrays sehr häufig angewendet, was die folgenden Lektionen zeigen.

DEKLARATION VON ARRAY-VARIABLEN

Bei einem Array handelt es sich um eine Datenstruktur, mit welcher mehrere Werte des gleichen Typs unter einem Variablennamen gespeichert werden können. Genau wie die Variablen, die Sie bisher verwendet haben, sind auch Arrays durch ihren Variablentyp und einen eindeutigen, möglichst aussagekräftigen Namen definiert. Dazu benötigt ein Array noch eine Angabe über die Anzahl der maximal zu speichernden Werte. Die folgende Deklaration erzeugt ein Array mit dem Namen *test_scores*, in welchem 100 Werte Platz finden:

```
int test_scores [100];
```

Die Deklaration beginnt mit dem Datentyp, gefolgt vom Arraynamen und der Anzahl der Elemente in eckigen Klammern. Trifft der Compiler auf diese Array-Deklaration, so reserviert er genügend Speicherplatz, um maximal 100 Werte des Typs *int* unterzubringen. Die im Array gespeicherten Werte nennt man auch „Elemente".

Arrays speichern unterschiedliche Werte des gleichen Typs

In umfangreicheren Programmen müssen meistens mehrere Daten des gleichen Typs schnell hintereinander gespeichert werden; zum Beispiel die Personaldaten von 500 Angestellten oder die Preise von 1000 verschiedenen Artikeln. Statt mit einer Zahl von 500 oder gar 1000 Variablen zu arbeiten, ist es einfacher, alle Daten unter dem gleichen Variablennamen in einem Array zu speichern.

Zur Deklaration eines Arrays muß dessen Typ und Name angegeben werden, gefolgt von der Anzahl der maximal zu speichernden Werte (Elemente):

```
float part_cost[50]
int employee_age[100]
float stock_prices[25]
```

AUF ARRAY-ELEMENTE ZUGREIFEN

Um auf ein Element eines Arrays zuzugreifen, verwendet man einen Index-Wert, der auf das gewünschte Element zeigt. Dazu schreibt man den Array-Namen, gefolgt von der Nummer des betreffenden Elementes, dem Index. Der Index steht dabei wieder in eckigen Klammern. Beispiel:

```
test_scores[1]
```

Da die Numerierung der Elemente normalerweise mit 0 beginnt, handelt es sich hier um das zweite Element. Das letzte Element hat daher stets eine Nummer, die um 1 kleiner ist als die bei der Deklaration angegebene Größe. Die höchste Indexnummer in einem Array mit beispielsweise 100 Elementen ist daher 99.

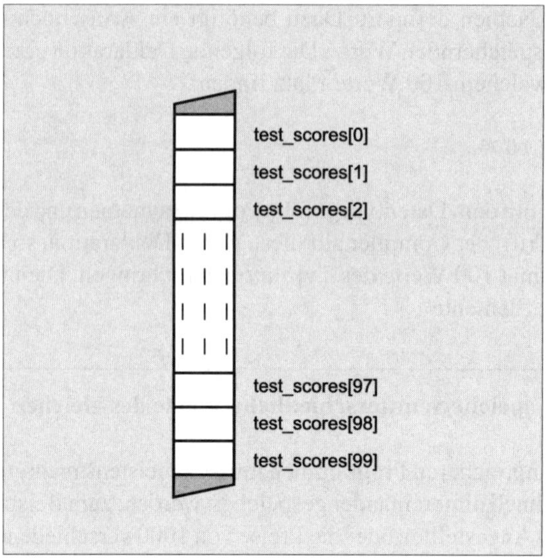

Bild 18.1: *So werden in C++ die einzelnen Array-Elemente indiziert.*

Das folgende Programm, *Array.CPP*, erzeugt ein Array mit dem Namen *values*, das fünf Integer-Werte enthält. Das Programm weist den einzelnen Elementen unterschiedliche Werte zu.

```
#include <iostream.h>
void main(void)
 {
   int values[5];   // Declare the array

   values[0] = 100;
   values[1] = 200;
   values[2] = 300;
   values[3] = 400;
   values[4] = 500;

   cout << „The array contains the following values" << endl;
   cout << values[0] << ' ' << values[1] << ' ' << values[2] << ' ' <<
     values[3] << ' ' << values[4] << endl;
 }
```

Beachten Sie, wie den einzelnen Elementen verschiedene Werte zugewiesen werden: Die Schreibweise entspricht derjenigen, die bei Variablen verwendet wird.

Mit Indexwerten auf Arrays zugreifen

Um auf bestimmte Werte in einem Array zuzugreifen, werden Indexwerte verwendet. Der Index enthält das gewünschte Array-Element. Indexwerte beginnen mit der Zahl 0. Das folgende Statement weist dem ersten Element des Arrays *scores* den Wert 100 zu:

```
scores [0] = 100;
```

Bei der Deklaration eines Arrays wird die Anzahl der benötigten Elemente angegeben. Das folgende Statement zum Beispiel deklariert ein Array, das 100 Werte des Typs *int* speichern kann:

```
int score[100];
```

INDEX-VARIABLEN

Um auf beliebige Array-Elemente zuzugreifen, verwendet man Index-Variablen. Angenommen, die Indexvariable *i* enthalte den Wert 3. Das folgende Statement bewirkt in diesem Fall, daß die Zahl 400 unter *values[3]*, also in „Speicherplatz" Nr. 4 gespeichert wird:

```
values [i] = 400;
```

Das folgende Programm, *ShowArra.CPP*, verwendet die Indexvariable *i* innerhalb einer *for*-Schleife, um die Elemente des Arrays auszulesen. Die Schleife beginnt bei 0 und endet, wenn *i* größer als 4 ist. Da das Array 5 Elemente enthält und bei 0 mit dem Zählen begonnen wird, ist vier die höchste Zahl:

```
#include <iostream.h>
void main(void)
 {
   int values[5];    // Declare the array
   int i;
   values[0] = 100;
   values[1] = 200;
   values[2] = 300;
   values[3] = 400;
   values[4] = 500;
   cout << "The array contains the following values" << endl;

   for (i = 0; i < 5; i++)
     cout << values[i] << ' ';
 }
```

Bei jedem Schleifendurchlauf greift das Programm auf das nächste Element des Arrays zu. Experimentieren Sie mit diesem Programm und ändern Sie zum Beispiel die Schleife wie folgt:

```
for (i=4; i >= 0; i--)
  cout << values [i]<< ' ';
```

In diesem Fall werden die Elemente rückwärts dargestellt.

ARRAYS BEI DER DEKLARATION INITIALISIEREN

Arrays können bereits bei ihrer Deklaration initialisiert, das heißt, mit Elementen eines bestimmten Wertes gefüllt werden. Die entsprechenden Wert müssen dann in geschweiften Klammern gesetzt sein und, durch Gleichheitszeichen (Zuweisungs-Operator) getrennt, hinter der Array-Deklaration stehen. Das ganze sieht dann wie folgt aus:

```
int values[5] ={100, 200, 300, 400, 500};
```

Natürlich können mit dieser Methode auch alle Variablen eines anderen Datentyps eingesetzt werden. Werden bei der Deklaration keine Werte angegeben, so setzen die meisten Compiler die Zahl 0 als Standard ein.

Werden bei einer Deklaration weniger Werte angegeben, als das Array Elemente aufweist, so beginnt die Initialisierung bei ersten Element:

```
int values[5] = {100, 200, 300 };
```

Das bedeutet für unser Beispiel, daß Element 0 den Wert 100, Element 1 den Wert 200 und Element 2 den Wert 300 erhält. Die restlichen Elemente erhalten, je nach Compiler, den Wert 0.

Verzichtet man bei der Deklaration auf eine Elemente-Zahl, so reserviert der Compiler einen Platz für die Elemente, die in den geschweiften Klammern aufgeführt sind:

```
int values[ ] = {100, 200, 300 };
```

In diesem Beispiel wird Speicherplatz für 3 Elemente reserviert.

ARRAYS AN FUNKTIONEN ÜBERGEBEN

Programme können nicht nur Variablen, sondern auch Arrays an Funktionen übergeben. Die betreffende Funktion kann dann zum Beispiel ein Array initialisieren, mathematische Operationen mit den Elementen durchführen oder die Array-Werte auf dem Bildschirm zeigen. Bei der Übergabe von Arrays an eine Funktion muß der Array-Typ angegeben werden. Die Information über die Größe des Arrays ist in einer Variablen enthalten, die im folgenden Beispiel den Namen *number_of_elements* hat.

```
void some_function(int array[],  int number_of_elements);
```

Das folgende Programm, *ArrayFun.CPP*, übergibt zwei Arrays an die Funktion *show_array*, die eine *for*-Schleife verwendet, um die Array-Werte auszulesen:

```
#include <iostream.h>
void show_array(int array[], int number_of_elements)
 {
   int i;

   for (i = 0; i < number_of_elements; i++)
     cout << array[i] << ' ';

   cout << endl;
 }

   void main(void)
 {
   int little_numbers[5] = { 1, 2, 3, 4, 5 };
   int big_numbers[3] = { 1000, 2000, 3000 };

   show_array(little_numbers, 5);
   show_array(big_numbers, 3);
 }
```

Das Programm übergibt den Arraynamen und außerdem einen Parameter, der die Funktion über die Größe des Arrays informiert:

```
show_array(little_numbers, 5);
```

Das folgende Programm, *GetArray.CPP*, verwendet die Funktion *get_values*, um drei Werte an das Array *numbers* zu übergeben:

```
#include <iostream.h>
void get_values(int array[], int number_of_elements)
 {
   int i;

   for (i = 0; i < number_of_elements; i++)
     {
       cout << "Enter value " << i << ": ";
       cin >> array[i];
     }
 }
```

```
void main(void)
 {
   int numbers[3];

   get_values(numbers, 3);

   cout << "The array values are as follows" << endl;

   for (int i = 0; i < 3; i++)
     cout << numbers[i] << endl;
 }
```

Das Programm übergibt das Array anhand seines Namens an die Funktion. Die Funktion wiederum weist den Elementen des Arrays Werte zu. Sie haben bereits gelernt, daß Parameterwerte normalerweise nicht geändert werden können. Im obigen Beispiel ist dies jedoch der Fall. Dies hängt mit dem besonderen Aufbau eines Arrays zusammen und wird in Lektion 22 eingehend erläutert.

ZUSAMMENFASSUNG

In dieser Lektion haben Sie gelernt, wie man mehrere Werte gleichen Typs in einem Array speichert und wieder ausliest. Bevor Sie mit der nächsten Lektion fortfahren, sollten Sie anhand der folgenden Punkte überprüfen, ob Sie den Inhalt dieser Lektion verstanden und behalten haben:

- ✓ Ein Array ist eine Variable, die einen oder mehrere Werte des gleichen Datentyps speichern kann.
- ✓ Zur Deklaration eines Arrays müssen Datentyp, Name und Anzahl der zu speichernden Werte angegeben werden.
- ✓ Die in einem Array gespeicherten Werte heißen Elemente
- ✓ Die Numerierung der Elemente beginnt mit 0. Die letzte Elementnummer entspricht daher der um 1 verminderten Array-Größe.
- ✓ Programme greifen mit *Indexvariablen* auf beliebige Elemente zu. *Indexvariablen* besitzen die gleichen Eigenschaften wie „gewöhnliche“ Variablen und werden nur deshalb so genannt, weil sie in Verbindung mit Arrays auftreten.
- ✓ Wenn ein Array als Parameter an eine Funktion übergeben wird, müssen Arrayname und Datentyp angegeben werden. Die Zahl der Elemente wird mittels eines gesonderten Parameters weitergegeben.
- ✓ Da C++ Arrays mittels ihrer Adresse an Funktionen übergibt, ist es möglich, innerhalb von Funktionen die in Arrays enthaltenen Werte zu ändern.

LEKTION 19

CHACTER STRINGS

Character Strings werden verwendet, um innerhalb eines Programms Informationen wie Buchtitel, Personennamen oder andere, aus Buchstaben und Zeichen bestehende Begriffe zu speichern. Die meisten Programme machen regen Gebrauch von diesen Variablen, die dem Typ *char* zugeordnet sind und in Arrays gespeichert werden können. Sie werden in dieser Lektion lernen, wie man Character Strings anwendet, wie man sie speichert und verändert und dazu verschiedene Run-Time Library-Funktionen nutzt. Zu Beginn eine kurze Übersicht über die in dieser Lektion behandelten Themen:

- Um einen Character String zu definieren, wird ein Array des Typs *char* deklariert.
- Um einem Character String Zeichen zuzuordnen, werden den Elementen eines Character String-Arrays Zeichen zugeordnet.
- C++ Programme verwenden das NULL-Zeichen (ASCII 0), um das letzte Zeichen eines Strings zu markieren.
- Programme können Strings an Funktionen übergeben.
- Die meisten C++ Run-Time Libraries stellen zahlreiche Funktionen zur Stringmanipulation zur Verfügung.

C++ Programme speichern Strings als Array des Typs *char*. Der Umgang mit solchen Strings ist genau so leicht wie der Umgang mit den bereits in der letzten Lektion besprochenen Arrays.

DEKLARATION VON CHARACTER STRINGS

Character Strings werden in C++ Programmen sehr häufig angewendet, um zum Beispiel Dateinamen zu speichern, oder Informationen, die aus Buchstaben oder Zeichen bestehen. Um einen Character String innerhalb eines Programms zu definieren, wird ganz einfach ein Array des Typs *char* deklariert, das über genügend Elemente verfügt, um die gewünschte Anzahl von Zeichen zu speichern.

Die folgende Deklaration zum Beispiel erzeugt eine Character String-Variable mit dem Namen *filename,* die in der Lage ist 64 Zeichen zu speichern. Vergessen Sie dabei nicht die 0 zum Abschluß, die in dieser Zahl enthalten ist.

```
Char filename[64];
```

Beachten Sie auch bei diesem Beispiel, daß das Zählen der Array-Elemente mit 0 beginnt. Die höchste Indexzahl ist daher 63.

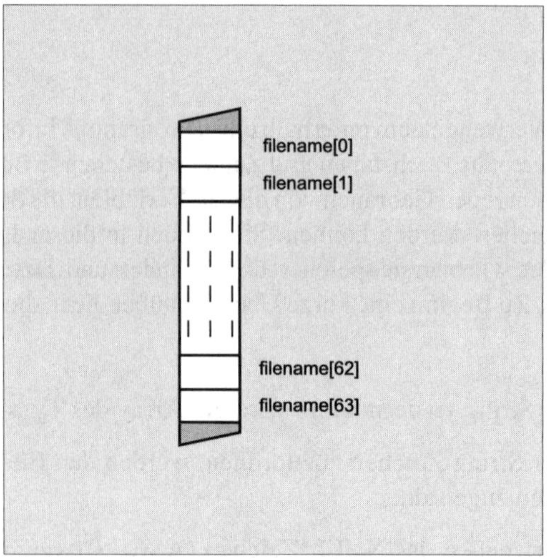

Bild 19.1: *C++ behandelt Character Strings als Array vom Typ char.*

Beim „Auffüllen" eines leeren String-Arrays mit Zeichen darf das Einsetzen der Null nach dem letzten Zeichen nicht vergessen werden. Das folgende Programm, *Alphabet.CPP*, füllt das Array *alphabet*, das 27 Zeichen umfaßt, mit den Buchstaben a bis z (26 Zeichen) und setzt nach Ablauf der dazu notwendigen *for*-Schleife noch eine Null an die letzte Stelle (Platz 26):

```
#include <iostream.h>
void main(void)
  {
    char alphabet[27];  // 26 letters plus NULL
    char letter;
    int index;

    for (letter = 'A', index = 0; letter <= 'Z'; letter++, index++)
      alphabet[index] = letter;

    alphabet[index] = NULL;

    cout << "The letters are " << alphabet;
  }
```

Nach Ablauf der Schleife hat die Variable *index* den Wert 26. Diesem Element wird eine Null zugewiesen.

Durch die Angabe des Arraynamens in der letzten Zeile wird der Array-Inhalt ohne die Hilfe einer Schleife sozusagen „auf einen Schlag" automatisch ausgelesen. Trifft das Programm dabei auf die Null, dann „weiß" es, daß der String zu Ende ist.

Noch ein Wort zur einer Besonderheit in der *for*-Schleife im obigen Programm:

Hier werden zwei Variablen initialisiert und incrementiert: *letter* und *index*. For-Schleifen sind in der Lage, mehr als eine Variable zu verarbeiten, wenn diese durch ein Komma getrennt sind:

```
for (letter = 'A', index = 0; letter <= 'Z'; letter++, index++)
```

STRING-KONSTANTEN UND NULLEN

In den bisherigen Beispielprogrammen wurden bereits Strings verwendet: Texte in Anführungszeichen – wie zum Beispiel:

```
"This is a string constant "
```

Bei der Eingabe solcher String-Konstanten kümmert sich der Compiler nicht nur um die richtige Speicherung, sondern setzt auch automatisch eine Null an das Ende des Strings.

T	h	i	s		i	s		a		s	t	r	i	n	g		c	o	n	s	t	a	n	t	\0

cout erkennt das letzte auszulesende Zeichen an der Null am Ende des Ausdrucks.

Das *NULL*-Zeichen

Bei einem Character String handelt es sich um ein mit Zeichen gefülltes Array, an dessen Ende das *Null*-Zeichen steht (\0). Bei der Deklaration eines Character Strings wird ein Array des Typs *char* deklariert. Das letzte Zeichen wird mit einer *NULL* abgeschlossen. Diese *NULL* markiert das Ende des Strings.

Bei String-Konstanten (in Anführungszeichen) setzt der Compiler automatisch eine Null an den Schluß.

Beim folgenden Programm, *LoopNull.CPP*, handelt es sich um eine Abwandlung des vorhergehenden Programms: Hier wird eine *for*-Schleife zum Auslesen des Arrays eingesetzt:

```
#include <iostream.h>
void main(void)
  {
    char alphabet[27];   // 26 letters plus NULL
    char letter;
    int index;

    for (letter = 'A', index = 0; letter <= 'Z'; letter++, index++)
      alphabet[index] = letter;

    alphabet[index] = '/0';

    for (index = 0; alphabet[index] != '/0'; index++)
      cout << alphabet[index];

    cout << endl;
 }
```

Die Schleife untersucht in aufsteigender Reihenfolge alle Elemente des Arrays und wird beendet, wenn sie auf das NULL-Zeichen trifft.

'A' UND "A": EIN UNTERSCHIED

Beim Analysieren von C++ Programmen werden Ihnen wahrscheinlich bereits zwei verschiedene „Sorten" von Strings begegnet sein: Solche, die in einfachen, und solche, die in doppelten Anführungszeichen stehen – zum Beispiel 'A' und "A".

Bei einem Zeichen mit einfachen Anführungszeichen handelt es sich um eine Character-Konstante. Für solch eine Konstante wird vom Compiler lediglich 1 Byte an Speicherplatz reserviert.

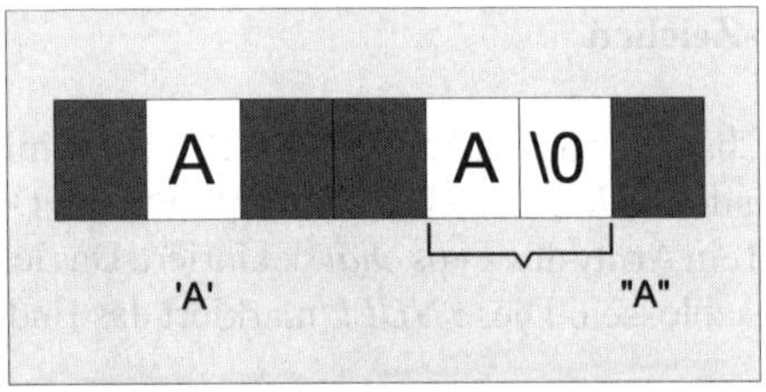

Bild 19.2: *So speichert der C++ Compiler die Character-Konstante 'A' bzw. die String-Konstante "A".*

Ein Nullzeichen zur Markierung ihres Endes ist daher nicht notwendig. Die zweite Kategorie von Zeichen (" ") wird als String-Konstante bezeichnet. Sie kann unterschiedliche Längen annehmen und benötigt daher eine NULL zur Markierung ihres Endes.

INITIALISIERUNG VON CHARACTER STRINGS

Sie haben bereits gesehen, wie man Arrays mit Zahlenwerten initialisiert. Die Initialisierung mit Character Strings geschieht in ähnlicher Weise. Statt der geschweiften Klammern verwendet man (doppelte) Anführungszeichen:

```
Char title[64] = "Rescued by C++";
```

Ist der Umfang der Zeichen geringer als derjenige des Arrays, so füllt der Compiler den Rest des verbliebenen Speicherplatzes automatisch mit Nullen auf. Wird bei der Deklaration keine Array-Größe angegeben, reserviert der Compiler automatisch den zur Unterbringung der Zeichen (und des NULL-Zeichens) erforderlichen Platz. Beispiel:

```
Char title[ ] = "Rescued by C++";
```

Das folgende Programm, *Init_Str.CPP*, initialisiert einen Character String bei der Deklaration:

```
#include <iostream.h>
void main(void)
  {
    char title[64] = "Rescued by C++";
    char lesson[64] = "Understanding Character Strings";

    cout << "Book: " << title << endl;
    cout << "Lesson: " << lesson << endl;
  }
```

Viele der in diesem Buch noch aufgeführten Programme verwenden die gezeigte Methode der Initialisierung. Experimentieren Sie mit dem Programm, indem Sie zum Beispiel die Zeichen der beiden Strings durch andere ersetzen.

STRINGS AN FUNKTIONEN ÜBERGEBEN

Die Übergabe von Strings an Funktionen ist vergleichbar mit der Parameterübergabe von Arrays. Innerhalb der Funktion wird der Array-Typ (in diesem Falle *char*) angegeben, gefolgt von zwei eckigen Klammern. Die Stringgröße muß nicht spezifiziert werden. Das folgende Programm, *Show_Str.CPP*, verwendet als Beispiel die Funktion *show_string*, um einen Character String auf den Bildschirm zu bringen.

```
#include <iostream.h>
void show_string(char string[])
  {
    cout << string << endl;
  }

void main(void)
  {
    show_string("Hello, C++!");
    show_string("I've been Rescued by C++");
  }
```

Die Funktion *show_string* verarbeitet den Character String genau so wie ein Array:

```
void show_string(char string[])
```

Da der NULL-Character das Ende des Strings markiert, braucht die Funktion keinen Parameter zur Bezeichnung der Anzahl der Elemente des Arrays. Sie liest das Array so lange aus, bis sie auf einen NULL-Character trifft.

Das folgende Programm zum Beispiel, *ByChar.CPP*, übergibt einen solchen String an die Funktion *display_to_NULL*. Diese Funktion liest mittels einer Schleife ein Element nach dem anderen aus und zeigt es auf dem Bildschirm an. Trifft die Schleife auf ein NULL-Zeichen, so wird sie beendet. Die Schleifenbedingung heißt in diesem Fall: Wiederhole die Schleife so lange, wie *i* ungleich NULL ist.

```
#include <iostream.h>
void display_to_NULL(char string[])
  {
    for (int i = 0; string[i] != '\0'; i++)
      cout << string[i];
  }

void main(void)
  {
    display_to_NULL("Rescued by C++");
  }
```

Das folgende Programm, *Str_Len.CPP*, erzeugt eine Funktion mit dem Namen *string_length*. Nachdem das Programm einen String an die Funktion übergeben hat, sucht diese nach dem Nullzeichen, um die Länge des Strings zu bestimmen. Die Funktion verwendet das *return*-Statement, um den ermittelten Wert an das Programm zurückzugeben:

```
#include <iostream.h>
int string_length(char string[])
 {
   int i;

   for (i = 0; string[i] != '\0'; i++);  // Do nothing but
                                         // loop to next
                                         // character

   return(i);  // The length of the string
 }

void main(void)
 {
   char title[] = "Rescued by C++";
   char lesson[] = "Understanding Character Strings";

   cout << "The string " << title << " contains " <<
     string_length(title) << " characters" << endl;

   cout << "The string " << lesson << " contains " <<
     string_length(lesson) << " characters" << endl;
 }
```

Die Funktion beginnt mit dem ersten Zeichen und untersucht jedes Element daraufhin, ob es sich um das NULL-Zeichen handelt. Die Schleifenvariable *i* wird dabei hochgezählt und bleibt beim letzten Zeichen des Strings unverändert. Sie ist damit ein Maß für die Länge des Strings.

NULL IST NICHT GLEICH 0

Sie haben bereits gelernt, daß es sich bei dem in dieser Lektion behandelten NULL-Zeichen (NULL-Character) nicht um die Zahl Null im mathematischen Sinne handelt, sondern um das Zeichen, das in der ASCII-Tabelle unter 0 gespeichert ist. Da es mit der Zahl 0 gleichgesetzt wird (nicht mit dem Zeichen für 0 unter ASCII 48), lassen sich viele Schleifen-Operationen vereinfachen. Dazu noch einmal das Beispiel, in welchem ein String nach dem NULL-Zeichen abgesucht wird:

```
for (index = 0; string[index] != NULL; index++)
  ;
```

Viele Schleifen können einfacher geschrieben werden, da NULL = 0 ist:

```
for (index = 0; string[index]; index++)
  ;
```

In diesem Falle gilt: So lange das in *string[index]* enthaltene Zeichen nicht NULL ist (0 oder falsch), wird die Schleife wiederholt.

DIE STRING FUNKTIONEN DER RUN-TIME LIBRARY

In Lektion 12 haben Sie gelernt, daß die meisten C++ Compiler eine umfangreiche Sammlung leistungsfähiger Funktionen zur Verfügung stellen: Die Run-Time Library. Sie enthält unter anderem auch zahlreiche Funktionen zur Stringmanipulation. Die Funktion *strupr* zum Beispiel verwandelt alle Zeichen eines Strings in Großbuchstaben. Die Funktion *strlen* berechnet die Länge eines Strings. Daneben existieren viele Funktionen, die Strings nach bestimmten Zeichen durchsuchen. Das folgende Programm, *StrUpr.CPP*, gibt ein Beispiel für die Anwendung der Library-Funktionen *strupr* und *strlwr*:

```
#include <iostream.h>
#include <string.h> // Contains function prototypes
void main(void)
  {
    char title[] = "Rescued by C++";
    char lesson[] = "Understanding Character Strings";

    cout << "Uppercase: " << strupr(title) << endl;
    cout << "Lowercase: " << strlwr(lesson) << endl;
  }
```

Die Anwendung solcher Run-Time Funktionen erspart in den meisten Fällen ein beträchtliches Maß an Programmierarbeit.

NICHT VERGESSEN: DIE NULL

Ihre Programme „verlassen" sich darauf, daß am Ende eines Strings das NULL-Zeichen steht. In all den Fällen, in welchen es durch den Compiler nicht automatisch gesetzt wird, sollten Sie peinlichst darauf achten, daß dieses Zeichen auch wirklich das Ende des Strings markiert. Ist dies nicht der Fall, so nimmt das Programm an, daß auch die Zeichen, die dahinter stehen, zum String gehören. Dies wird wohl in den meisten Fällen zu einem Programmabsturz führen.

ZUSAMMENFASSUNG

Strings werden in fast allen C++ Programmen sehr ausgiebig verwendet. In dieser Lektion haben Sie gelernt, wie man Strings (*Character Strings*) innerhalb von C++ Programmen anwendet. Bevor Sie mit der nächsten Lektion weitermachen, sollten Sie anhand der folgenden Punkte noch einmal überprüfen, ob Sie die Inhalte dieser Lektion verstanden und behalten haben:

- ✓ Bei einem *Character String* (oder kurz *String*) handelt es sich um ein Array des Typs *char*, das ASCII-Zeichen als Elemente enthält und mit einem NULL-Zeichen abgeschlossen wird.
- ✓ *Character Strings* werden erzeugt, indem man ein Array des Typs *char* deklariert.
- ✓ Innerhalb des Programms muß dafür gesorgt werden, daß ein NULL-Zeichen den Abschluß des Strings markiert.
- ✓ String-Konstanten in doppelten Anführungszeichen werden vom Compiler erkannt und automatisch durch das NULL-Zeichen abgeschlossen.
- ✓ *Strings* können bei der Deklaration initialisiert werden, indem man ihnen einen Ausdruck in doppelten Anführungszeichen zuweist.
- ✓ Viele C++ Compiler stellen ein reichhaltiges Angebot von Funktionen zur Stringmanipulation zur Verfügung.

LEKTION 20

STRUCTURES (*IN EINIGEN VERÖFFENTLICHUNGEN AUCH „STRUKTE“ GENANNT*).

In manchen Fällen ist es innerhalb eines Programms notwendig, zusammenhängende Informationen, Zahlen und Werte zu speichern, die nicht vom gleichen Datentyp sind – zum Beispiel: Name (*string*), Alter (*int*), Gehalt (*float*). Wie Sie inzwischen wissen, ist dies mit Arrays nicht möglich.

In solchen Fällen bietet C++ eine sogenannte *Structure* an. Structures sind in der Lage, zusammenhängende Informationen unterschiedlichen Typs, sogenannte Attribute, zu speichern. Auf diese Weise werden unterschiedliche Datentypen in eine einzige Variable „hineingepackt“. Bei der Übergabe von Parametern zum Beispiel werden dadurch mehrere Variablen verschiedenen Typs durch eine einzige Variable ersetzt – eine überaus praktische Vereinfachung. Am Ende dieser Lektion werden Sie wissen, daß...

- ❒ Structures zusammenhängende Daten unterschiedlichen Typs in einer Variablen zusammenfassen.
- ❒ eine Structure aus sogenannten Attributen besteht.
- ❒ zur Deklaration einer Structure die Angabe des Namens und der einzelnen Attribute notwendig ist.
- ❒ ein Attribut durch seinen Datentyp festgelegt ist. Der Name kann nur einmal vergeben werden.
- ❒ ein Programm nach der Deklaration einer Structure Variablen den Structure Typ deklarieren kann.
- ❒ zur Änderung der Attribute einer Structure innerhalb einer Funktion die Structure anhand ihrer Adresse übergeben werden muß.

Achtung: Im englischen Sprachraum werden die Attribute als Member bezeichnet!

DEKLARATION VON STRUCTURES

Eine Structure legt eine Art „Formular“ in Ihrem Programm an, das später dazu verwendet wird, um eine oder mehrere Variablen zu deklarieren. Das heißt: Zuerst wird eine Structure definiert, und anschließend die Variablen des Structure Typs. Zur Definition einer Structure wird das Schlüsselwort *struct* angewendet, gefolgt von einem Namen und einer öffnenden, geschweiften Klammer. Danach werden die Datentypen und die Namen der Attribute angegeben und mit einer schließenden geschweiften Klammer abgeschlossen. Zusätzlich können Variablen des Structure-Typs im Anschluß daran deklariert werden:

```
struct name {
  int member_name_1;
  float member_name_2;
} variable;
```

Die folgende Definition erzeugt zum Beispiel eine Structure mit dem Namen *employee*, die Informationen über die Angestellten einer Firma enthält:

```
struct employee{
  char name[64];
  long employee_id;
  float salary;
  char phone[10];
  int office_number;
};
```

In diesem Falle werden keine Variablen des Structure-Typs deklariert. Nach der Definition einer Structure können Structure-Variablen durch Verwendung des Structure-Namens deklariert werden, die mitunter auch *Structure tag* genannt werden:

```
employee boss, worker, new_employee;
```

Beim unterstrichenen Ausdruck *employee* handelt es sich um den *tag* der Structure, beim Rest um die Variablen-Deklarationen.

In diesem Beispiel erzeugt das Statement drei Variablen der Structure *employee*. In einigen C++ Programmen kann es vorkommen, daß Deklarationen dieser Art der Ausdruck *struct* vorangestellt ist:

```
struct employee boss, worker, new_employee;
```

In C++ ist es dem Programmierer freigestellt, ob er dieses Schlüsselwort einsetzt oder nicht.

STRUCTURE-ATTRIBUTE

Structures machen es möglich, verschiedene Attribute zu einer Variablen zusammenzufassen. Um einem Attribut einen Wert zuzuweisen oder auf den Wert eines Attributs zuzugreifen, wird der C++ Punkt-Operator verwendet (.). Die folgenden Statements zum Beispiel weisen den unterschiedlichen Attributen der Variablen *worker* (Typ *employee*) Werte zu:

```
worker.employee_id = 12345;
worker.salary = 25000.00;
worker.office_number = 102;
```

Um auf ein Attribut einer Structure zuzugreifen, muß der Variablenname angegeben werden, gefolgt vom Punkt-Operator und dem Attributnamen. (*structure_name.member*). Die folgenden Statements zum Beispiel weisen den Programm-Variablen Werte zu, die in verschiedenen Structure-Attributen gespeichert sind:

```
identification = worker.employee_id;
salary = worker.salary;
office = worker.office_number;
```

Das folgende Programm, *Employee.CPP*, veranschaulicht die Anwendung einer Structure des Typs *employee*:

```
#include <iostream.h>
#include <string.h>
void main(void)
 {
   struct employee {
     char name[64];
     long employee_id;
     float salary;
     char phone[10];
     int office_number;
 } worker;

 // Copy a name to the string
 strcpy(worker.name, "John Doe");

 worker.employee_id = 12345;
 worker.salary = 25000.00;
 worker.office_number = 102;

 // Copy a phone number to the string
 strcpy(worker.phone, "555-1212");

 cout << "Employee: " << worker.name << endl;
 cout << "Phone: " << worker.phone << endl;
 cout << "Employee id: " << worker.employee_id << endl;
 cout << "Salary: " << worker.salary << endl;
 cout << "Office: " << worker.office_number << endl;
 }
```

Das Programm kann auf direkte Weise den Integer- und Fließkomma-Attributen der Structure Werte zuweisen. Dabei verwendet es ganz einfach den Zuweisungs-Operator, um dem betreffenden Attribut einen Wert zu verleihen. Beachten Sie die Anwendung der *strcpy*-Funktion zum Übermitteln von Character Strings an die Attribute *name* und *phone*. Wenn Sie die Structure-Attribute bei der Deklaration der Structure-Variablen nicht explizit initialisieren, müssen die Character Strings in die Character String-Attribute kopiert werden.

Deklaration von Structure-Variablen

C++ Structures fassen zusammenhängende Informationen unterschiedlichen Datentyps in einer Variablen zusammen. Eine Structure definiert eine Art leerer Tabelle für die zukünftigen Variablendeklarationen Ihres Programms. Jede Structure hat einen eindeutigen Namen (manchmal *tag* genannt). Mit Hilfe des Structurenamens können Variablen des Structure-Typs deklariert werden. Zum Abfragen oder Zuweisen eines Attribut-Wertes wird der Punkt-Operator verwendet (.):

```
variable.member = some_value;
some_variable = variable.other_member;
```

STRUCTURES UND FUNKTIONEN

Wenn eine Funktion eine Structure nicht ändert, kann die Structure anhand ihres Namens an die Funktion übergeben werden. Das folgende Programm, *Show_Emp.CPP*, verwendet zum Beispiel die Funktion *employee*, um die Anzahl der Attribute einer Structure des Typs *employee* anzuzeigen:

```
#include <iostream.h>
#include <string.h>

struct employee {
  char name[64];
  long employee_id;
  float salary;
  char phone[10];
  int office_number;
};

void show_employee(employee worker)
 {
   cout << "Employee: " << worker.name << endl;
   cout << "Phone: " << worker.phone << endl;
   cout << "Employee id: " << worker.employee_id << endl;
   cout << "Salary: " << worker.salary << endl;
   cout << "Office: " << worker.office_number << endl;
 }
```

Fortsetzung: siehe nächste Seite

```
void main(void)
  {
    employee worker;

    // Copy a name to the string
    strcpy(worker.name, "John Doe");

    worker.employee_id = 12345;
    worker.salary = 25000.00;
    worker.office_number = 102;

    // Copy a phone number to the string
    strcpy(worker.phone, "555-1212");
    show_employee(worker);
  }
```

Das Programm übergibt die Structure-Variable *worker* anhand des Namens an die Funktion *show_employee*. Innerhalb der Funktion werden die Structure-Attribute angezeigt. Beachten Sie, daß das Programm die Structure mit dem Namen *employee* außerhalb von *main* und vor der Funktion *show_employee* definiert. Da die Funktion die Variable *worker* als Typ *employee* deklariert, muß die Definition der Structure der Funktion vorangehen.

FUNKTIONEN ZUM ÄNDERN VON STRUCTURE-ATTRIBUTEN

Wenn in einer Funktion der Wert eines Structure-Attributs geändert werden soll, muß die Structure anhand ihrer Adresse an die Funktion übergeben werden. Dazu wird dem Variablennamen ganz einfach der Address-Operator (&) vorangestellt, wie das folgende Beispiel zeigt:

```
some_function(&worker);
```

Innerhalb der betreffenden Funktion werden dann Pointer angewendet. Am einfachsten ist dabei die folgende Syntax:

```
Pointer_variable->member = some_value;
```

Das folgende Programm, *Chg_Mbr.CPP*, übergibt eine Structure des Typs *employee*, um die Funktion *get_employee_id* zu erhalten, die den Anwender auffordert, eine Angestellten-Identifikationsnummer (*employee-id*) einzugeben. Diese Nummer wird dem Member *employee_id* zugewiesen. Um den Wert des Members zu ändern, verweist die Funktion mit einem Pointer auf die Structure:

```
#include <iostream.h>
#include <string.h>

struct employee {
  char name[64];
  long employee_id;
  float salary;
  char phone[10];
  int office_number;
};

void get_employee_id(employee *worker)
  }
    cout << "Type in an employee id: ";
    cin >> worker->employee_id;
  }

void main(void)
  {
    employee worker;

    // Copy a name to the string
    strcpy(worker.name, "John Doe");
    get_employee_id(&worker);

    cout << "Employee: " << worker.name << endl;
    cout << "Id: " << worker.employee_id << endl;
  }
```

Innerhalb von *main* übergibt das Programm die Structure-Variable *worker* anhand ihrer Adresse an die Funktion *get_employee_id*. Innerhalb der Funktion wird der vom Anwender eingegebene Wert von *get_employee* dem Member *employee_id* zugewiesen:

```
cin >> worker->employee_id;
```

Structures und Pointer

Wird ein Structure-Attribut innerhalb einer Funktion geändert, so muß die Structure über ihre Adresse an die Funktion übergeben werden. Die Funktion wiederum wendet einen Pointer auf die Structure an. Um auf ein Structure-Attribut zuzugreifen, sollte die Funktion das folgende Format aufweisen:

```
wert = variable->member;
variable->anderes_member = irgendein_wert;
```

INITIALISIERUNG VON STRUCTURE-ATTRIBUTEN

Bei der Deklaration von Structure-Variablen bietet C++ die Möglichkeit, die Variablen der Attribute zu initialisieren. Die folgende Deklaration zum Beispiel erstellt und initialisiert eine Structure-Variable des Typs *buch*:

```
struct buch {
  char *titel;
  float preis;
  char *autor;
} computer_buch = {"C++ Grundlagen,  Jamsa"} ;
```

ZUSAMMENFASSUNG

Bevor Sie sich der nächsten Lektion zuwenden, in der es um *unions* geht, sollten Sie anhand der folgenden Punkte noch einmal überprüfen, ob Sie die Inhalte dieser Lektion verstanden und behalten haben:

✓ Mit Structures können in einem Programm verschiedene Daten unterschiedlichen Typs in einer Variablen zusammengefaßt werden.

✓ Structures bestehen aus sogenannten Attributen.

✓ Eine Structure definiert eine Art Formular, das ein Programm zur Deklaration von Variablen nutzen kann.

✓ Nach der Definition einer Structure kann der Structurename (*tag*) verwendet werden, um Variablen des Structure-Typs zu deklarieren.

✓ Um einen Wert an ein Attribut zuzuweisen oder auf ein Attribut zuzugreifen, wird der Punkt-Operator (.) von C++ verwendet. Beispiel: *variable.member*.

✓ Wenn eine Funktion den Wert eines Attributs verändert, muß das Programm die Structure-Variable anhand ihrer Adresse an die Funktion übergeben.

✓ Wenn eine Funktion einen Pointer auf eine Structure anwendet, sollte die Funktion das Format

```
variable->member
```

verwenden, um auf ein Structure-Attribut zuzugreifen.

LEKTION 21

UNIONS

In manchen Programmen kann es notwendig sein, ein und dieselbe Information auf unterschiedliche Art und Weise zu betrachten. Zusätzlich kann es vorkommen, daß ein Programm mit zwei oder mehr Werten arbeitet, aber zu einem bestimmten Zeitpunkt nur einen der Werte benötigt. In solchen Fällen kann ein Programm sogenannte *Unions* zum Speichern der Daten verwenden. *Unions* weisen ein große Ähnlichkeit mit den in Lektion 20 behandelten Strukturen auf. Hier eine kurze Zusammenfassung dessen, was Sie in dieser Lektion erwartet:

- Unions sind vergleichbar mit Strukturen. Der Unterschied besteht in der Art und Weise der Speicherung von Daten: Eine Union kann zu gleicher Zeit nur den Wert eines Attributs speichern.
- Eine Union ist eine Datenstruktur, die, genau wie Strukturen, aus einem oder mehreren Attributen besteht.
- Eine Union definiert eine Art Tabelle oder Formular, in welchem das Programm später Variablen speichert.
- Um auf ein Attribut einer Union zuzugreifen, wird der Punkt-Operator verwendet.
- Um den Wert eines Union-Attributs innerhalb einer Funktion zu ändern, muß das Programm die Union-Variable über die Adresse an die Funktion übergeben.
- Eine Union des Typs *anonymous* besitzt keinen Namen (*tag*).

SPEICHERUNG VON UNIONS UNTER C++

Das folgende Statement definiert eine Union mit dem Namen *distance*, die zwei Attribute enthält:

```
Union distance {
  int miles;
  long meters;
} ;
```

Eine Union-Definition bewirkt, genau wie bei Strukturen, keine Speicherplatz-Zuordnung. Statt dessen stellt die Definition eine Liste zur Verfügung, in welcher das Programm dann später eine Union-Variable deklarieren kann. Dafür sind zwei Formate zulässig:

```
Union distance {
  int miles;
  long meters;
} japan, germany, france ;
```

oder

```
Union distance {
  int miles;
  long meters;
  };

distance japan, germany, france ;
```

Die Union mit dem Namen *distance* enthält zwei Attribute, *miles* und *meters*. Die Deklarationen erzeugen Variablen, mit denen die Entfernungen zu den angegebenen Ländern gespeichert werden können. Wie bei einer Struktur kann das Programm jedem Attribut einen Wert zuweisen. Im Gegensatz zu einer Struktur kann das Programm einem Attribut nur einen Wert auf einmal zuweisen: Weist das Programm einem Union-Attribut einen Wert zu, so wird der zuvor zugewiesene Wert überschrieben – ganz gleich, ob er dem selben, oder einem anderen Attribut zugeordnet war.

Bei der Deklaration einer Union reserviert der Compiler gerade so viel Speicherplatz, daß der höchste Wert der angegebenen Variablen darin untergebracht werden kann. Bei einer sogenannten Distance-Union wird Speicherplatz für eine Variable des Typs *long* reserviert (4 Bytes).

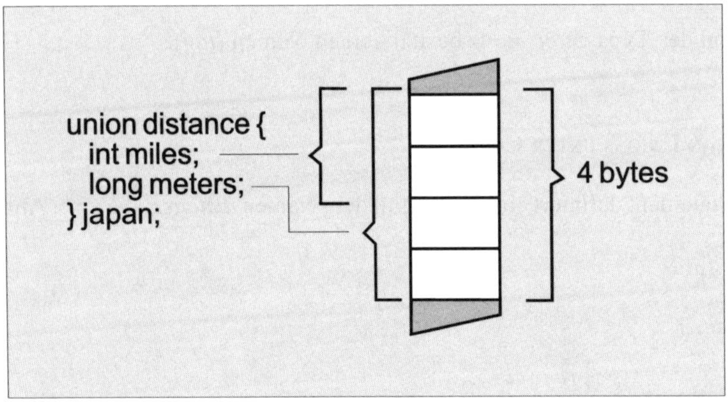

Bild 21.1: *C++ weist bei der Deklaration einer Union gerade so viel Speicherplatz zu, daß der höchste Wert der angegebenen Variablen darin untergebracht werden kann.*

Angenommen, Ihr Programm weist dem Attribut *miles* einen Wert zu:

```
japan.miles = 12123;
```

Wird später dem Attribut *meters* ein Wert zugewiesen, so wird der Wert für das Attribut *miles* überschrieben.

Das folgende Programm, *UseUnion.CPP*, zeigt die Anwendung der Distance-Union. Das Programm weist zuerst dem Attribut *miles* einen Wert zu und zeigt ihn an. Danach wird dem Attribut *meters* ein Wert durch das Programm zugewiesen. In diesem Moment wird der Wert des Attributs *miles* überschrieben:

```
#include <iostream.h>
void main(void)
 {
   union distance {
     int miles;
     long meters;
   } walk;

   walk.miles = 5;

   cout << "A distance walked in miles is " << walk.miles << endl;

   walk.meters = 10000;

   cout << "A distance walked in meters is " << walk.meters << endl;
 }
```

Das Programm greift, genau wie bei Strukturen, mit der Punkt-Schreibweise auf die Attribute der Union zu.

Unions: Zur gleichen Zeit nur einen Wert

Bei einer Union handelt es sich um eine Datenstruktur, die es ermöglicht, zusammenhängende Informationen in einer Variablen zu speichern, die ähnlich wie eine *Struktur* aufgebaut ist. Im Gegensatz zu dieser können Unions jedoch nur einen Attribut-Wert zur gleichen Zeit speichern. Weist man einem Union-Attribut einen neuen Wert zu, so überschreibt man den alten.

Durch eine Union wird eine Art von „Formular" vorgegeben, mit welchem das betreffende Programm später Variablen deklarieren kann.

Trifft der Compiler auf eine Union-Definition, so reserviert er genug Speicherplatz, um den Wert des größten Attributs der Union speichern zu können.

ANONYMOUS-UNIONS (*UNION OHNE NAMEN*)

Eine Anonymous-Union zeichnet sich dadurch aus, daß sie keinen Namen besitzt. In Programmen, die Unions verwenden, um Speicherplatz zu sparen oder einen Alias-Namen für einen Wert zu erzeugen, sind Anonymous-Unions recht nützlich.

Angenommen, ein Programm bearbeitet zwei Variablen, *miles* und *meters*. Das Programm soll weiterhin nur eine dieser Variablen zur gleichen Zeit benötigen. Mit der oben besprochenen Distance-Union müßte das Programm die Attribute *name.miles* und *name.meters* verwenden.

Als Alternative erzeugt das folgende Statement eine Anonymous-Union:

```
union {
  int miles;
  long meters;
};
```

Die Deklaration verwendet keinen Unionnamen und deklariert keine Variable des Typs *Union*. Das Programm wiederum kann auf die Attribute *miles* und *meters* zugreifen, ohne die Punkt-Notation zu verwenden.

Das folgende Programm, *Anonym.CPP*, erzeugt eine Anonymous-Union mit den Attributen *miles* und *meters*. Das Programm behandelt diese Variablen genau wie gewöhnliche Variablen.

Der Unterschied zwischen dem Attribut und einer normalen Variable liegt jedoch darin, daß der Wert des jeweils nicht verwendeten Attributes überschrieben wird:

```
#include <iostream.h>
void main(void)
 {
   union {
     int miles;
     long meters;
   };
   miles = 10000;
   cout << "The value of miles is " << miles << endl;
   meters = 150000L;
   cout << "The value of meters is " << meters <<endl;
 }
```

Mit einer Anonymous-Union kann ein Programm auf einfache Weise Speicherplatz sparen – ganz ohne die umständliche Verwendung des Unionnamens und der Punkt-Notation.

Anonymous Unions sparen Speicherplatz

Eine Anonymous-Union besitzt keinen Namen. Mit einer Union dieses Typs kann Speicherplatz gespart werden, ohne dabei die umständliche Punkt-Notation anzuwenden. Das folgende Statement definiert eine Anonymous-Union, mit der sich zwei Character Strings speichern lassen:

```
Union {
  Char short_name[13];
  Char long_name[255];
};
```

ZUSAMMENFASSUNG

In dieser Lektion haben Sie gelernt, wie man Unions innerhalb eines Programms erzeugt und anwendet. Das Format einer Union ist mit demjenigen einer Struktur eng verwandt. Der Unterschied zwischen beiden Verfahren offenbart sich in der Speicherung von Werten. Bevor Sie mit der nächsten Lektion fortfahren, sollten Sie anhand der folgenden Punkte noch einmal überprüfen, ob Sie die Inhalte dieser Lektion verstanden und behalten haben:

- ✓ Bei der Deklaration einer Union reserviert der Compiler den Speicherplatz, der für das größte Attribut der Union erforderlich ist.
- ✓ Eine Union-Definition bewirkt keine Zuordnung von Speicherplatz. Es handelt sich hier vielmehr um eine Art „Tabelle" oder „Liste", in welcher das Programm später Variablen deklarieren kann.
- ✓ Programme greifen mit Hilfe der Punkt-Notation (Schreibweise) auf Union-Attribute zu. Weist ein Programm einem Union-Attribut einen Wert zu, so überschreibt es dabei der Wert, der zuvor einem anderen Attribut zugewiesen wurde. Mit anderen Worten: Eine Union kann zur gleichen Zeit nur einen Attribut-Wert speichern.
- ✓ Bei einer Anonymous-Union handelt es sich um eine Union, die keinen Namen besitzt. Bei der Deklaration solch einer Union kann das Programm die betreffenden Attribute so wie jede beliebige Variable behandeln – ganz ohne die umständliche Anwendung der Punkt-Notation.

LEKTION 22

POINTER

Programme beherbergen die Werte von Variablen im Speicher des Computers. Bei einem Pointer handelt es sich um nichts anderes als um eine Speicher-Adresse: Ein Pointer „zeigt" sozusagen auf einen bestimmten Speicherplatz (daher der Name „Pointer" = Zeiger).

Aus Lektion 11 (Parameterwerte ändern) wissen Sie, daß ein Programm beim Ändern von Parametern innerhalb einer Funktion die Parameter-Adresse (Pointer) an die Funktion übergeben muß. Die Funktion wiederum verwendet eine Pointer-Variable, um auf die betreffende Speicher-Adresse zuzugreifen. Ähnliches gilt auch für Character Strings und Arrays zur Manipulation der Array-Elemente. Da die Verwendung von Pointern sehr gebräuchlich ist, ist das genaue Verständnis ihrer Anwendung von extremer Wichtigkeit für den Programmierer. Aus diesem Grunde beschäftigt sich diese Lektion noch einmal etwas ausführlicher mit Pointern. Dabei werden folgende Zusammenhänge einer näheren Betrachtung unterzogen:

- Zur Vereinfachung des Programmcodes behandeln viele Programme Character Strings wie Pointer und verändern die Inhalte von Strings mittels Pointer-Operationen.
- Bei der Incrementierung von Pointer-Variablen (Variablen, die Adressen speichern) werden automatisch auch die betreffenden Adressen um den richtigen Betrag erhöht. Der Pointer zeigt auf den nächsten, seinem Typ entsprechenden Wert (1 Byte bei *char*, zwei Bytes bei *int* und so weiter).
- Pointer können auf Integer- und auf Fließkomma-Arrays angewendet werden.

POINTER UND CHARACTER STRINGS

Wird von einem Programm ein Array (zum Beispiel ein Character String) an eine Funktion übergeben, so enthält der dazu notwendige Parameter das erste Element des betreffenden Arrays. Zur Deklaration eines zu einem Character String gehörenden Pointers wird vor den Namen der Variablen ganz einfach ein Stern gesetzt:

```
void some_function(char *string);
```

Dieser Stern besagt, daß die Variable eine Speicher-Adresse enthält – einen Pointer. Das folgende Programm, *Ptr_Str.CPP*, verwendet innerhalb der Funktion *show_string* einen Pointer zur Ausgabe des Strings auf dem Bildschirm:

```
#include <iostream.h>
void show_string(char *string)
  {
    while (*string != '\0')
      {
        cout << *string;
        string++;
      }
  }

void main(void)
  {
    show_string("Rescued By C++!");
  }
```

Betrachten wir doch die *while*-Schleife innerhalb der Funktion *show_string* etwas näher! Die Bedingung *while (*string != '\0 ')* überprüft, ob der aktuelle Buchstabe, auf den der String zeigt, ungleich NULL ist. NULL bedeutet, wie Sie wissen, das Ende des Strings. Wenn das Zeichen nicht NULL ist, wird das aktuelle Zeichen mit *cout* dargestellt. Anschließend erhöht das Statement *string++;* den String-Pointer, so daß dieser auf das nächste Zeichen des Strings zeigt. Zeigt der String-Pointer auf das NULL-Zeichen, ist der String vollständig ausgelesen und die Schleife wird beendet.

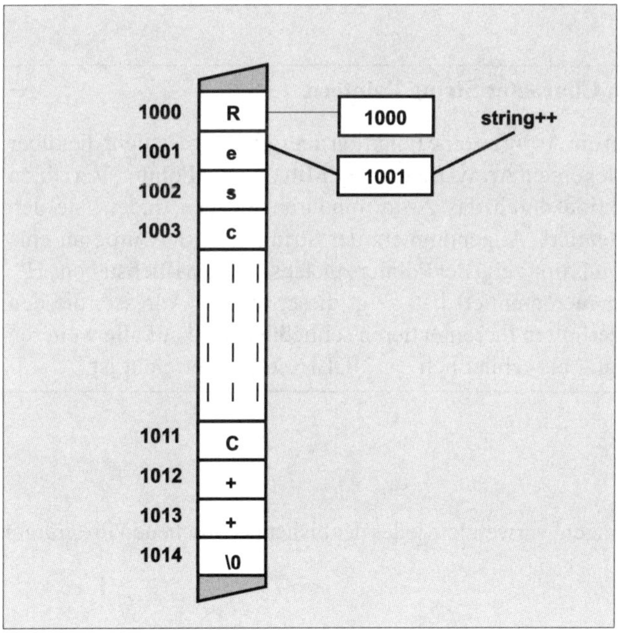

Angenommen, der an die Funktion übergebene String sei an der Adresse mit der Nummer 1000 im Hauptspeicher des Computers abgelegt. Nach jeder Incrementierung des String-Pointers zeigt dieser auf die nächst folgende Adresse: 1001, 1002, 1003 und so weiter. In jeder dieser folgenden Adressen ist ein weiterer Buchstabe des Strings untergebracht (Bild 22.1).

Bild 22.1: *Das „Abtasten" eines Character-Strings mit Hilfe des Pointers.*

EIN ZWEITES BEISPIEL

Mittels Pointern sind Funktionen in der Lage, einen String sozusagen bis zum Ende zu „durchqueren“. Das folgende Programm, *Ptr_Len.CPP*, verwendet einen String-Pointer innerhalb der Funktion *string_length,* um die Anzahl der Zeichen eines Strings zu bestimmen:

```
#include <iostream.h>
int string_length(char *string)
  {
    int length = 0;
    while (*string != '\0')
      {
        length++;
        string++;
      }
    return(length);
  }
void main(void)
  {
    char title[] = "Rescued By C++";
    cout << title << " contains " << string_length(title) << " characters";
  }
```

Auch hier wird der String mittels einer Schleife so lange „abgefragt“, bis ein NULL-Zeichen gefunden wird.

Incrementieren von Character String Pointern

Wenn eine Programm ein Array an eine Funktion übergibt, so geschieht dies über die Speicheradresse des ersten Array-Elementes. Mittels einer Pointer-Variablen kann sich eine Funktion durch das Array hindurchbewegen, indem sie den Pointer-Wert incrementiert. Angenommen, der String „Hello“ würde an eine Funktion übergeben. Innerhalb der Funktion zeigt der Pointer zunächst auf den Buchstaben „H“. Nachdem die Funktion den Pointer incrementiert hat, zeigt dieser auf die Adresse, die den Buchstaben „e“ enthält. Beim wiederholten Incrementieren schließlich wird auf alle weiteren Buchstaben, also „l“ bis „o“ gezeigt – bis schließlich das NULL-Zeichen erreicht ist.

STATEMENTS TRIMMEN

Um nach dem Ende eines Strings zu fragen, verwendete jedes der bisher besprochenen Programme den folgenden Ausdruck:

```
while (*string != '\0')
```

Sie wissen, daß das NULL-Zeichen ('\0') dem ASCII-Wert 0 entspricht. Weil C++ den Wert 0 auch für die Aussage „falsch" benutzt, kann die obige Zeile daher auch wie folgt geschrieben werden:

```
while (*string)
```

So lange das Zeichen, auf welches der Pointer zeigt, nicht 0 (NULL) ist, gilt die Bedingung als wahr, und die Schleife wird weiter ausgeführt.

In Lektion 6 (Einfache Operationen) haben wir gesehen, wie der C++ Postfix-Increment-Operator bewirkt, daß eine Variable vor der Incrementierung angewendet wird. Viele Programme verwenden den Postfix-Operator dazu, auf Arrays mittels Pointern innerhalb einer Schleife zuzugreifen. Mit dem Postfix-Operator sind diese beiden while-Schleifen zum Beispiel identisch:

```
while (*string)
  {
    cout << *string;
    string++;
  }
```

UND:

```
while (*string)
  cout << *string++;
```

Das Statement *cout << *string++;* weist C++ an das Zeichen darzustellen, auf das *string* zeigt, und danach *string* zu incrementieren, damit der Pointer auf das nächste Zeichen zeigt.

Das folgende Programm, *SmartPtr.CPP*, benutzt diese Technik anhand der Funktionen *show_string* und *string_length*:

```
#include <iostream.h>
void show_string(char *string)
  {
    while (*string)
    cout << *string++;
  }

int string_length(char *string)
  {
    int length = 0;

    while (*string++)
      length++;

    return(length);
  }
```

Fortsetzung nächste Seite

```
void main(void)
  {
    char title[] = "Rescued By C++";

    show_string(title);
    cout << " contains " <<
      string_length(title) << " characters";
}
```

C++ Funktionen, die Strings mit Hilfe von Pointern verändern, verwenden sehr häufig die in diesem Programm gezeigte Kurzschreibweise.

„Abtasten" von Character-Strings

Der Begriff „Abtasten" bedeutet in diesem Zusammenhang soviel wie: „gezielt auf jedes einzelne Zeichen eines Strings zugreifen" und gehört zu den häufigsten Aufgaben, die von Pointern innerhalb eines C++ Programms bewältigt werden müssen.

```
while (*string)
  {
    // statements
    string++;  // zeige auf das nächste Zeichen
  }
```

Die folgende Funktion zum Beispiel, *string_uppercase*, verwendet Pointer, die die Buchstaben eines Strings in Großbuchstaben verwandeln

```
char *string_uppercase(char string)
  {
    char *starting_address = string; // adresse von string[0];
    while (*string)
      {
        if ((*string >= 'a') && (*string <= 'z'))
          *string = *string - 'a' + 'A';
        string++;
      }
    return (starting_address);
  }
```

Die Funktion *string_uppercase* speichert die Start-Adresse des Strings und gibt sie zurück. Das Programm verwendet sie auf die folgende Art weiter:

```
Cout << string_uppercase("Hello, world!") << endl;
```

Durch die Rückgabe der String Start-Adresse kann das Programm die Return-Adresse der Funktion dazu verwenden, auf den String zuzugreifen. In diesem Beispiel verwendet das Programm die Adresse des Strings, um mit *cout* den String-Inhalt darzustellen.

WEITERE ANWENDUNG VON POINTERN

Pointer lassen sich nicht nur auf Character Strings, sondern auch auf alle anderen Array-Typen anwenden. Das folgende Programm zum Beispiel, *PtrFloat.CPP*, verwendet einen Pointer in Verbindung mit einem Array des Typs *float*, um Fließkomma-Werte darzustellen:

```
#include <iostream.h>
void show_float(float *array,
  int number_of_elements)
  {
    int i;

    for (i = 0; i < number_of_elements; i++)
      cout << *array++ << endl;
  }

void main(void)
  {
    float values[5] = {1.1, 2.2, 3.3, 4.4, 5.5};

    show_float(values, 5);
  }
```

Innerhalb der Funktion *show_float* verwendet die *for*-Schleife den Wert, auf den der Array-Pointer zeigt und incrementiert ihn, damit er anschließend auf den nächsten Wert zeigt. Da nur die Arrays vom Typ *char* ein NULL-Zeichen verwenden, muß bei der Parameter-Übergabe die Anzahl der Elemente des Float-Arrays angegeben werden.

EIN WENIG POINTER-MATHEMATIK

Pointer können innerhalb von Programmen für alle Array-Typen eingesetzt werden. Im vorhergehenden Programm zum Beispiel wurde ein Pointer zum Zugriff auf ein *float*-Array incrementiert. Pointer „zeigen" auf einen Speicherbereich, der einen Wert eines bestimmten Datentyps enthält. Wenn eine Funktion ein Array mittels eines incrementierten Pointers „abfragt", muß das Programm den Umfang der gespeicherten Werte (in Bytes) kennen.

Bei Werten des Typs *character* genügt eine Incrementierung des Pointers um den Betrag 1, um zum nächsten Wert im Speicher zu gelangen. Bei Integer-Variablen muß der Pointer bereits um den

Wert 2 incrementiert werden, damit er auf die Speicher-Adresse zeigt, die den folgenden Wert enthält. Bei *float*-Variablen sind es schon 4 Bytes, die übersprungen werden müssen.

Beim Programmieren braucht man sich darüber zum Glück keine Gedanken zu machen. Das geschieht bei der Anwendung des Increment-Operators in Verbindung mit dem betreffenden Pointer automatisch im Hintergrund.

ZUSAMMENFASSUNG

C++ Programme machen einen regen Gebrauch von Pointern; vor allem, wenn es darum geht, Character Strings zu manipulieren. Das ist der Grund, warum Pointer in dieser Lektion noch einmal sehr ausführlich unter die Lupe genommen wurden.

Bevor Sie mit der nächsten Lektion fortfahren, sollten Sie anhand der folgenden Punkte überprüfen, ob Sie den Inhalt dieser Lektion verstanden und behalten haben:

- ✓ Pointer enthalten Speicher-Adressen. Wird ein Array an eine Funktion übergeben, so wird die Adresse des ersten Elementes übergeben.
- ✓ Beim Incrementieren eines Pointer-Wertes kann auf den nächst folgenden Wert in einem Array zugegriffen werden.
- ✓ Funktionen zur Stringmanipulation verwenden Pointer normalerweise zum Durchlaufen des betreffenden String-Arrays von seinem Anfang bis zum Erreichen des NULL-Zeichens.
- ✓ Bei der Übergabe von Arrays an Funktionen, die nicht vom Typ *char* sind, muß beim Umgang mit Pointern die Zahl der Elemente oder der Wert des letzten Array-Elementes innerhalb der Funktion bekannt sein.
- ✓ Beim Incrementieren von Pointern, die auf Arrays zeigen, wird die Schrittweite automatisch der Variablengröße angepaßt (2 bei Integer-Variablen, 4 bei Float-Variablen).

Abschnitt 4

C++ KLASSEN

Objekt-orientierte Programmierung konzentriert sich auf Objekte (Dinge), die Teile eines Systems sind: Zum Beispiel ein Datei-Objekt, ein „Angestellten"-Objekt und so weiter. Jedes Objekt speichert zusammenhängende Daten, wie zum Beispiel Dateinamen, Angestelltennamen oder Angestellten-Kennziffern.

Objekte sind verwandt mit den bereits besprochenen Strukturen. Im Gegensatz dazu sind sie jedoch in der Lage, eine Reihe von Operationen zu speichern, die mit den Daten des Objektes ausgeführt werden. Auf ein *Datei-Objekt* angewendet könnte dies zum Beispiel bedeuten: Drucken, Löschen oder Kopieren einer Datei.

C++ verwendet eine Klasse zum Speichern der Daten eines Objektes und der Funktionen, die auf diese Daten angewendet werden.

Dieses Kapitel behandelt das Thema „C++ Klassen" auf ausführliche Weise in folgenden Lektionen:

LEKTION 23

C++ KLASSEN

Eine Klasse stellt das wichtigste Element der objekt-orientierten Programmierung von C++ dar. Sie gleicht insofern einer Struktur, als in ihr Attribute zusammengefaßt werden, die den Daten eines Objektes entsprechen – und Funktionen (genannt „Methoden“), die mit diesen Daten operieren.

Ein Objekt ist im Grunde genommen ein „Ding“ wie ein Telefon, eine Datei oder ein Buch. Eine C++ Klasse definiert die Attribute (Charakteristika) eines Objekts. Im Falle des „Telefon-Objektes“ beschreibt die Klasse die Attribute der Daten, wie zum Beispiel die Telefonnummer und den Gerätetyp sowie die mit einem Telefon ausführbaren Aktionen: Wählen, Antworten und Auflegen. Durch das Zusammenfassen der Objekt-Daten und des Objekt-Codes in einer Variablen wird das Erstellen und Wiederverwenden eines Programms vereinfacht (Nutzung des Codes in einem anderen Programm). Diese Lektion stellt Ihnen die C++ Klassen vor. Hier eine kurze Zusammenfassung, worum es dabei im einzelnen geht:

- ❒ Zur Definition einer Klasse müssen in einem Programm der Klassenname, die Daten-Attribute der Klasse und die Klassenfunktionen (Methoden) angegeben werden.
- ❒ Eine Klassendefinition stellt eine Art „Liste“ zur Verfügung, die von einem Programm genutzt wird, um Objekte des Klassentyps zu erzeugen.
- ❒ Ein Programm weist den Klassen-Daten Attribut-Werte zu, indem es den Punkt-Operator benutzt.
- ❒ Programme rufen Klassen-Attribut-Funktionen mittels des Punkt-Operators auf.

OBJEKTE UND OBJEKT-ORIENTIERTE PROGRAMMIERUNG

Ein Objekt ist, im einfachsten Sinne, ein Ding. Beim Schreiben eines Programms werden Informationen über Dinge aus unserer realen Welt normalerweise in Form von Variablen gespeichert: Angestellte, Bücher, Dateien.

Bei einem objekt-orientierten Programm liegt der Schwerpunkt dagegen auf den Elementen, die ein System ausmachen – und auf den Operationen, die auf diese Elemente angewendet werden müssen.

Am Beispiel eines Datei-Objektes bedeutet dies, daß es Operationen zum Drucken, Darstellen, Löschen oder Ändern einer Datei gibt.

In C++ wird eine Klasse zur Definition von Objekten verwendet. Bei der Definition einer Klasse geht es darum, möglichst viele Informationen über ein Objekt innerhalb einer Klasse einzubringen. Eine für ein bestimmtes Programm erstellte Klasse kann daher auch in anderen Programmen verwendet werden.

Eine C++ Klasse bewirkt, daß in einem Programm Daten und Funktionen, die mit diesen Daten arbeiten, zusammengefaßt werden. In vielen Veröffentlichungen werden Klassenfunktionen auch als „Methoden" (Methods) bezeichnet. So wie eine Struktur muß auch eine Klasse einen eindeutigen Namen besitzen, gefolgt von einem oder mehreren Attributen, die in geschweiften Klammern stehen:

```
class class_name {
  int data_attribute;          // Daten Attribute
  void show_attribute(int);    // Funktions Attribute
};
```

Nach der Definition einer Klasse können Variablen des Klassentyps (Objekte) deklariert werden:

```
class_name object_one, object_two, object_three;
```

Die folgende Definition erzeugt eine Klasse mit Namen *employee*, die Daten-Variablen und Methoden-Definitionen enthält:

```
class employee {
  public:
    char name[64];
    long employee_id;
    float salary;
    void show_employee(void)
      {
        cout << "Name: " << name << endl;
        cout << "Id: " << employee_id << endl;
        cout << "Salary: " << salary << endl;
      };
};
```

In diesem Beispiel enthält die Klasse *employee* ein Variablen-Attribut und drei Funktions-Attribute. Beachten Sie die Anwendung des Labels *public* innerhalb der Klassendefinition. In Lektion 24 werden Sie sehen, daß die Attribute einer Klasse *private* oder *public* sein können. Diese Unterscheidung hat etwas mit dem Zugriff von Programmen auf die entsprechenden Attribute zu tun. In diesem Beispiel gehören alle Attribute dem Typ *public* an. Das bedeutet: Das Programm kann auf alle Attribute mit Hilfe des Punkt-Operators zugreifen.

Nachdem die Klasse in einem Programm definiert wurde, können die Objekte des Klassentyps (Variablen) deklariert werden:

```
employee worker, boss, secretary;
```

Beim Ausdruck *employee* handelt es sich um den Klassennamen, der von den drei Klassen-Variablen (Objekten*) worker, boss* und *secretary* gefolgt wird.

Das folgende Programm, *EmpClass.CPP*, erzeugt zwei Objekte des Typs *employee*. Mittels des Punkt-Operators weist das Programm den Daten-Attributen Werte zu. Das Programm verwendet anschließend das Attribut *show_employee*, um die Informationen über die Angestellten anzuzeigen.

```
#include <iostream.h>
#include <string.h>

class employee {
 public:
   char name[64];
   long employee_id;
   float salary;
   void show_employee(void)
     {
       cout << "Name: " << name << endl;
       cout << "Id: " << employee_id << endl;
       cout << "Salary: " << salary << endl;
     };
};

void main(void)
 {
   employee worker, boss;

   strcpy(worker.name, "John Doe");
   worker.employee_id = 12345;
   worker.salary = 25000;

   strcpy(boss.name, "Happy Jamsa");
   boss.employee_id = 101;
   boss.salary = 101101.00;

   worker.show_employee();
   boss.show_employee();
 }
```

Das Programm deklariert zwei Objekte des Typs employee, *worker* und *boss*, und verwendet anschließend den Punkt-Operator, um den Attributen Werte zuzuweisen und um die Funktion *show_employee* aufzurufen.

> **Objekte**
>
> Bei den meisten C++ Programmen geht es um Dinge aus dem täglichen Leben – um Objekte. Ein Objekt ist im einfachsten Falle ein Ding: ein Auto, ein Haus, eine Uhr und so weiter. Normalerweise verfügt ein Objekt über verschiedene Attribute. Das Programm führt mit diesen Attributen bestimmte Operationen aus. Am Beispiel der Uhr könnte dies bedeuten, daß die Attribute die aktuelle Zeit und die eingestellte Weckzeit zum Inhalt haben. Bei den vom Programm ausgeführten Operationen könnte es sich um das Einstellen dieser beiden Zeiten und das Aktivieren oder Deaktivieren des Wecksignals handeln.
>
> Kurz und gut: Beim Erstellen objekt-orientierter Programme geht es hauptsächlich um Objekte und um Operationen, die in Bezug auf diese Objekte ausgeführt werden.

DEKLARATION VON KLASSEN-METHODEN AUSSERHALB DER KLASSE

In der obigen Klasse *employee* wurde die Funktion innerhalb der Klasse definiert (Inline Funktion). Bei längeren Funktionen könnte diese Methode zu Problemen führen. Als Alternative kann innerhalb der Klasse ein Funktionsprototyp eingesetzt – und die Funktion außerhalb der Klasse definiert werden:

```
class employee {
 public:
   char name[64];
   long employee_id;
   float salary;
   void show_employee(void);   // Funktionsprototyp
};
```

Weil verschiedene Klassen Funktionen des gleichen Namens verwenden, müssen die außerhalb der Klasse definierten Funktionen mit dem Klassennamen und dem Global Resolution Operator (::) versehen werden. Die Funktionsdefinition sieht dann wie folgt aus:

```
void emplyee::show_employee(void) // Klassen-Name :: Attribut-Name
 {
   cout << "Name:  " << name << endl;
   cout << "Id:  " << employee_id << endl;
   cout << "Salary:  " << salary << endl;
 }
```

Der Funktion geht der Klassenname (employee) voraus. Danach folgt der Global Resolution-Operartor (::).

Im folgenden Programm, *ClassFun.CPP*, befindet sich die Definition der Funktion *show_employee* außerhalb der Klasse. Mit dem Global Resolution Operator wird der Klassen-Name angegeben:

```
#include <iostream.h>
#include <string.h>

class employee {
 public:
   char name[64];
   long employee_id;
   float salary;
   void show_employee(void);
};

void employee::show_employee(void)
 {
   cout << "Name: " << name << endl;
   cout << "Id: " << employee_id << endl;
   cout << "Salary: " << salary << endl;
 };

void main(void)
 {
   employee worker, boss;

   strcpy(worker.name, "John Doe");
   worker.employee_id = 12345;
   worker.salary = 25000;

   strcpy(boss.name, "Happy Jamsa");
   boss.employee_id = 101;
   boss.salary = 101101.00;

   worker.show_employee();
   boss.show_employee();
 }
```

Klassen-Methoden

C++ Klassen fassen die Daten eines Objektes und die Funktionen (Methoden), die auf diese Daten einwirken, in einer Variablen zusammen. Bei der Definition der Methoden eines Objektes gibt es zwei Möglichkeiten:

1. Der Funktionscode wird innerhalb der Definition der Klasse eingefügt.

2. Der Funktionscode wird außerhalb der Definition der Klasse eingefügt.

Gerade bei umfangreicheren Funktionen ist die zweite Methode aus Gründen der besseren Übersicht empfehlenswert. Dabei muß innerhalb der Klassendefinition ein Funktionsprototyp eingefügt werden, der den Funktionsnamen, den Return-Typ und die Parametertypen bezeichnet.

```
return_type class_name::function_name (parameters)
 {
    // Statements
 }
```

EIN ZWEITES BEISPIEL

Im folgenden Programm, *Pedigree.CPP*, wird eine Klasse mit dem Namen *dog* (Hund) erzeugt, die verschiedene Datenfelder und die Funktion *show_breed* (zeige Zucht) enthält. Das Programm definiert die Klassenfunktion außerhalb der Klassendefinition. Danach erzeugt das Programm drei Objekte *dog* und zeigt die Informationen über jeden Hund (*dog*) an:

```
#include <iostream.h>
#include <string.h>

class dogs {
 public:
   char breed[64];
   int average_weight;
   int average_height;
   void show_breed(void);
 };

void dogs::show_breed(void)
 {
```

```
    cout << "Breed: " << breed << endl;
    cout << "Average Weight: " << average_weight << endl;
    cout << "Average Height: " << average_height << endl;
  }

void main(void)
  {
    dogs happy, matt;

    strcpy(happy.breed, "Dalmatian");
    happy.average_weight = 58;
    happy.average_height = 24;

    strcpy(matt.breed, "Shetland Sheepdog");
    matt.average_weight = 22;
    matt.average_height = 15;

    happy.show_breed();
    matt.show_breed();
  }
```

ZUSAMMENFASSUNG

Klassen werden in C++ Programmen sehr häufig verwendet. Sie stellen die Grundlage des objektorientierten Programmierens dar und speichern in einer einzigen Variablen nicht nur die Daten eines Objektes, sondern auch die Funktionen, die auf diese Daten einwirken. Klassen ähneln in gewisser Weise den bereits besprochenen Strukturen. In den folgenden Lektionen werden die vielseitigen Möglichkeiten von Klassen in ausführlicher Weise beschrieben.

Bevor Sie mit der nächsten Lektion fortfahren, sollten Sie anhand der folgenden Punkte noch einmal überprüfen, ob Sie die Inhalte dieser Lektion verstanden und behalten haben:

- ✓ Im einfachsten Sinne handelt es sich bei einem Objekt um ein „Ding", mit welchem ein Programm unterschiedliche Operationen durchführt.
- ✓ Objekte werden in einem Programm durch die Verwendung sogenannter Klassen repräsentiert.
- ✓ So wie eine Struktur enthält auch eine Klasse verschiedene Attribute. Die Attribute einer Klasse können Informationen (Daten) speichern. Es kann sich dabei jedoch auch um Funktionen (Methoden) handeln, die diese Daten manipulieren.

- ✓ Jede Klasse besitzt einen eindeutigen Namen.
- ✓ Nach der Definition einer Klasse können Objekte dieser Klasse deklariert werden. Das geschieht, indem man den Klassennamen als Typ verwendet.
- ✓ Um auf die Attribute einer Klasse zuzugreifen (Daten oder Funktionen), wird der Punkt-Operator verwendet.
- ✓ Eine Klassenfunktion kann innerhalb oder außerhalb der Klassendefinition definiert werden. Bei einer externen Definition muß der Klassenname angegeben, und der Global Resolution Operator angewendet werden – zum Beispiel *class::function*.

LEKTION 24

PUBLIC UND PRIVATE

In der vorhergehenden Lektion haben Sie bereits das Label *public* innerhalb einer Klassendefinition verwendet, damit das Programm auf jedes Attribut der Klasse zugreifen kann. In dieser Lektion lernen Sie, wie durch *public* und *private*-Attribute eine Klasse festgelegt werden und auf welche Attribute einer Klasse das Programm mittels des Punkt-Operators direkt zugreifen kann.

Ein Programm kann von jeder Funktion aus direkt auf *public*-Attribute zugreifen. Auf *private* Attribute dagegen hat das Programm nur mittels Klassenfunktionen Einfluß.

Auf diese Weise kann mittels *private*-Attributen einer Klasse festgelegt werden, wie ein Programm seine Daten-Attribute durch Objekte steuert. Diese Lektion unterzieht die *public*- und *private*-Attribute einer ausführlichen Betrachtung. Dabei werden die folgenden Haupt-Themen behandelt:

- Um zu bestimmen, wie Programme auf die Attribute von Klassen zugreifen, können Attribute unter C++ als *public* oder *private* deklariert werden.
- *Private* Attribute enthalten Informationen, auf die das Programm keinen direkten Zugriff hat.
- Klassen, die *private* Attribute verwenden, stellen sogenannte Interface-Funktionen zur Verfügung, die auf *private* Attribute zugreifen.

Bei der Definition einer Klasse sollten so viele Informationen wie möglich über ein Objekt angegeben werden. Dadurch werden die Objekte selbständiger und verbessern ihre Verwendungsmöglichkeit für andere Programme.

VERSTECKTE INFORMATIONEN

Eine Klasse enthält, wie Sie bereits wissen, Daten und Methoden (Funktionen). Um eine Klasse zu verwenden, muß das Programm die in der Klasse gespeicherten Informationen (die Daten-Attribute) – und die Funktionen zur Manipulation der Daten (Methoden) kennen. Das Programm braucht nicht zu wissen, wie diese Funktionen arbeiten. Betrachten wir dazu als Beispiel eine Klasse mit dem Namen *file*:

Im Idealfalle muß das Programm nur darüber informiert sein, daß die Klasse die Methoden *file.print* und *file.delete* zur Verfügung stellt. Diese Funktionen drucken eine formatierte Kopie der aktuellen Datei aus – beziehungsweise löschen die Datei. Das Programm muß nicht wissen, wie diese beiden Methoden arbeiten. Mit anderen Worten: Das Programm sollte die Klasse als eine Art „Black Box“ behandeln.

Das Programm „weiß", welche Methoden mit ihren zugehörigen Parametern aufgerufen werden müssen – aber es kennt nicht die Verarbeitung der Daten innerhalb der „Black Box" – das heißt: innerhalb der Klasse.

„Verstecken" von Informationen (*Information Hiding*) bedeutet in diesem Zusammenhang, daß dem Programm nur die minimale Klassen-Information zugänglich gemacht wird, die es gerade benötigt, um diese Klasse zu benutzen.

Die Klassen-Attribute *private* und *public* helfen dabei, versteckte Informationen zugänglich zu machen. Alle Klassen der Lektion 23 verwendeten das Label *public*, um alle Attribute einer Klasse für das ganze Programm „sichtbar" – oder ganz einfach „publik" zu machen. Aus diesem Grunde konnte das Programm auf jedes Attribut der Klasse mit dem Punkt-Operator zugreifen.

```
class employee {
 public:
   char name[64]
   long employee_id;
   float salary;
   void show_employee(void);
}
```

Einige Klassen besitzen Attribute, deren Werte von der Klasse intern bei der Datenverarbeitung verwendet werden – auf die das Programm jedoch selbst nicht zugreifen muß.

Bei solchen Attributen handelt es sich um solche des Typs *private*. Sie werden sozusagen vor dem Programm versteckt. Standardmäßig werden alle Klassen-Attribute als *private* deklariert, die nicht ausdrücklich mit dem Label *public* indiziert sind. Mit dem Punkt-Operator kann auf *private*-Attribute nicht zugegriffen werden: Dazu sind ausschließlich Klassen-Attribut-Funktionen in der Lage. Ein Beispiel:

```
Class some_class {
 Public:
   Int some_variable;                     // Public Attribute
   Void initialize_private(int, float);  // Public Attribute
   Void show_data(void);                  // Public Attribute
 Private:                                 // Private Attribute
   Int key_value;                         // Private Attribute
   Float key_number;                      // Private Attribute
}
```

Mit den beiden unterschiedlichen Labeln kann sehr leicht bestimmt werden, welche Attribute zum Typ *private*, und welche zum Typ *public* gehören sollen. Im folgenden Beispiel kann das Programm den Punkt-Operator verwenden, um auf die Attribute des Typs *public* zuzugreifen:

```
some_class object;              // Erzeuge ein Objekt
object.some_variable = 1001;
object.initialize_private(2002, 1.2345);
object.show_data()
```

Wenn das Programm versucht, mit dem Punkt-Operator auf die *private*-Attribute *key_value* oder *key_number* zuzugreifen, erzeugt der Compiler einen Syntax-Fehler.

Als allgemeine Regel gilt: Daten-Attribute einer Klasse sind normalerweise vom direkten Zugriff seitens des Programms dadurch geschützt, daß man sie zu *private*-Attributen macht.

Auf diese Weise können Programme den Attributen mit dem Punkt-Operator keine Werte auf direktem Wege zuweisen: Das Programm muß dazu eine Klassenfunktion (Methode) aufrufen. Weil Programme keinen direkten Zugriff auf die Daten-Attribute besitzen, ist sichergestellt, daß das Programm den Klassen-Daten-Attributen stets gültige Wert zuweist.

Angenommen, das Objekt *nuclear_reactor* (Kernreaktor) verwendet die Attribut-Variable mit dem Namen *melt_down* (Kernschmelze), die stets einen Wert zwischen 1 und 5 annehmen soll. Wenn das Attribut *melt_down public* ist, kann das Programm direkt auf den Attribut-Wert zugreifen und es beliebig ändern. Das folgende Statement zum Beispiel weist dem Attribut einen Wert von 101 zu, der außerhalb des vorgegebenen Bereiches fällt:

```
nuclear_reactor.melt_down = 101
```

Wenn diese Variable jedoch zum Typ *private* gemacht wird, kann zum Beispiel eine Klassen-Methode mit dem Namen *assign_meltdown* zum Zugriff auf den Attribut-Wert verwendet werden. Die Funktion *assign_meltdown* kann den Wert überprüfen, den das Programm zuweisen möchte, um zu testen, ob er auch gültig ist.

```
int nuke::assign_meltdown(int value)
 {
   if ((value >0) && (value <=5))
     {
       melt_down = value;
       return(0);  // Erfolgreiche Zuweisung
     }
   else
     return(-1);    // ungültiger Wert
 }
```

Klassen-Methoden, die den Zugriff auf Klassen-Daten Attribute kontrollieren und damit die Daten einer Klasse schützen, nennt man *Interface-Funktionen.*

Public und private Attribute: Unterschied

C++ Klassen enthalten Daten und Methoden. Um zu kontrollieren, auf welche Attribute ein Programm mit dem Punkt-Operator direkt zugreifen kann, bietet C++ die Möglichkeit der Definition von Attributen der Typen *public* und *private*. Programme können mit dem Punkt-Operator direkt auf jedes *public*-Attribut zugreifen. Auf *private*-Attribute ist ein Zugriff nur mit Klassen-Methoden möglich. Als Faustregel gilt, daß man die Daten-Attribute der einzelnen Klassen durch das Label *private* schützen sollte. Auf diese Weise kann das Programm einem Daten-Attribut nur noch mittels einer Klassenfunktion einen Wert zuweisen. Die Klassenfunktion kann zum Beispiel einen zugewiesenen Wert auf seine Gültigkeit überprüfen.

PUBLIC UND PRIVATE ATTRIBUTE: ANWENDUNG

Das folgende Programm, *InfoHide.CPP*, veranschaulicht die Anwendung von Attributen des Typs *public* und *private*. Das Programm definiert ein Objekt des Typs *employee*:

```
#include <iostream.h>
#include <string.h>

class employee {
 public:
   int assign_values(char *, long, float);
   void show_employee(void);
   int change_salary(float);
   long get_id(void);
 private:
   char name[64];
   long employee_id;
   float salary;
};

int employee::assign_values(char *emp_name,
 long emp_id, float emp_salary)
 {
   strcpy(name, emp_name);
   employee_id = emp_id;

   if (emp_salary < 50000.0)
     {
      salary = emp_salary;
      return(0);                // Successful
     }
   else
      return(-1);                // Invalid salary
 }
```

```
void employee::show_employee(void)
  {
    cout << "Employee: " << name << endl;
    cout << "Id: " << employee_id << endl;
    cout << "Salary: " << salary << endl;
  }

int employee::change_salary(float new_salary)
  {
    if (new_salary < 50000.0)
      {
        salary = new_salary;
        return(0);                    // Successful
      }
    else
      return(-1);                    // Invalid salary
  }

long employee::get_id(void)
  {
    return(employee_id);
  }

void main(void)
  {
    employee worker;

    if (worker.assign_values("Happy Jamsa", 101, 10101.0) == 0)
      {
        cout << "Employee values assigned" << endl;
        worker.show_employee();

        if (worker.change_salary(35000.00) == 0)
          {
            cout << "New salary assigned" << endl;
            worker.show_employee();
          }
      }
    else
      cout << "Invalid salary specified" << endl;
  }
```

Die Klasse schützt jedes ihrer Daten-Attribute dadurch, daß sie als *private* deklariert werden. Zum Zugriff auf ein Daten-Attribut muß das Programm eine der *public Interface Funktionen* verwenden.

Nehmen Sie sich Zeit, die einzelnen Statements dieses Programms einer näheren Betrachtung zu unterziehen, auch wenn der Code umfangreicher ist als derjenige aller bisherigen Beispiele. Die

Methode mit Namen *assign_values* initialisiert die *private* Daten der Klasse. Die Methode verwendet ein *if*-Statement, um sicherzustellen, daß es sich um einen gültigen Gehaltswert handelt. Die Methode *show_employee* zeigt die Daten-Attribute des Typs *private* an. Die Methoden *change_salary* und *get_id* sind Interface-Funktionen, die dem Programm den Zugriff auf Daten des Typs *private* ermöglichen. Nach einem ersten Start dieses Programms sollten Sie versuchen, eine Änderung im Code vorzunehmen: Versuchen Sie, von *main* aus mit dem Punkt-Operator direkt auf ein Attribut des Typs *private* zuzugreifen. Da dies nicht erlaubt ist, wird der Compiler eine Fehlermeldung ausgeben.

Interface-Funktionen

Zur Vermeidung möglicher Fehler sollten Sie den Zugriff Ihres Programms auf die Daten einer Klasse begrenzen, indem Sie die Daten-Attribute einer Klasse als *private* definieren. Statt dessen sollten in der Klasse Interface-Funktionen definiert werden, mit welchen das Programm den Attributen des Typs *private* Werte zuweisen kann. Diese Werte wiederum werden von den Interface-Funktionen überprüft.

DER GLOBAL RESOLUTION OPERATOR FÜR KLASSEN-ATTRIBUTE

Im Programm *InfoHide.CPP* werden Sie auf zahlreiche Stellen treffen, an welchen der Ausdruck *emp_* den Funktionsparametern vorangestellt ist:

```
int employee:assign_values(char *emp_name, long emp_id,
  float emp_salary)
```

Die Schreibeweise dient zur Vermeidung von Namenskonflikten zwischen Parameternamen und den Namen von Klassen-Attributen.

Namenskonflikte dieser Art können vermieden werden, indem man dem Namen des Klassen-Attributes den Klassennamen und den Global Resolution Operator voranstellt (::). Anhand der folgenden Funktion wird die Anwendung dieser Methode aufgezeigt. Auf diese Weise ist sofort erkennbar, welche Namen zur Klasse *employee* gehören, und welche Namen sich auf Parameter beziehen:

```
Int employee::assign_values(char *name,
 long employee_id, float salary)
 {
   strcpy(employee::name, name);
   employee::employee_id = employee_id;
   if (salary < 50000.0)
```

```
    {
      employee::salary = salary;
      return (0);           //Erfolgreich
      }
  else
    return(-1);             //ungültiges Gehalt
}
```

Anwendung des Global Resolution Operators

Beim Erstellen von Klassen-Attribut-Funktionen können Namenskonflikte zwischen der lokalen Variablen und einem Klassen-Attribut auftreten. Standardmäßig wird der Name des Klassen-Attributes von der lokalen Variablen überschrieben. Um dies zu vermeiden, kann die Funktion den Klassennamen in Verbindung mit dem Global Resolution Operator verwenden, um auf die Attribute der Klasse zuzugreifen:

```
class_name::attribut_name = some_value;
```

NICHT IMMER NUR DATEN: PRIVATE ATTRIBUTE

In den Beispielen dieser Lektion handelte es sich bei den Attributen des Typs *private* nicht immer um Daten. Bei größeren Klassendefinitionen kann es Funktionen geben, die von anderen Klassen-Methoden genutzt werden, auf welche der Rest des Programms nicht direkt zugreifen soll. In solchen Fällen deklariert man die Methode ganz einfach zum privaten Attribut. Gehört eine Klassenfunktion nicht dem Typ *public* an, so kann das Programm die Funktion nicht mit dem Punkt-Operator übergeben. Statt dessen sind nur andere Klassen-Attribute zur Übergabe der Attribut-Funktionen in der Lage.

ZUSAMMENFASSUNG

Durch die Kontrolle des Programm-Zugriffs auf Klassen-Attribute kann die Gefahr des Auftretens von Fehlern durch falschen Anwendung von Attributen reduziert werden. Zur Kontrolle des Zugriffs auf Klassen-Attribute können Attribute des Typs *private* verwendet werden. Die meisten der C++ Klassendefinitionen nutzen eine Kombination von *public*- und *private*-Attributen.

Zu den häufigsten Operationen bei der Erstellung eines Objektes gehört die Initialisierung der Objekt-Daten Attribute. Bevor Sie mit Lektion 25 fortfahren, sollten Sie anhand der folgenden Punkte noch einmal überprüfen, ob Sie die Inhalte dieser Lektion verstanden und behalten haben:

- ✓ Die Attribute einer Klasse können sowohl *public* als auch *private* sein.
- ✓ Wenn nicht anders angegeben, werden alle Attribute als *private* interpretiert.
- ✓ Programme verwenden sogenannte *Interface-Funktionen*, um auf Klassen-Attribute des Typs *private* zuzugreifen und um ihnen Werte zuzuweisen.
- ✓ Bei der Manipulation von Klassen-Attributen kann zur Vermeidung von Namenskonflikten jedem Attributnamen der Klassenname in Verbindung mit dem Global Resolution Operator vorangestellt werden, zum Beispiel: *employee::name*.

LEKTION 25

CONSTRUCTOREN UND DESTRUCTOREN

Zu den häufigsten Operationen bei der Erstellung von Objekten gehört zweifellos die Initialisierung der Objekt-Daten Attribute. Wir haben bereits gesehen, daß der einzige Weg zum Zugriff auf Daten-Attribute des Typs *private* in der Anwendung von Klassenfunktionen besteht. Um den Prozeß der Initialisierung von Klassen-Daten Attributen zu vereinfachen, kann innerhalb C++ eine besondere Constructor-Funktion definiert werden, die bei jeder Erstellung eines Objektes automatisch aufgerufen wird. Auf ähnliche Weise kann auch eine sogenannte Destructor-Funktion beim Verwerfen eines Objektes angewendet werden.

Diese Lektion beschäftigt sich eingehend mit Constructor- und Destructor-Funktionen. Am Ende dieser Lektion werden Sie alles über die im folgenden kurz umrissenen Grundlagen wissen:

- Bei Constructor-Funktionen handelt es sich um Klassen-Methoden, die das Initialisieren von Daten-Attributen einer Klasse erleichtern.
- Die Namen von Constructor-Funktionen stimmen bis auf das Schlüsselwort *void* mit dem Klassennamen überein.
- Constructor-Funktionen geben keinen Typ zurück.
- Bei jeder Erstellung einer Klassenvariablen ruft C++ die Klassen-Constructorfunktion auf, wenn diese existiert.
- Während der Laufzeit eines Programms sorgen viele Objekte für die Zuordnung von Speicherplatz zur Unterbringung von Informationen. Beim Löschen eines Objektes ruft C++ eine spezielle Destructor-Funktion auf, die den nicht mehr benötigten Speicherplatz wieder freigibt.
- Die Namen von Destructor-Funktionen stimmen bis auf das Schlüsselwort *void* mit dem Klassennamen überein. Ihrem Namen muß außerdem das Tilde-Zeichen (~ = Alt Gr + Taste mit Plus-Zeichen, bzw. Stern) vorangestellt sein.
- Destructor-Funktionen geben keinen Typ zurück.

Lassen Sie sich von den obigen Aussagen nicht verwirren, sondern stellen Sie sich Constructor- und Destructor-Funktionen ganz einfach als eine Art Hilfe zum Erzeugen und Löschen von Objekten vor. Diese Hilfe ist dann wichtig, wenn der von zu löschenden Objekten reservierte Speicherplatz wieder freigegeben werden soll.

EINE EINFACHE CONSTRUCTOR-FUNKTION

Bei einer Constructor-Funktion handelt es sich um eine Klassen-Methode, die den gleichen Namen besitzt wie die Klasse selbst. Verwenden Sie zum Beispiel eine Klasse mit den Namen *employee*, so lautet der Name der Constructor-Funktion ebenfalls *employee*. Wird eine Constructor-Funktion von einem Programm definiert, so wird diese bei der Erstellung eines Objektes vom entsprechenden Klassen-Typ von C++ automatisch aufgerufen. Das folgende Programm, *ConStruc.CPP*, erzeugt eine Klasse mit dem Namen *employee*. Außerdem definiert dieses Programm eine Constructor-Funktion mit dem gleichen Namen, die dem Objekt die Initialisierungswerte zuweist. Eine Constructor-Funktion kann zwar keine Werte zurückgeben, wird jedoch trotzdem nicht als *void* deklariert. Betrachten wir zunächst nur einen Ausschnitt aus dem vollständigen Programm:

```
class employee {
 public:
   employee(char *, long, float);
   void show_employee(void);
   int change_salary(float);
   long get_id(void);
 private:
   char name[64];
   long employee_id;
   float salary;
 };
```

An dieser Stelle wollen wir das Programm kurz unterbrechen:

Innerhalb des Programms definieren Sie die Constructor-Funktion genau so wie eine Klassen-Methode:

```
employee::employee(char *name, long employee_id, float salary)
 {
   strcpy(employee::name, name);
   employee::employee_id = employee_id;
   if (salary < 50000.0)
     employee::salary = salary;
   else
     // Invalid salary specified
     employee::salary = 0.0;
 }
```

Die Constructor-Funktion gibt keinen Return-Wert zurück und ist nicht vom Typ *void*. In diesem Beispiel verwendet die Funktion den Global Resolution Operator in Verbindung mit dem Klassen-Namen vor jedem Attribut. Doch nun das vollständige Programm *ConStruc.CPP*:

```
#include <iostream.h>
#include <string.h>

class employee {
 public:
   employee(char *, long, float);
   void show_employee(void);
   int change_salary(float);
   long get_id(void);
 private:
   char name[64];
   long employee_id;
   float salary;
 };

employee::employee(char *name, long employee_id, float salary)
 {
   strcpy(employee::name, name);
   employee::employee_id = employee_id;
   if (salary < 50000.0)
     employee::salary = salary;
   else
     // Invalid salary specified
   employee::salary = 0.0;
 }

void employee::show_employee(void)
 {
   cout << "Employee: " << name << endl;
   cout << "Id: " << employee_id << endl;
   cout << "Salary: " << salary << endl;
 }

void main(void)
 {
   employee worker("Happy Jamsa", 101, 10101.0);

   worker.show_employee();
 }
```

Wenn ein Programm Constructor-Funktionen verwendet, kann es bei der Deklaration eines Objektes Parameter an einen Constructor übergeben:

```
employee worker("Happy Jamsa", 101, 10101.0);
```

Constructor-Funktionen

Eine Constructor-Funktion wird von C++ bei der Erstellung eines Objektes automatisch aufgerufen und am häufigsten zur Initialisierung der Daten-Attribute eines Objektes verwendet. Construktor-Funktionen besitzen den gleichen Namen wie die Klasse eines Objektes. Die Definition von Constructor-Funktionen erfolgt genau so wie diejenige von Klassen-Methoden – mit einem Unterschied: Constructor-Funktionen geben keinen Return-Wert zurück. Bei der späteren Deklaration von Objekten können Parameter an den Constructor übergeben werden:

```
class_name object(value1, value2, value3)
```

SPEZIFIZIERUNG VON DEFAULT PARAMETERN FÜR CONSTRUCTOR FUNKTIONEN

Wie Sie aus Lektion 17 wissen, können mit C++ Standard-Parameterwerte für Funktionen spezifiziert werden. Geschieht dies nicht für jeden Parameter, so verwendet die Funktion Standardwerte. Constructor-Funktionen bilden hierbei keine Ausnahme: Die folgende Constructor-Funktion mit dem Namen *employee* verwendet den Standardwert von 10000.00 für *salary*, wenn das Programm bei der Erstellung des Objektes einen Wert für *salary* angibt. Die Namen für die Angestellten (*employee*) und deren Identifikationsnummer muß jedoch angegeben werden.

```
employee::employee(char *name, long employee_id, float salary = 10000.00)
  {
    strcpy(employee::name, name);
    employee::employee_id = employee_id;
    if  (salry < 50000.0)
       employee::salary = salary;
    else
      // ungültiges Gehalt angegeben
      employee::salary = 0.0
  }
```

OVERLOADING VON CONSTRUCTOR-FUNKTIONEN

In Lektion 15 haben Sie gelernt, daß man durch die Angabe alternativer Funktionen für unterschiedliche Parametertypen ein sogenanntes Overloading auf Funktionen anwenden kann. Im folgenden Programm, *ConsOver.CPP* geschieht dies mit der Constructor-Funktion *employee.* Die erste Constructor-Funktion verlangt die Angabe des Namens, der Identifikationsnummer und des Gehaltes eines Angestellten. Die zweite Constructor-Funktion fordert den Anwender zur Eingabe eines Gehaltswertes auf, wenn dieser vom Programm nicht vorgegeben wird:

```
employee::employee(char *name, long employee_id)
 {
   strcpy(employee::name, name);
   employee::employee_id = employee_id;

   do {
     cout << "Enter a salary for " << name <<
       " less than $50,000: ";
     cin >> employee::salary;
   } while (salary >= 50000.0);
 }
```

Innerhalb der Klassen-Definition müssen beide Funktionsprototypen angegeben werden:

```
class employee {
  public:
    employee(char *, long, float);
    employee(char *, long);
    void show_employee(void);
    int change_salary(float);
    long get_id(void);
  private:
    char name[64];
    long employee_id;
    float salary;
  };
```

Und nun das vollständige Programm:

```
#include <iostream.h>
#include <string.h>

class employee {
  public:
    employee(char *, long, float);
    employee(char *, long);
    void show_employee(void);
    int change_salary(float);
    long get_id(void);
  private:
    char name[64];
    long employee_id;
    float salary;
  };
```

```
employee::employee(char *name, long employee_id,
  float salary)
  {
    strcpy(employee::name, name);
    employee::employee_id = employee_id;
    if (salary < 50000.0)
      employee::salary = salary;
    else
      // Invalid salary specified
      employee::salary = 0.0;
  }

employee::employee(char *name, long employee_id)
  {
    strcpy(employee::name, name);
    employee::employee_id = employee_id;

    do {
      cout << "Enter a salary for " << name <<
        " less than $50,000: ";
      cin >> employee::salary;
    } while (salary >= 50000.0);
  }

void employee::show_employee(void)
  {
    cout << "Employee: " << name << endl;
    cout << "Id: " << employee_id << endl;
    cout << "Salary: " << salary << endl;
  }

  void main(void)
  {
    employee worker("Happy Jamsa", 101, 10101.0);
    employee manager("Jane Doe", 102);

    worker.show_employee();
    manager.show_employee();
  }
```

Nach dem Start des Programms *ConsOver.CPP* werden Sie aufgefordert, das Gehalt für Jane Doe einzugeben. Danach gibt das Programm Informationen über beide Angestellten aus.

DESTRUCTOR-FUNKTIONEN

Innerhalb C++ lassen sich nicht nur Constructor-, sondern auch Destructor-Funktionen definieren, die beim Löschen eines Objektes aufgerufen werden. In zahlreichen Fällen haben Sie bereits Objekte am Anfang eines Programms durch Deklaration erstellt. Wenn ein Programm endet, werden diese Objekte durch C++ wieder gelöscht. Wenn Sie innerhalb einer Funktion eine Destructor-Funktion definieren, wird diese von C++ am Ende des Programms automatisch aufgerufen. Destructor-Funktionen besitzen, so wie Constructor-Funktionen, den gleichen Namen wie die Objekt-Klasse, zeichnen sich jedoch durch ein vorangestelltes Tilde-Zeichen aus (~):

```
~class_name(void)
  {
    // Function statements
  }
```

An Destructor-Funktionen können keine Parameter übergeben werden.

Das nächste Programm, *Destruct.CPP*, definiert die Klassen-Destructor-Funktion *employee* wie folgt:

```
Void employee::employee(void)
  {
    cout << "Zerstörung des Objektes für " << name << endl;
  }
```

In diesem Fall zeigt die Destructor-Funktion ganz einfach die Meldung, daß C++ ein Objekt löscht. Am Ende des Programms ruft C++ die Funktion automatisch für jedes Objekt auf:

```
#include <iostream.h>
#include <string.h>

class employee {
 public:
   employee(char *, long, float);
   ~employee(void);
   void show_employee(void);
   int change_salary(float);
   long get_id(void);
 private:
   char name[64];
   long employee_id;
   float salary;
};
```

```
employee::employee(char *name, long employee_id,
  float salary)
  {
    strcpy(employee::name, name);
    employee::employee_id = employee_id;
    if (salary < 50000.0)
      employee::salary = salary;
    else
      // Invalid salary specified
    employee::salary = 0.0;
  }

employee::~employee(void)
  {
    cout << "Destroying the object for " << name << endl;
  }

void employee::show_employee(void)
  {
    cout << "Employee: " << name << endl;
    cout << "Id: " << employee_id << endl;
    cout << "Salary: " << salary << endl;
  }

void main(void)
  {
    employee worker("Happy Jamsa", 101, 10101.0);

    worker.show_employee();
  }
```

Nach dem Start des Programms erscheint die folgende Meldung auf dem Bildschirm:

```
Employee: Happy Jamsa
Id: 1001
Salary: 10101
Destroying the object for Happy Jamsa
```

Das Programm ruft die Destructor-Funktion ohne Anwendung eines Funktionsaufrufes automatisch auf. Im Moment werden Sie Destructor-Funktionen wahrscheinlich noch nicht benötigen. Sobald Sie jedoch vor der Aufgabe stehen, Speicherplatz innerhalb von Objekten zu reservieren, stellen Destructor-Funktionen ein hilfreiches Werkzeug dar, um diesen Speicherplatz wieder freizugeben, wenn er nach dem Löschen des Objektes nicht mehr benötigt wird.

Destructor-Funktionen

Bei einer Destructor-Funktion handelt es sich um eine Funktion, die von C++ nach dem Löschen eines Objektes automatisch ausgeführt wird. Destructor-Funktionen besitzen den gleichen Namen wie eine Objekt-Klasse, mit dem Unterschied, daß ihnen ein Tilde-Zeichen vorangestellt wird (zum Beispiel *~employee*). Innerhalb eines Programms werden Destructor-Methoden genau so wie Klassen-Methoden definiert.

ZUSAMMENFASSUNG

Constructor- und Desrtructor-Funktionen sind spezielle Klassenfunktionen, die von C++ beim Erstellen oder Löschen von Objekten automatisch aufgerufen werden. Die meisten Programme verwenden Constructor-Funktionen zur Initialisierung von Klassen-Daten Attributen. In einfachen Programmen werden Destructor-Funktionen selten benötigt. Bevor Sie mit der nächsten Lektion fortfahren, sollten Sie anhand der folgenden Punkte überprüfen, ob Sie die Inhalte dieser Lektion verstanden und behalten haben.

- ✓ Constructor-Funktionen sind spezielle Funktionen, die von C++ bei der Erzeugung von Objekten aufgerufen werden und den gleichen Namen wie eine Objekt-Klasse besitzen.
- ✓ Constructor-Funktionen geben keinen Return-Wert zurück – müssen jedoch deswegen auch nicht als *void* deklariert werden.
- ✓ Bei der Erzeugung eines Objektes kann das Programm während der Objekt-Deklaration Parameter an die Constructor-Funktion übergeben.
- ✓ Bei Constructor-Funktionen sind Standard-Parameter und Overloading möglich.
- ✓ Bei einer Destructor-Funktion handelt es sich um eine Funktion, die von C++ nach dem Löschen eines Objektes automatisch ausgeführt wird. Destructor-Funktionen besitzen den gleichen Namen wie eine Objekt-Klasse, mit dem Unterschied, daß ihnen ein Tilde-Zeichen vorangestellt wird.

LEKTION 26

OPERATOR-OVERLOADING

Sie wissen bereits, daß der Typ einer Variablen darüber entscheidet, welche Werte in ihr gespeichert – und welche Operationen mit ihr ausgeführt werden können. Bei Variablen des Typs Integer bedeutet dies zum Beispiel, daß man mit ihnen Additionen, Subtraktionen, Multiplikationen und Divisionen ausführen kann. Bei Stringvariablen (*char*) würde dies keinen Sinn ergeben.

Bei der Definition von Klassen werden auch grundsätzlich neue Typen definiert. Aus diesem Grunde können mit C++ auch die dem neuen Typ entsprechenden Operationen angegeben werden. Operator-Overloading heißt, die Bedeutung eines Operators (zum Beispiel +) zu ändern. Dieser normalerweise für die Addition verwendete Operator kann so für den Gebrauch durch eine bestimmte Klasse umdefiniert werden.

In dieser Lektion werden Sie eine String-Klasse definieren und einen Overload mit dem Plus- und Minus-Operator durchführen. Der Plus-Operator ist dann in der Lage, zusätzliche Zeichen an einen String anzuhängen. Das Umgekehrte gilt für den Minus-Operator. Hier eine Zusammenfassung der in dieser Lektion vermittelten Grundlagen:

- ❒ Das Overloading von Operatoren verbessert die Lesbarkeit eines Programms.
- ❒ Ein Overload eines Operators wird mit dem Operator-Schlüsselwort durchgeführt.
- ❒ Beim Operator-Overloading wird eine Funktion definiert, die von C++ jedesmal aufgerufen wird, wenn die Klasse den Overload-Operator verwendet. Die entsprechende Operation wird dann von der Funktion ausgeführt.
- ❒ Wird ein Overloading für eine bestimmte Klasse ausgeführt, so ändert sich die Bedeutung des betreffenden Operators nur für diese Klasse.
- ❒ Ein Overload kann nahezu auf alle Operatoren (bis auf vier) angewendet werden (siehe Tabelle am Ende dieser Lektion).

OVERLOADING DER PLUS- UND MINUS-OPERATOREN

Ein Overloading für Operatoren einer bestimmten Klasse wirkt sich nur auf diese Klasse aus. Erfolgt ein Overload des Plus-Operators auf eine String-Klasse, so ist es dennoch weiterhin möglich, Zahlen zu addieren. Trifft der C++ Compiler innerhalb des Programms auf den Operator, so entscheidet er anhand des entsprechenden Variablentyps, welche Operation ausgeführt wird. Die folgende Klassendefinition erzeugt eine String-Klasse. Die Klasse enthält ein Daten-Attribut: Den

Character-String selbst. Die Klasse enthält verschiedene Methoden und definiert keine Operatoren:

```
class string {
  public:
    string(char *);  //Constructor
    void str_append(char *);
    void chr_minus(char);
    void show_string(void);
  private:
    char data[256];
  };
```

Die Klassendefinition stellt die Funktion *str_append* zur Verfügung. Diese Funktion hängt vorgegebene Zeichen an die Klasse *string* an.

Im Gegensatz dazu entfernt die Funktion *str_minus* jedes Auftreten eines vorgegebenen Zeichens aus der Klasse *string*. Das folgende Programm, *StrClass.CPP*, verwendet die Klasse *string* zur Erzeugung und Manipulation zweier Character String Objekte:

```
#include <iostream.h>
#include <string.h>

class string {
  public:
    string(char *);  // Constructor
    void str_append(char *);
    void chr_minus(char);
    void show_string(void);
  private:
  char data[256];
};

string::string(char *str)
  {
    strcpy(data, str);
  }

void string::str_append(char *str)
  {
    strcat(data, str);
  }

void string::chr_minus(char letter)
```

```
  {
    char temp[256];
    int i, j;

    for (i = 0, j = 0; data[i]; i++)
      // Is the letter to remove?
      if (data[i] != letter)
        // If not assign it to temp
        temp[j++] = data[i];

    temp[j] = NULL;  // End of temp

    // Copy temp's contents back to data
    strcpy(data, temp);
  }

void string::show_string(void)
  {
    cout << data << endl;
  }

void main(void)
  {
    string title("Rescued By C++");
    string lesson("Understanding Operator Overloading");

    title.show_string();
    title.str_append(" rescued me!");
    title.show_string();

    lesson.show_string();
    lesson.chr_minus('n');
    lesson.show_string();
  }
```

Das Programm verwendet die Funktion *str_append*, um an die String Variable *title* Zeichen anzuhängen. Außerdem verwendet das Programm die Funktion *chr_minus*, um alle Buchstaben *n* aus dem String zu entfernen. All dies geschah in diesem Beispiel mit Funktionsaufrufen. Mit einem Operator-Overloading kann das Programm jedoch identische Operationen mit den Plus- und Minus-Operatoren ausführen.

Beim Operator-Overloading wird das C++ Operator-Schlüsselwort innerhalb des Funktionsprototyps und der Funktionsdefinition verwendet, um dem Compiler mitzuteilen, daß die Klasse diese Methode als Operator benutzt. Die folgende Klassendefinition zum Beispiel verwendet das

Operator-Schlüsselwort, um den Funktionen *str_append* und *chr_minus* innerhalb der String-Klasse die Plus- und Minus-Operatoren zuzuweisen.

```
class string {
 public:
   string (char *);  // Constructor
   void operator  +(char *); // Klassen-Operator Definition
   void operator  -(char);   // Klassen-Operator Definition
   void show_string(void);   // Klassen-Operator Definition
 private:
   char data[256];
};
```

Die Klasse führt den Overload mit dem Plus- und Minus-Operator durch. Wie bereits erwähnt, muß die Klasse beim Overload eines Operators eine Funktion angeben, welche die dem Operator entsprechende Operation implementiert. Im Falle des Plus-Operators ergeben sich die folgenden Zeilen:

```
Void string::operator +[char *str)
  {
   strcat(data, str);
  }
```

Die Funktionsdefinition spezifiziert keinen Namen, sondern die Operator-Klasse als Overloading. Um einen Overload mit dem Plus-Operator durchzuführen, hat das Programm den Code innerhalb der Funktion nicht verändert (dieser Funktionscode ist identisch mit dem Code der vorhergehenden Funktion *str_append*). Statt dessen hat das Programm ganz einfach den Funktionsnamen durch das Operator-Schlüsselwort und den betreffenden Operator ersetzt.
Das folgende Programm, *OpOverld.CPP*, zeigt die Anwendung der Plus- und Minus-Operatoren in Verbindung mit einem Overload:

```
#include <iostream.h>
#include <string.h>

class string {
 public:
   string(char *);  // Constructor
   void operator +(char *);
   void operator -(char);
   void show_string(void);
 private:
   char data[256];
};
```

```
string::string(char *str)
  {
    strcpy(data, str);
  }

void string::operator +(char *str)
  {
    strcat(data, str);
  }

void string::operator -(char letter)
  {
    char temp[256];
    int i, j;

    for (i = 0, j = 0; data[i]; i++)
      if (data[i] != letter)
        temp[j++] = data[i];

    temp[j] = NULL;

    strcpy(data, temp);
  }

void string::show_string(void)
  {
    cout << data << endl;
  }

void main(void)
  {
    string title("Rescued By C++");
    string lesson("Understanding Operator Overloading");

    title.show_string();
    title + " rescued me!";
    title.show_string();

    lesson.show_string();
    lesson - 'n';
    lesson.show_string();
  }
```

Das Programm verwendet die Overload-Operatoren wie folgt:

```
// Append the text "rescued me!"
title + " rescued me!";
lesson - 'n';
```

Die Operator-Syntax in diesem Beispiel ist legal, aber ein wenig ungewöhnlich. Normalerweise verwenden Programme den Plus-Operator in einem Ausdruck, der ein Ergebnis zurückgibt, wie zum Beispiel im Statement *some_str = title + "text"*.

Bei der Definition eines Operators bietet C++ einen gewissen Spielraum in Bezug auf die Bestimmung seines Verhaltens. Sein Hauptzweck besteht jedoch darin, Programme verständlicher zu machen. Das folgende Programm zum Beispiel, *Str_Over.CPP*, stellt eine leichte Abwandlung des vorhergehenden Programms dar und weist eine Syntax auf, die den Standard-Zuweisungsoperationen etwas näher kommt:

```
#include <iostream.h>
#include <string.h>

class string {
 public:
   string(char *);  // Constructor
   char * operator +(char *);
   char * operator -(char);
   void show_string(void);
 private:
   char data[256];
 };

string::string(char *str)
 {
   strcpy(data, str);
 }

char * string::operator +(char *str)
 {
   return(strcat(data, str));
 }

char * string::operator -(char letter)
 {
   char temp[256];
   int i, j;

   for (i = 0, j = 0; data[i]; i++)
     if (data[i] != letter)
       temp[j++] = data[i];

   temp[j] = NULL;

   return(strcpy(data, temp));
 }
```

```
void string::show_string(void)
  {
    cout << data << endl;
  }

void main(void)
  {
    string title("Rescued By C++");
    string lesson("Understanding Operator Overloading");
    title.show_string();
    title = title + " rescued me!";
    title.show_string();

    lesson.show_string();
    lesson = lesson - 'n';
    lesson.show_string();
  }
```

Durch das Ändern der Overload Plus- und Minus-Operatoren können diese nun vom Programm unter Anwendung einer Zuweisungsstatement-Syntax genutzt werden:

```
title = title + "rescued me!";
lesson = lesson - 'n';
```

Beim näheren Betrachten des Codes werden Sie feststellen, daß die obigen Statements einem Character-Array einen Pointer zur Klasse *string* zuweisen. Trifft der Compiler auf diese Zuweisung, so übergibt C++ die Constructor-Funktion der Klasse *string*, die dem Daten-Attribut des Objektes den Inhalt des Character Arrays zuweist.

Ein weiteres Beispiel

Overloading ist nicht auf die Plus- und Minus-Operatoren beschränkt: Das folgende Programm, *Comp_str.CPP*, fügt eine neuen Operator zur Klasse *string* hinzu: Die Überprüfung, ob zwei String-Objekte gleich sind, kann mit dem Gleichheits- (==) und Ungleich-Operator (!=) erfolgen:

```
If (some_string == another_string)
```

Doch hier zunächst das Programm:

```
#include <iostream.h>
#include <string.h>

class string {
 public:
   string(char *);  // Constructor
   char * operator +(char *);
   char * operator -(char);
   int operator ==(string);
   void show_string(void);
 private:
   char data[256];
 };

string::string(char *str)
 {
   strcpy(data, str);
 }

char * string::operator +(char *str)
 {
   return(strcat(data, str));
 }

char * string::operator -(char letter)
 {
   char temp[256];
   int i, j;

   for (i = 0, j = 0; data[i]; i++)
     if (data[i] != letter)
       temp[j++] = data[i];

   temp[j] = NULL;

   return(strcpy(data, temp));
 }

int string::operator ==(string str)
 {
   int i;

   for (i = 0; data[i] == str.data[i]; i++)
     if ((data[i] == NULL) && (str.data[i] == NULL))
       return(1);  // Equal

   return(0);       // Not equal
 }
```

```
void string::show_string(void)
  {
    cout << data << endl;
  }

void main(void)
{
    string title("Rescued By C++");
    string lesson("Understanding Operator Overloading");
    string str("Rescued By C++");

    if (title == lesson)
      cout << "title and lesson are equal" << endl;

    if (str == lesson)
      cout << "str and lesson are equal" << endl;

    if (title == str)
      cout << "title and str are equal" << endl;
  }
```

OPERATOREN, DIE VOM OVERLOAD AUSGESCHLOSSEN SIND

Auf nahezu jeden Operator kann ein Overload angewendet werden. Doch keine Regel ohne Ausnahme: Die folgende Liste zeigt vier Operatoren, mit denen ein Overload nicht möglich ist:

Operator	Anwendung	Beispiel
.	Klassen-Attribut-Operator	object.attribut
.*	Pointer auf Attribut Operator	object.*attribut
::	Global Resolution Operator	Klassen-Name::attribut
?:	Conditional Expression Operator	c = (a > b) ? a : b;

ZUSAMMENFASSUNG

Beim Operator-Overloading handelt es sich um die Möglichkeit, einem Operator eine neue Bedeutung zu geben, wenn er von einer bestimmten Klasse verwendet wird. Die Lesbarkeit eines Programms wird durch das Operator-Overloading verbessert.

Bevor Sie mit der nächsten Lektion fortfahren, sollten Sie anhand der folgenden Punkte noch einmal überprüfen, ob Sie die Inhalte dieser Lektion verstanden und behalten haben:

✓ Beim Operator-Overloading muß eine Klasse definiert werden, der der Operator zugewiesen wird.

✓ Das Operator-Overloading gilt nur innerhalb einer bestimmten Klasse. Außerhalb dieser Klasse übt er seine normale Funktion aus.

✓ Beim Overloading eines Klassen-Operators wird das C++ Operator-Schlüsselwort zur Definition der Klassenmethode verwendet. Die Klassenmethode wird jedesmal übergeben, wenn eine Klassenvariable den Operator verwendet.

✓ Beachten Sie bitte, daß die vier in vorstehender Tabelle aufgezählten Operatoren vom Overload ausgeschlossen sind.

LEKTION 27

STATISCHE FUNKTIONEN UND DATEN-ATTRIBUTE

Bis jetzt hat jedes von Ihren Programmen erstellte Objekt seinen eigenen Satz von Daten-Attributen des Typs *private* erhalten. Je nach Anwendung kann es jedoch Fälle geben, in welchen Objekte der gleichen Klasse eine oder mehrere Daten-Variablen teilen müssen. Angenommen, Sie schreiben ein Lohnberechnungs-Programm, das über die Arbeitsstunden von 1000 Angestellten Buch führt. Zur Berechnung des Steuersatzes muß das Programm den Beschäftigungs-Status eines jeden Angestellten kennen. Aus diesem Grunde trägt eines der Klassen-Attribute den namen *state_of_work* (Arbeitsstatus). Was geschieht jedoch, wenn alle Angestellten der gleichen Klasse angehören?

Deshalb reduziert das Programm den Bedarf an benötigtem Speicherplatz dadurch, daß es 999 Kopien der gleichen Information ganz einfach löscht. Um ein Klassen-Attribut für alle zur Verfügung zu stellen, wird es als *static* deklariert. Diese Lektion zeigt die Schritte, die erforderlich sind, um mehreren Objekten ein Klassen-Attribut zur Verfügung zu stellen. Hier eine Zusammenfassung der in dieser Lektion behandelten Grundlagen:

- Objekte desselben Klassentyps können von einem oder mehreren Klassen-Attributen genutzt werden.
- Wenn ein Programm einem mehrfach genutzten Attribut (*Shared Member*) Werte zuweist, haben alle Objekte des entsprechenden Klassentyps sofort Zugriff auf den neuen Wert.
- Zur Erstellung eines *shared* Standard-Klassen-Attributs wird dem Attributnamen das Schlüsselwort *static* vorangestellt.
- Nachdem das Klassen-Attribut als *static* deklariert wurde, muß das Programm eine globale Variable außerhalb der Klassendefinition deklarieren, die dem Klassen-Attribut des Typs *shared* entspricht.
- Programme können das Schlüsselwort *static* verwenden, um eine Klassen-Methode aufrufbar zu machen – auch wenn das Programm keine Objekte des Klassentyps definiert hat.

DATEN-ATTRIBUT-SHARING

Beim Erstellen von Objekten eines bestimmten Klassentyps erhält jedes Objekt seinen eigenen Satz von Daten-Attributen. Es gibt jedoch Fälle, in welchen sich Objekte der gleichen Klasse ein oder mehrere Daten-Attribute teilen müssen (*sharing*). In solchen Fällen werden die Daten als *public* oder *private* deklariert. Dem Typ wird das Schlüsselwort *static* vorangestellt.

```
private:
static int shared_value
```

Nach der Deklaration der Klasse muß das Attribut als globale Variable definiert werden – und zwar außerhalb der Klasse:

```
int class_name::shared_value;
```

Das folgende Programm, *Share_It.CPP*, definiert die Klasse *book_series*, die auf das Attribut *page_count* zugreift. Dieses Attribut ist für alle Objekte *books* (Bücher) der Klassen gültig. Wenn das Programm den Wert des Attributs ändert, „sehen" alle Objekte der Klasse diese Änderung:

```
#include <iostream.h>
#include <string.h>

class book_series {
 public:
   book_series(char *, char *, float);
   void show_book(void);
   void set_pages(int);
 private:
   static int page_count;
   char title[64];
   char author[64];
   float price;
 };

int book_series::page_count;

void book_series::set_pages(int pages)
 {
   page_count = pages;
 }

book_series::book_series(char *title,
 char *author, float price)
 {
   strcpy(book_series::title, title);
   strcpy(book_series::author, author);
   book_series::price = price;
 }

void book_series::show_book(void)
 {
   cout << "Title: " << title << endl;
   cout << "Author: " << author << endl;
```

```
    cout << "Price: " << price << endl;
    cout << "Pages: " << page_count << endl;
  }
void main(void)
  {
    book_series programming("Rescued by C++, Third Edition",
      "Jamsa", 29.95);
    book_series upgrade("Rescued by Upgrading Your PC, Second Edition",
      "Jamsa", 24.95);

    upgrade.set_pages(256);

    programming.show_book();
    upgrade.show_book();

    cout << endl << "Changing page count " << endl;

    programming.set_pages(512);

    programming.show_book();
    upgrade.show_book();
  }
```

Die Klasse deklariert das Attribut *page_count* als *static int*. Unmittelbar nach der Klassendefinition deklariert das Programm das Attribut *page_count* als globale Variable. Wenn das Programm das Attribut *page_count* ändert, „sehen" alle Objekte der Klasse *book_series* diese Änderung sofort.

Klassen Attribut -Sharing

Je nach Programm-Typ gibt es Fälle, in welchen sich Objekt-Instanzen bestimmte Daten teilen müssen. Dazu wird das Attribut als *static*, und außerhalb der Klasse als globale Variable deklariert. Dadurch werden alle Objekte des Klassentyps sofort jede Änderung mitbekommen, die das Programm mit dem Attribut durchführt.

VERWENDUNG VON ATTRIBUTEN DES TYPS *PUBLIC STATIC*

Bei der Deklaration eines Klassen-Attributs vom Typ *static* teilen sich alle Objekte des Klassentyps dieses Attribut. Es gibt jedoch Fälle, in welchen noch kein Objekt erstellt wurde – und das Programm dennoch ein Attribut nutzen muß. Dazu muß das Programm das Attribut als *public* und *static* deklarieren. Das folgende Programm zum Beispiel, *Use_Mbr.CPP*, verwendet das Attribut *page_count* der Klasse *book_series*, obwohl kein Objekt der Klasse existiert:

```
#include <iostream.h>
#include <string.h>

class book_series {
 public:
   static int page_count;
 private:
   char title[64];
   char author[64];
   float price;
};

int book_series::page_count;

void main(void)
 {
   book_series::page_count = 256;

   cout << "The current page count is " <<
   book_series::page_count << endl;
 }
```

Da die Klasse das Klassen-Attribut *page_count* als *public* definiert, kann das Programm auf das Klassen-Attribut zugreifen, obwohl keine Objekte der Klasse *book_series* existieren.

STATIC ATTRIBUT-FUNKTIONEN

Die vorhergehenden Programme haben die Anwendung von Daten-Attributen des Typs *static* veranschaulicht. In ähnlicher Weise ist es unter C++ möglich, Attribut-Funktionen (Methoden) als *static* zu definieren. Bei der Erstellung einer Methode vom Typ *static* kann das Programm die Funktion auch dann aufrufen, wenn keine Objekte existieren. Wenn zum Beispiel eine Klasse eine Methode enthält, die das Programm verwendet, um Daten außerhalb der Klasse zu manipulieren, kann die Methode zum Typ *static* umfunktioniert werden.

Die folgende Klasse mit dem Namen *menu* verwendet eine Escape-Sequenz des ANSI-Drivers (*Esc[2]*), um den Bildschirm zu löschen. Ist auf Ihrem System der Treiber mit der Bezeichnung *ANSI.SYS* installiert, so können Sie die Methode *clear_screen* zum Löschen des Bildschirms verwenden. Auch wenn keine Objekte des Typs *menu* existieren, kann das Programm diese Methode verwenden, weil sie als *static* deklariert wird. Das folgende Programm, *Clr_Scr.CPP*, verwendet die Methode *clear_screen*, um den Bildschirm zu löschen:

```
#include <iostream.h>

class menu {
 public:
   static void clear_screen(void);
   // Other methods would be here
 private:
   int number_of_menu_options;
};

void menu::clear_screen(void)
  {
   cout << '\033' << "[2J";
  }

void main(void)
  {
   menu::clear_screen();
  }
```

Anwendung von Klassen-Metoden

Beim Erstellen von Klassen-Metoden gibt es Fälle, in welchen eine Funktion, die von einer Klasse verwendet wird, auch für Operationen ohne Klassenobjekte nützlich sein kann. Die oben beschriebene Klasse *menu* definierte eine Funktion mit dem Namen *clear_screen*, die innerhalb des gesamten Programms genutzt werden kann. Soll eine Methode einer Klasse außerhalb eines Klassenobjektes genutzt werden, so muß der Prototyp der Methode mit dem Schlüsselwort *static* versehen, und die Methode als *public* deklariert werden:

```
public:
 static void_clear_screen(void);
```

Innerhalb des Programms wird die Funktion mit dem Global Resolution Operatoraufgerufen:

```
menu::clear_screen();
```

ZUSAMMENFASSUNG

Daten-Attribute einer Klasse können von allen Objekten des Klassentyps genutzt werden, wenn ihnen das Schlüsselwort *static* vorangestellt wird. Ist das Daten-Attribut vom Typ *public*, so kann das Programm auf seinen Wert auch dann zugreifen, wenn keine Objekte des Klassentyps existieren.

Das gleiche gilt für Klassenmethoden: Hier kann die betreffende Funktion für Operationen ohne Klassenobjekte genutzt werden.

Bevor Sie mit der nächsten Lektion fortfahren, sollten Sie anhand der folgenden Punkte überprüfen, ob Sie die Inhalte dieser Lektion verstanden und behalten haben.

- ✓ Wenn ein Klassen-Attribut als *static* deklariert wird, können alle Objekte des Klassentyps darauf zugreifen – es wird zum Typ *shared*.
- ✓ Wenn ein Klassen-Attribut als *static* deklariert wird, muß das Programm eine globale Variable außerhalb der Klassendefinition deklarieren, die dem Klassen-Attribut des Typs *shared* entspricht.
- ✓ Wenn ein Klassen-Attribut als *public* und *static* deklariert wird, kann es vom Programm auch dann genutzt werden, wenn keine Objekte der Klasse existieren. Zum Zugriff auf das Attribut muß das Programm einen Global Resolution Operator verwenden, wie zum Beispiel: *class_name::member_name*.
- ✓ Wenn ein Attribut einer Funktion als *public* und *static* deklariert wird, kann das Programm die Funktion auch dann aufrufen, wenn keine Objekte der Klasse existieren. Zum Aufruf der Funktion muß das Programm den Global Resolution Operator verwenden, wie zum Beispiel: *menu::clear_screen()*.

Abschnitt 5

TEMPLATES UND VERERBUNG

Ein großer Vorteil der objekt-orientierten Programmierung besteht in der Tatsache, daß eine für ein bestimmtes Programm erstellte Klasse auch für ein anderes Programm verwendet werden kann. In diesem Kapitel werden Sie lernen, daß man Klassen nicht nur mehrmals verwenden kann, sondern daß es auch möglich ist, aus einer Klasse eine andere aufzubauen. In diesem Falle „erbt" die neue Klasse die Eigenschaften der alten. Damit läßt sich ein hohes Maß an Programmiersarbeit einsparen.

Abschnitt 5 zeigt außerdem, wie man mit sogenannten Templates auf einfache Weise generische Datentypen definieren kann. Mit einem Template läßt sich zum Beispiel eine generische Array-Klasse definieren. Sie kann zur Erzeugung einer Variablen zur Speicherung von Variablen des Typs *int* und zur Erzeugung einer zweiten Variable zur Speicherung von Daten des Typs *float* genutzt werden.

Dieses Kapitel umfaßt folgende Lektionen:

LEKTION 28

VERERBUNG

Objekt-orientierte Programmierung macht es einfach, eine für ein Programm erzeugte Klasse auch in einem anderen Programm zu nutzen, um Zeit und Arbeit zu sparen. Bei der Definition von Klassen gibt es Fälle, in welchen eine Klasse viele oder gar alle Besonderheiten einer bereits existierenden Klasse verwendet und dann ein oder mehrere Daten- oder Funktions-Attribute hinzufügt. In solchen Fällen ist es möglich, mit C++ das neue Objekt aus den Eigenschaften des bereits existierenden Objektes zu erzeugen. Mit anderen Worten: Das neue Objekt „erbt" die Attribute der existierenden Klasse (Basisklasse). Beim Aufbau einer neuen Klasse aus einer existierenden Klasse wird die neue Klasse auch als „abgeleitete" Klasse bezeichnet. Diese Lektion stellt Ihnen die Möglichkeiten der Klassenvererbung unter C++ vor. In grob zusammengefaßter Form geht es dabei um folgendes:

- Wenn Ihr Programm die Vererbung nutzt, verwenden Sie die Basisklasse, um daraus eine neue Klasse abzuleiten. Die neue (abgeleitete) Klasse „erbt" die Attribute der Basisklasse.
- Zur Initialisierung abgeleiteter Klassen-Attribute muß das Programm die Constructor-Funktionen der Basisklasse und der abgeleiteten Klasse aufrufen.
- Mit dem Punkt-Operator können Programme leicht auf Baisklassen-Attribute und auf Attribute der abgeleiteten Klasse zugreifen.
- Zusätzlich zu Attributen des Typs *public* und *private* stellt C++ sogenannte *protected* Attribute zur Verfügung, auf die sowohl die Attribute der Basisklasse als auch der abgeleiteten Klasse zugreifen können.
- Zur Lösung von Namenskonflikten zwischen den Attributen der beiden Klassen kann der Global Resolution Operator verwendet werden. Er wird dem Operator mit dem Namen der Basisklasse oder der abgeleiteten Klasse vorangestellt.

Vererbung gehört zu den fundamentalen Konzepten der objekt-orientierten Programmierung. Sie ist recht einfach anzuwenden und spart eine Menge Zeit, die man sonst für aufwendiges erneutes Programmieren benötigen würde.

EINE EINFACHE VERERBUNG

Bei einer Vererbung erhält eine abgeleitete Klasse die Eigenschaften einer bereits vorhandenen Basisklasse. Angenommen Sie besitzen die folgende Basisklasse mit dem Namen *employee*:

```
class employee {
  public:
    employee(char *, char *, float);
    void show_employee(void);
  private:
    char name[64];
    char position[64];
    float salary;
};
```

Nehmen wir als nächstes an, daß Ihr Programm eine Klasse mit Namen *manager* benötigt, die die folgenden Daten-Attribute zur Klasse *employee* hinzufügt:

```
float annual_bonus;
char company_car[64];
int stock_options;
```

In diesem Beispiel gibt es zwei Möglichkeiten:

Erstens: Das Programm erzeugt eine neue Klasse mit Namen *manager*, die viele der Attribute der Klasse *employee* dupliziert.

Zweitens: Das Programm leitet den Klassentyp *manager* von der Basisklasse *employee* ab. Durch diese Ableitung wird die Verdopplung von Programmcode vermieden. Um die Klassendefinition zu beginnen, schreibt man das Schlüsselwort *class* sowie die Namen *manager* und *employee*, durch Doppelpunkt getrennt:

```
class manager  :  public employee {   // abgeleitete Klasse :  Basisklasse
  // Attribute  hier definieren
};
```

Das Schlüsselwort *public*, das dem Klassennamen *employee* vorangestellt ist, gibt an, daß die Attribute des Typs *public* in der Klasse *employee* auch in der Klasse *manager* als *public* gelten. Das folgende Beispiel leitet die Klasse *manager* ab:

```
class manager  :  public employee {
  public:
    manager (char  *, char *, float, float, int);
    void show_manger(void);
  private:
    float annual_bonus;
    char company_car[64];
    int stock_options;
};
```

Auf die Attribute des Typs *private* innerhalb der Basisklasse kann die abgeleitete Klasse nur über die *Interface-Funktionen* innerhalb der Basisklasse zugreifen. Die abgeleitete Klasse kann nicht direkt mit dem Punkt-Operator auf ein *private* Attribute der Basisklasse zugreifen. Das folgende Programm, *Mgr_Emp.CPP*, zeigt die Anwendung der C++ Vererbung zur Ableitung der Klasse *manager* aus der Klasse *employee*:

```
#include <iostream.h>
#include <string.h>

class employee {
 public:
   employee(char *, char *, float);
   void show_employee(void);
 private:
   char name[64];
   char position[64];
   float salary;
};

employee::employee(char *name, char *position, float salary)
  {
   strcpy(employee::name, name);
   strcpy(employee::position, position);
   employee::salary = salary;
  }

void employee::show_employee(void)
  {
   cout << "Name: " << name << endl;
   cout << "Position: " << position << endl;
   cout << "Salary: $" << salary << endl;
  }

class manager : public employee {
 public:
   manager(char *, char *, char *, float, float, int);
   void show_manager(void);
 private:
   float annual_bonus;
   char company_car[64];int stock_options;
};

manager::manager(char *name, char *position, char *company_car,
  float salary, float bonus, int stock_options) :
  employee(name, position, salary)
```

```
  {
    strcpy(manager::company_car, company_car);
    manager::annual_bonus = bonus;
    manager::stock_options = stock_options;
  }

void manager::show_manager(void)
  {
    show_employee();
    cout << "Company car: " << company_car << endl;
    cout << "Annual bonus: $" << annual_bonus << endl;
    cout << "Stock options: " << stock_options << endl;
  }

void main(void)
  {
    employee worker("John Doe", "Programmer", 35000);
    manager boss("Jane Doe", "Vice President", "Lexus",
      50000.0, 5000, 1000);

    worker.show_employee();
    boss.show_manager();
  }
```

Das Programm definiert die Basisklasse *employee* und anschließend die daraus abgeleitete Klasse *manager*. Beachten Sie die *manager* Constructor-Funktion. Wird eine Klasse von einer Basisklasse abgeleitet, so muß die abgeleitete Klassen-Constructorfunktion den Basisklassen-Constructor aufrufen. Dazu wird ein Doppelpunkt unmittelbar hinter die abgeleitete Klassen-Constructor-Funktion gesetzt. Danach schreiben Sie den Constructornamen der Basisklasse mit den gewünschten Parametern:

```
manager::manager(char *name, char *position, char *company_car,
  float salary, float bonus, int stock_options) :
  employee(name, position, salary)
{
  strcpy(manager::company_car, company_car);
  manager::annual_bonus = bonus;
  manager::stock_options = stock_options;
}
```

Beachten Sie bitte außerdem, daß die Funktion *show_manager* die Funktion *show_employee* aufruft. Sie ist ein Attribut der Klasse *employee*. Da das Programm die Klasse *manager* von der Klasse *employee* ableitet, kann die Klasse *manager* auf die Attribute des Typs *public* der Klasse *employee* zugreifen – so, als würden die betreffenden Attribute in der Klasse *manager* definiert.

Vererbung

Vererbung bedeutet, daß eine abgeleitete Klasse die Eigenschaften einer bestehenden Basisklasse erhält. Werden die Daten oder Funktionen einer bestehenden Klasse von einer neuen Klasse benötigt, so kann diese neue Klasse auf den Grundlagen der alten Klasse erstellt werden. Die neue Klasse „erbt“ sozusagen die Eigenschaften (Member oder Attribute) der alten Klasse. Diese Methode erspart ein hohes Maß an Programmieraufwand und gehört zu den Grundlagen der objekt-orientierten Programmierung.

EIN ZWEITES BEISPIEL

Angenommen, Sie verwenden die folgende Basisklasse mit dem Namen *book* in einem bereits bestehenden Programm:

```
class book {
 public:
   book(char *, char *, int);
   void show_book(void);
 private:
   char title[64];
   char author[64];
   int pages;
};
```

Nehmen wir weiterhin an, daß das Programm eine Klasse mit dem Namen *library_card* erzeugen muß, das die folgenden Daten-Attribute an die Klasse *book* anfügt:

```
char catalog[64];
int checked_out;    //  1 wenn geprüft, anderenfalls 0
```

Das Programm kann die Vererbung dazu verwenden, um die Klasse *library_card* von der Klasse *book* abzuleiten:

```
class library_card : public book {
 public:
   library_card(char *, char *, int, char *, int);
   void show_card(void);
 private:
   char catalog[64];
   int checked_out;
};
```

Das folgende Programm, *BookCard.CPP*, leitet die Klasse *library_card* von der Klasse *book* ab:

```
#include <iostream.h>
#include <string.h>

class book {
 public:
   book(char *, char *, int);
   void show_book(void);
 private:
   char title[64];
   char author[64];
   int pages;
};

book::book(char *title, char *author, int pages)
 {
   strcpy(book::title, title);
   strcpy(book::author, author);
   book::pages = pages;
 }

void book::show_book(void)
 {
   cout << "Title: " << title << endl;
   cout << "Author: " << author << endl;
   cout << "Pages: " << pages << endl;
 }

class library_card : public book {
 public:
   library_card(char *, char *, int, char *, int);
   void show_card(void);
 private:
   char catalog[64];
     int checked_out;
};

library_card::library_card(char *title, char *author,
 int pages, char *catalog, int checked_out) :
 book(title, author, pages)
 {
 strcpy(library_card::catalog, catalog);
 library_card::checked_out = checked_out;
 }
```

```
void library_card::show_card(void)
  {
    show_book();
    cout << "Catalog: " << catalog << endl;
    if (checked_out)
      cout << "Status: Checked out" << endl;
    else
      cout << "Status: Available" << endl;
    }

void main(void)
  {
    library_card card("Rescued by C++", "Jamsa", 272, "101CPP", 1);

    card.show_card();
  }
```

Beachten Sie auch hier wieder, daß die Constructor-Funktion *library_card* den Klassen-Constructor *book* zur Initialisierung des Klassen-Attributes *book* aufruft.

Beachten Sie außerdem die Verwendung der Attribut-Funktion *show_book* innerhalb der Funktion *show_card*. Da die Klasse *library_card* die Methoden der Klasse *book* erbt, kann die Funktion *show_card* die Methode ohne Punkt-Operator aufrufen.

ATTRIBUTE DES TYPS *PROTECTED*

Es wurde bereits erwähnt, daß neben Attributen des Typs *public* und *private* auch solche des Typs *protected* existieren. Einerseits kann eine abgeleitete Klasse auf die *public* Attribute einer Basisklasse so zugreifen, als wären die Attribute der Basisklasse in der abgeleiteten Klasse definiert worden. Andererseits ist dies bei Attributen des Typs *private* jedoch nicht möglich. Statt dessen muß die abgeleitete Klasse dazu eine Interface-Funktion der Basisklasse verwenden.

Ein Basisklassen-Attribut des Typs *protected* liegt irgendwo zwischen diesen beiden Alternativen. Bei einem *protected* Attribut können die Objekte der abgeleiteten Klasse auf das Attribut so zugreifen, als wäre dieses vom Typ *public*. Für den Rest des Programms erscheinen *protected* Attribute jedoch so, als wären sie vom Typ *private*. Die einzige Möglichkeit, mit welcher das Programm auf *protected* Attribute zugreifen kann, ist die Anwendung von Interface-Funktionen. Die folgende Klassendefinition *book* verwendet das Label *protected*. Hierdurch können Klassen, die von der Klasse *book* abgeleitet wurden, auf die Attribute *title*, *author* und *pages* mittels des Punkt-Operators zugreifen.

```
class book {
  public:
    book(char *, char *, int);
    void show_book(void);
  protected:
    char title[64];
    char author[64];
    int pages;
};
```

ATTRIBUTE DES TYPS *PROTECTED*: ZUGRIFF UND SICHERHEIT

Attribute des Typs *private* verhindern, daß ein Programm direkt auf Klassen-Attribute zugreift. Das Programm muß dazu eine Interface-Funktion verwenden, die den Zugang des Programms kontrolliert. Bei der Verwendung der Vererbung wird das Programmieren vereinfacht, wenn die abgeleiteten Klassen auf Attribute der Basisklasse mittels des Punkt-Operators zugreifen können. In solchen Fällen ist die Verwendung von Klassen-Attributen des Typs *protected* angebracht. Der Rest des Programms kann jedoch auf die protected Klassen-Attribute nur mittels der Interface-Funktion der Klasse zugreifen. *Protected* Attribute stehen in der Mitte zwischen *public*- und *private* Attributen.

ATTRIBUTNAMEN

Beim Ableiten einer Klasse kann es vorkommen, daß die Namen beider Attribute übereinstimmen. In solchen Fällen verwendet C++ stets das Attribut der abgeleiteten Klasse innerhalb der Funktionen der abgeleiteten Klasse. Angenommen, die Klassen *book* und *library_card* verwenden beide das Attribut *price*. Im Falle der Klasse *book* bezieht sich die Angabe auf den Ladenpreis. Im Falle der *Klasse library_card* könnte zum Beispiel ein niedrigerer Bücherei-Rabatt gemeint sein.

Wenn nicht anders angegeben, verwenden die Funktionen das abgeleitete Klassen-Attribut *library_card*. Sollte eine *library_card* Klassenfunktion jedoch auf die Basisklasse (*book*) zugreifen müssen, so kann die Funktion den Klassennamen *book* im Zusammenhang mit dem Global Resolution Operator verwenden – zum Beispiel: *book::price*.

Nehmen wir zum Beispiel an, daß die Funktion *show_card* beide Preise anzeigen muß. Dann würde die Funktion die folgenden Statements verwenden:

```
cout << "Bücherei-Preis : DM" << price << endl;
cout << "Ladenpreis: DM" << book::price << endl;
```

Nach dem Start des Programms erscheint die folgende Ausgabe auf dem Bildschirm:

```
Bücherei-Preis : DM 24.50
Ladenpreis: DM 29.95
```

ZUSAMMENFASSUNG

In dieser Lektion haben Sie die Möglichkeiten der C++ Vererbung kennengelernt, mit der man aus einer bestehenden Klasse eine neue Klasse erzeugen kann, um den Umfang des Programmcodes zu reduzieren. Bevor Sie mit der nächsten Lektion fortfahren, sollten Sie anhand der folgenden Punkte noch einmal überprüfen, ob Sie die Inhalte dieser Lektion verstanden und behalten haben:

- ✓ Vererbung ist die Möglichkeit, von einer bestehenden Klasse eine neue Klasse abzuleiten.
- ✓ Die ursprüngliche Klasse wird als Basisklasse bezeichnet.
- ✓ Die abgeleitete Klasse erbt die Attribute der Basisklasse.
- ✓ Zum Ableiten einer Klasse beginnt man die Klassendefinition mit dem Schlüsselwort *class*, gefolgt vom Klassennamen, einem Doppelpunkt und der Basisklasse; zum Beispiel: *class cabrio:auto*.
- ✓ Die abgeleitete Klasse hat Zugriff auf die *public* Attribute der Basisklasse. Sie muß jedoch Basisklassen-Interface-Funktionen verwenden, um auf die Basisklassen-Daten des Typs *private* zugreifen zu können. Innerhalb der Constructor-Funktion einer abgeleiteten Klasse muß das Programm den Basisklassen-Constructor aufrufen. Dies geschieht mittels Doppelpunkt, Funktionsnamen und den entsprechenden Parametern unmittelbar nach dem Header der Constructor-Funktion der abgeleiteten Klasse.
- ✓ Damit abgeleitete Klassen einen direkten Zugriff auf bestimmte, geschützte Basisklassen Attribute haben, existiert unter C++ die Möglichkeit der Verwendung von Klassen-Attributen des Typs *protected* (geschützt). Eine abgeleitete Klasse kann auf *protected* Attribute der Basisklasse zugreifen, so, als ob die Attribute vom Typ *public* wären. Für den Rest des Programms verhalten sich diese Attribute jedoch so, als wären sie *private*.
- ✓ Wird der gleiche Attributname von einer Basisklasse und einer abgeleiteten Klasse genutzt, so verwendet C++ das Attribut der abgeleiteten Klasse innerhalb der Funktionen der abgeleiteten Klasse. Muß solch eine Funktion auf das Attribut der Basisklasse zugreifen, so ist der Global Resolution Operator anzuwenden; zum Beispiel: *base_class::member*.

LEKTION 29

MEHRFACH-VERERBUNG

In Lektion 28 haben Sie gelernt, wie man aus einer Klasse eine andere durch Vererbung ableiten kann. Unter C++ ist es auch möglich, eine Klasse von mehr als nur einer einzigen Basisklasse abzuleiten. Wenn eine Klasse die Eigenschaften von mehr als einer Klasse erben soll, verwendet man die sogenannte Mehrfach-Vererbung. Die folgenden Punkte informieren in zusammengefaßter Form, worum es in dieser Lektion geht:

- Bei der Ableitung einer Klasse von mehreren Basisklassen wendet man die Mehrfach-Vererbung an.
- Eine auf diese Weise abgeleitete Klasse erbt die Eigenschaften von mindestens zwei Basisklassen.
- Der Constructor der abgeleiteten Klasse muß die Constructor-Funktionen jeder Basisklasse aufrufen.
- Beim Ableiten einer Klasse von einer abgeleiteten Klasse wird eine Vererbungskette erstellt.

EIN EINFACHES BEISPIEL

Nehmen wir an, wir besitzen die folgende Klasse mit dem Namen *computer_screen* (Bildschirm):

```
class computer_screen {
 public:
   computer_screen(char *, long, int, int);
   void show_screen(void);
 private:
   char type[32];
   long colors;
   int x_resolution;
   int y_resolution;
 };
```

Analog dazu soll eine Klasse mit dem Namen *motherboard* existieren:

```
class mother_board {
 public:
   mother_board(int, int, int);
   void show_mother_board(void);
```

```
  private:
    int processor;
    int speed;
    int RAM;
};
```

Aus diesen beiden Klassen kann die Klasse *computer* abgeleitet werden:

```
class computer : public computer_screen, public mother_board {
  public:
    computer(char *, int, float, char *, long, int, int, int, int, int);
    void show_computer(void);
  private:
    char name[64];
    int hard_disk;
    float floppy;
};
```

Die Klasse gibt ihre Basisklassen unmittelbar nach dem Doppelpunkt an, der auf den Namen der Klasse *computer* folgt (Zeile 1).

Das folgende Programm, *computer.CPP*, leitet die Klasse *computer* aus den beiden Basisklassen *computer_screen* und *mother_board* ab:

```
#include <iostream.h>
#include <string.h>
class computer_screen {
  public:
    computer_screen(char *, long, int, int);
    void show_screen(void);
  private:
    char type[32];
    long colors;
    int x_resolution;
    int y_resolution;
};

computer_screen::computer_screen(char *type,
  long colors, int x_res, int y_res)
  {
    strcpy(computer_screen::type, type);
    computer_screen::colors = colors;
    computer_screen::x_resolution = x_res;
    computer_screen::y_resolution = y_res;
  }
```

```
void computer_screen::show_screen(void)
 {
   cout << "Screen type: " << type << endl;
   cout << "Colors: " << colors << endl;
   cout << "Resolution: " << x_resolution <<  " by " <<
   y_resolution << endl;
 }

class mother_board {
 public:
   mother_board(int, int, int);
 void show_mother_board(void);
 private:
   int processor;
   int speed;
   int RAM;
};

mother_board::mother_board(int processor, int speed, int RAM)
 {
   mother_board::processor = processor;
   mother_board::speed = speed;
   mother_board::RAM = RAM;
 }

void mother_board::show_mother_board(void)
 {
   cout << "Processor: " << processor << endl;
   cout << "Speed: " << speed << "Mhz" << endl;
   cout << "RAM: " << RAM << " Mb" << endl;
 }

class computer : public computer_screen,
   public mother_board {
 public:
   computer(char *, int, float, char *, long,
     int, int, int, int, int);
   void show_computer(void);
 private:
   char name[64];
   int hard_disk;
   float floppy;
};

computer::computer(char *name, int hard_disk,
 float floppy, char *screen, long colors,
```

```
  int x_res, int y_res, int processor, int speed,
  int RAM) : computer_screen(screen, colors, x_res,
  y_res), mother_board(processor, speed, RAM)
  {
    strcpy(computer::name, name);
    computer::hard_disk = hard_disk;
    computer::floppy = floppy;
}

void computer::show_computer(void)
  {
    cout << "Type: " << name << endl;
    cout << "Hard disk: " << hard_disk << "Mb" << endl;
    cout << "Floppy disk: " << floppy << "Mb" << endl;
    show_mother_board();
    show_screen();
  }

void main(void)
  {
    computer my_pc("Compaq", 212, 1.44, "SVGA",
      16000000, 640, 480, 486, 66, 8);

    my_pc.show_computer();
  }
```

Die Constructor-Funktion der Klasse *computer* ruft die Constructor-Funktionen der Klassen *mother_board* und *screen_classes* auf:

```
computer::computer(char *name, int hard_disk,
  float floppy, char *screen, long colors,
  int x_res, int y_res, int processor, int speed,
  int RAM) : computer_screen(screen, colors, x_res,
  y_res), mother_board(processor, speed, RAM)
```

AUFBAU EINER VERERBUNGSKETTE

Manchmal kann es notwendig sein, eine Klasse abzuleiten, die bereits von einer anderen Basisklasse abgeleitet wurde. Angenommen, die Klasse *computer* soll als Basis verwendet werden, um die Klasse *work_station* abzuleiten:

```
class work_station : public computer {
  public:
    work_station(char *operating_system, char *name,
    int hard_disk, float floppy, char *screen,
    long colors, int x_res, int y_res,
    int processor, int speed, int RAM);
    void show_work_station(void);
  private:
    char operating_system[64];
};
```

Die Constructor-Funktion der Klasse *work_station* ruft die Constructor-Funktion der Klasse *computer* auf, die wiederum die Constructoren für die Klassen *computer_screen* und *mother_board* aufruft:

```
work_station::work_station(char *operating_system,
  char *name, int hard_disk, float floppy,
  char *screen, long colors, int x_res, int y_res,
  int processor, int speed, int RAM)  :
  computer (name, hard_disk, floppy, screen,
  colors, x_res, y_res, processor, speed, RAM)
  {
    strcpy(work_station::operating_system, operating_system);
  }
```

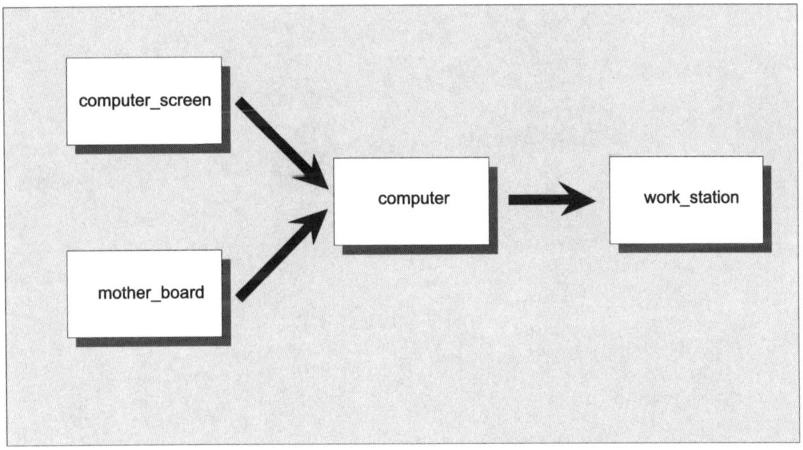

***Bild 29.1:** Schematische Darstellung zur Bildung einer Vererbungskette.*

In diesem Beispiel dient die Klasse *computer* als Basisklasse. Sie wurde abgeleitet von den Klassen *computer_screen* und *mother_board*. Als Ergebnis erhält dieKlasse *work_station* die Eigenschaften aller drei Klassen. Vererbungsketten können, je nach Programm, ziemlich lang sein.

ZUSAMMENFASSUNG:

Mehrfachvererbung ist die Möglichkeit, eine Klasse von mehreren Basisklassen abzuleiten. Die neue Klasse erbt in diesem Fall die Eigenschaften (Attribute oder Member) der existierenden Basisklassen. Bevor Sie mit der nächsten Lektion fortfahren, sollten Sie anhand der folgenden Punkte noch einmal überprüfen, ob Sie die Inhalte dieser Lektion verstanden und behalten haben:

- ✓ Mehrfachvererbung ist die Möglichkeit, eine Klasse von mehreren Basisklassen abzuleiten.
- ✓ Dazu schreibt man den Namen der neuen Klasse, einen Doppelpunkt und anschließend die Namen der Basisklassen - durch Komma getrennt:
  class haustier : public katze, public hund.
- ✓ Bei der Definition der Constructor-Funktion der abgeleiteten Klasse muß die Constructor-Funktion für jede Basisklasse aufgerufen und die richtigen Parameter an die Funktionen übergeben werden.
- ✓ Bei der Ableitung von Klassen kann auch eine abgeleitete Klasse selbst wieder als Basisfunktion dienen. In solchen Fällen spricht man von einer Vererbungskette. Wenn das Programm den Constructor für eine abgeleitete Klasse aufruft, ruft C++ auch die Constructor-Funktion für die vererbten Klassen nacheinander auf.

LEKTION 30

PRIVATE ATTRIBUTE „*AND FRIENDS*“

Sie haben bereits gelernt, daß ein Programm nur mittels Klassen-Attribut-Funktionen auf Klassen-Attribute des Typs *private* zugreifen kann. Durch eine möglichst häufige Verwendung von Klassen-Attributen des Typs *private* werden Programmfehler weitgehend vermieden: Das Programm kann auf das Attribute nur mit der Interface-Funktion zugreifen.

Es gibt jedoch Fälle, in welchen man die Leistung eines Programms drastisch steigern kann, indem man einer Klasse direkten Zugriff auf die *private* Attribute einer anderen Klasse gestattet. Dadurch wird Programm-Laufzeit zum Aufruf von Interface Funktionen gespart. Dazu wird eine Klasse unter C++ zum Typ *friend* einer anderen Klasse definiert. Solch eine Klasse kann dann auf die *private* Attribute anderer Klassen zugreifen. Hier in Kurzform, worum es in dieser Lektion geht:

- Mit dem Schlüsselwort *friend* kann eine Klasse angeben, welche anderen Klassen zu ihren „Freunden“ gehören, beziehungsweise, welche anderen Klassen auf ihre *private* Attribute direkt zugreifen dürfen.
- Klassen-Attribute des Typs *private* schützen Daten der Klasse. Deshalb sollte die Bezeichnung *friends* nur auf solche Klassen beschränkt bleiben, die den Zugriff dringend benötigen.
- Der Zugriff durch *friends* kann auf eine ganz bestimmte Gruppe von Funktionen reduziert werden.

Definition einer *friend*-Klasse

Auf Attribute des Typs *private* kann eine andere Klasse zugreifen, wenn sie als *friend* deklariert wurde. Um eine Klasse als *friend* zu deklarieren, schreibt man ganz einfach das Schlüsselwort *friend* vor den Namen der „befreundeten“ Klasse. Die folgende Klasse, *book*, gibt an, daß die Klasse *librarian* als *friend* gilt. Objekte der Klasse *librarian* können mit dem Punkt-Operator direkt auf private Attribute der Klasse *book* zugreifen:

```
class book {
 public:
   book(char *, char *, char *);
   void show_book(void);
   friend librarian;      // friend Funktion
 private:
   char title[64];
   char author[64];
   char catalog[64];
};
```

Zur Deklaration einer *friend*-Klasse bedarf es lediglich eines Statements innerhalb der Klassendefinition. Das folgende Programm, *ViewBook.CPP*, verwendet die Klasse *librarian* als *friend* der Klasse *book*. Deshalb können die Funktionen innerhalb der Klasse *librarian* direkt auf die *private* Attribute der Klasse *book* zugreifen. In diesem Beispiel verwendet das Programm die Funktion *change_catalog* der Klasse *librarian*, um die Katalognummer für ein bestimmtes Buch zu ändern:

```
#include <iostream.h>
#include <string.h>

class librarian;

class book {
  public:
    book(char *, char *, char *);
    void show_book(void);
    friend librarian;                    // Friend function
  private:
    char title[64];
    char author[64];
    char catalog[64];
};

book::book(char *title, char *author, char *catalog)
  {
    strcpy(book::title, title);
    strcpy(book::author, author);
    strcpy(book::catalog, catalog);
  }

void book::show_book(void)
  {
    cout << "Title: " << title << endl;
    cout << "Author: " << author << endl;
    cout << "Catalog: " << catalog << endl;
  }

class librarian {
  public:
    void change_catalog(book *, char *);
    char *get_catalog(book);
};

void librarian::change_catalog(book *this_book,
  char *new_catalog)
  {
    strcpy(this_book->catalog, new_catalog);
  }
```

```
char *librarian::get_catalog(book this_book)
  {
    static char catalog[64];

    strcpy(catalog, this_book.catalog);
    return(catalog);
  }

void main(void)
  {
    book programming("Rescued By C++, Third Edition", "Jamsa", "P101");
      librarian library;

    programming.show_book();
    library.change_catalog(&programming, "EASY C++ 101");
    programming.show_book();
}
```

Das Programm übergibt das Objekt *book* über die Adresse an die Funktion *change_catalog*, die zur Klasse *librarian* gehört. Da die Funktion ein Attribute der Klasse ändert, muß das Programm den Parameter über die Adresse übergeben, und dann einen Pointer zum Zugriff auf das Attribut verwenden.

Experimentieren Sie mit dem Programm, indem Sie den Eintrag *friend* von der Definition der Klasse *book* entfernen. Da die Klasse *librarian* dann nicht mehr länger Zugriff auf die private Attribute der Klasse *book* hat, wird der Compiler jedesmal einen Syntaxfehler erzeugen, wenn das Programm versucht, auf die Daten des Typs *private* der Klasse *book* zuzugreifen.

Was sind friends?

Normalerweise besteht der einzige Weg, auf welchem ein Programm auf *private* Daten einer Klasse zugreifen kann, in Klassen-Interface-Funktionen. Je nach Programm oder Programm-Ausführungsgeschwindigkeit kann es manchmal notwendig sein, einer Klasse den Zugriff auf *private* Attribute einer anderen Klasse zu gewähren. Dazu muß der C++ Compiler darüber informiert werden, daß es sich bei der betreffenden Klasse um den Typ *friend* handelt. Zur Definition einer Klasse des Typs *friend* schreibt man das Schlüsselwort *friend*, und dann den entsprechenden Klassennamen innerhalb der *public* Attribute der Klassendefinition:

```
class abbott {
 Public:
   friend costello;
   // andere Attribute
 private:
   // private Attribute
};
```

Protected Attribute und friends

In Lektion 28 haben Sie gelernt, daß C++ Attribute des Typs *protected* unterstützt. Solche Attribute machen es möglich, daß abgeleitete Klassen mit dem Punkt-Operator direkt auf *private* Attribute einer Basisklasse zugreifen können. Denken Sie daran, daß nur Klassen, die das Programm von der Basisklasse ableitet, auf Klassen-Attribute des Typs *protected* zugreifen können; also nur Klassen, die die Attribute der Basisklasse geerbt haben. Klassen des Typs *friend* sind normalerweise nicht miteinander verwandt. Das heißt: Keine der Klassen hat irgendwelche Eigenschaften der anderen Klasse geerbt. Nur wenn eine zweite Klasse dem Compiler mitteilt, daß die nicht verwandte erste Klasse ein „Freund" ist, kann die erste Klasse auf *private* Klassen-Attribute der zweiten Klasse zugreifen.

KEIN ZUGANG FÜR FREUNDE

In C++ kann festgelegt werden, daß nur einige wenige Funktionen innerhalb einer Klasse des Typs *friend* auf *private* Daten einer anderen Klasse zugreifen können. Angenommen, die Klasse *librarian* aus dem vorigen Beispiel würde eine große Anzahl von Klassenfunktionen besitzen. Nehmen wir weiterhin an, daß nur die Funktionen *change_catalog* und *get_catalog* auf die *private* Daten der Klasse *book* zugreifen. Innerhalb der *book*-Klassendefinition kann der Zugriff auf die genannten Funktionen beschränkt werden:

```
class book  {
  public:
    book (char *, char *, char *);
    void show_book(void);
    friend char *librarian::get_catalog(book);
    friend void librarian::change_catalog(book *, char *);
  private:
    char title[64];
    char author[64];
    char catalog[64];
};
```

Die mit *friend* versehenen Statements enthalten vollständige Funktionsprototypen für jede der *friend*-Klassenfunktionen, die auf die *private* Attribute direkt zugreifen können.

Funktionen des Typs *friend*

Verwendet ein Programm *friend*-Deklarationen, um auf *private* Daten einer Klasse zuzugreifen, so kann die Anzahl der Klassen-Attribut Funktionen innerhalb der als *friend* deklarierten Klasse durch *friend*-Funktionen reduziert werden. Zur Deklaration einer Funktion des Typs *friend* schreibt man das Schlüsselwort *friend*, gefolgt von einem vollständigen Prototyp für die Funktion, die auf die Daten zugreift:

```
Public:
 Friend class_name::function_name(parameter types);
```

Nur die Attribut-Funktionen, die als *friend* deklariert wurden, können direkt mit dem Punkt-Operator auf die *private* Attribute der Klasse zugreifen.

Immer wenn Klassen aufeinander verweisen, kommt es leicht zu Syntaxfehlern, wenn die Reihenfolge der Klassendefinitionen nicht richtig ist. In diesem Fall verwendet die Definition der Klasse *book* Funktionsprototypen, die für die Klasse *librarian* definiert wurde. Bei der Überprüfung der Klasse *librarian* wird man jedoch feststellen, daß sie auf die Klasse *book* verweist:

```
class librarian {
 public:
   void change_catalog(book *, char *);
   char *get_catalog(book);
};
```

C++ stellt für diesen Fall eine *one-line* Klassendefinition zur Verfügung, die dem Compiler mitteilt, daß es sich bei *book* um eine Klasse handelt, die das Programm später definiert:

```
class book;
```

Das folgende Programm, *LimitFri.CPP*, verwendet Funktionen des Typs *friend*, um den Zugriff der Klasse *librarian* auf *private* Daten der Klasse *book* zu beschränken. Beachten Sie die Reihenfolge der Klassendefinitionen:

```
#include <iostream.h>
#include <string.h>

class book;

class librarian {
 public:
   void change_catalog(book *, char *);
   char *get_catalog(book);
};
```

```
class book {
 public:
   book(char *, char *, char *);
   void show_book(void);
   friend char *librarian::get_catalog(book);
   friend void librarian::change_catalog(book *, char *);
 private:
   char title[64];
   char author[64];
   char catalog[64];
};

book::book(char *title, char *author, char *catalog)
 {
   strcpy(book::title, title);
   strcpy(book::author, author);
   strcpy(book::catalog, catalog);
 }

void book::show_book(void)
 {
   cout << "Title: " << title << endl;
   cout << "Author: " << author << endl;
   cout << "Catalog: " << catalog << endl;
 }

void librarian::change_catalog(book *this_book,
 char *new_catalog)
 {
   strcpy(this_book->catalog, new_catalog);
 }

char *librarian::get_catalog(book this_book)
 {
   static char catalog[64];
   strcpy(catalog, this_book.catalog);
   return(catalog);
 }

void main(void)
 {
   book programming("Rescued By C++, Third Edition", "Jamsa", "P101");
   librarian library;
   programming.show_book();

   library.change_catalog(&programming, "EASY C+ 101");
   programming.show_book();
 }
```

Das Programm teilt dem Compiler am Anfang in einer Zeile mit, daß es die Klasse *book* später definieren wird. Da der Eintrag den Compiler sozusagen vorwarnt, kann die *librarian*-Klassendefinition auf die Klasse *book* verweisen, die vom Programm erst später definiert wird.

Klassen-Identifier

Ein Identifier ist ein Name, so wie eine Variable oder ein Klassentyp. Bei der Verwendung von Klassen des Typs *friend* mag es Fälle geben, in welchen eine Klassendefinition auf eine zweite verweist (auf den Namen oder Identifier), über die der C++ Compiler noch nichts weiß. In solchen Fällen erzeugt der Compiler Fehlermeldungen. Um solche „wer wird zuerst definiert“ Fehler zu vermeiden, kann innerhalb von C++ ein Eintrag in der Nähe des Anfangs des Quellcodes erfolgen, der einen Klassen-Identifier vorstellt:

```
class class_name;
```

Dieser Eintrag teilt dem Compiler mit, daß das Programm die angegebene Klasse später definieren wird.

Zusammenfassung

In dieser Lektion haben Sie gelernt, wie man Klassen des Typs *friend* anwendet, um mittels des Punkt-Operators einer Klasse den Zugriff auf die Attribute des Typs *private* einer anderen Klasse zu gewähren. Bevor Sie mit der nächsten Lektion fortfahren, sollten Sie anhand der folgenden Punkte überprüfen, ob Sie den Inhalt dieser Lektion verstanden und behalten haben:

- ✓ Mit dem Schlüsselwort *friends* kann eine Klasse mittels des Punkt-Operators auf Attribute des Typs *private* einer anderen Klasse zugreifen.
- ✓ Um eine Klasse als *friend* zu deklarieren, schreibt man innerhalb der zweiten Klassendefinition das Schlüsselwort *friend*, gefolgt vom Klassennamen.
- ✓ Nach einer *friend*-Deklaration können alle Attribute innerhalb der *friend*-Klasse auf die Attribute des Typs *private* der anderen Klasse zugreifen.
- ✓ Um die Zahl der *friend*-Methoden zu begrenzen, ist die Definition von Funktionen des Typs *friend* möglich. Um eine Funktion als *friend* zu deklarieren, schreibt man das Schlüsselwort *friend*, gefolgt vom Funktions-Prototypen der betreffenden Funktion.
- ✓ Bei der Deklaration von Funktionen des Typs *friend* können Syntaxfehler auftreten, wenn die Reihenfolge, in welcher das Programm die Klassen definiert, nicht richtig ist. Man kann dem Compiler jedoch mitteilen, daß eine Klasse später definiert wird. Dazu fügt man den Eintrag *class class_name* ins Programm ein.

LEKTION 31

FUNKTIONS-TEMPLATES

Es kann vorkommen, daß zwei Funktionen die gleiche Aufgabe erfüllen, dabei jedoch mit unterschiedlichen Datentypen arbeiten. Sie haben bereits gelernt, daß man durch das Overloading-Verfahren den gleichen Funktionsnamen verwenden kann, um Operationen auszuführen, die verschiedene Parametertypen benutzen. Geben diese Funktionen jedoch unterschiedliche Typen zurück, so müssen Funktionen mit unterschiedlichen Namen verwendet werden. Angenommen, Sie verwenden eine Funktion mit dem Namen *max*, die das Maximum zweier Integer-Werte zurückgibt. Wenn Sie später eine gleichartige Funktion benötigen, die das Maximum zweier Fließkommawerte zurückgibt, muß eine zweite Funktion definiert werden – zum Beispiel *fmax*.

In dieser Lektion lernen Sie, wie man C++ Templates anwendet, um auf schnelle Weise Funktionen zu erstellen, die unterschiedliche Typen zurückgeben. Hier eine Zusammenfassung der in dieser Lektion behandelten Themen:

- ❒ Templates definieren eine Gruppe von Statements, mit welchen ein Programm zu einem späteren Zeitpunkt weitere Funktionen erstellen kann.
- ❒ Programme verwenden oftmals Funktions-Templates, um mindestens zwei Funktionen zu definieren, die mit ähnlichen Statements, aber mit unterschiedlichen Parametern oder Returnwert-Typen arbeiten.
- ❒ Funktions-Templates haben besondere Namen, die mit dem Namen der Funktion in Zusammenhang stehen, die Sie in Ihrem Programm verwenden möchten.
- ❒ Nachdem das Programm ein Funktions-Template definiert hat, kann es später mit der Hilfe dieses Templates eine Funktion erstellen. Dadurch wird ein Prototyp angegeben, der den Namen des Templates, den Return-Wert der Funktion und die Parameter-Typen der Funktion enthält.
- ❒ Während der Compilierung erzeugt der C++ Compiler diese Funktionen, indem er die Typen verwendet, die das Programm in den obengenannten Prototypen angibt.

Funktions-Templates verwenden eine charakteristische Syntax, die jedoch keineswegs so verwirrend ist, wie sie auf den ersten Blick aussieht.

Beachten Sie bitte: Der diesem Buch beigefügte C++ Lite-Compiler unterstützt die C++ Templates **nicht**.

EIN EINFACHES FUNKTIONS-TEMPLATE

Ein Funktions-Template definiert eine typenlose (*generic*) Funktion, mit welcher das Programm dann später eine Funktion erzeugt, die die vom Programm gefordertenTypen verwendet. Die folgenden Statements zum Beispiel definieren ein Template für eine Funktion mit dem Namen *max*, die von zwei Werten den größeren Wert zurück gibt:

```
template<class T> T max(T a, T b)
  {
    if (a>b)
      return(a);
    else
      return(b);
}
```

In diesem Beispiel ist der Buchstabe *T* der generische Typ des Templates. Nach der Definition des Templates werden Funktionsprototypen für jeden benötigten Typ deklariert. Im Falle des Templates *max* erzeugen die folgenden Prototypen die Funktionen für *float* und *int*:

```
float max (float, float);
Int max(int, int);
```

Wenn der C++ Compiler diese Funktionsprototypen innerhalb des Programms findet, ersetzt er den Template-Typ *T* beim Aufbau der Funktion durch den benötigten Typ. Dies sieht bei der Einfügung von *float* wie folgt aus:

```
float max (float, float);

  template<class T> T max(T a, T b)
    {
      if (a>b)
        return(a);
      clse
        return(b);
    }
        float max (float a, float b);
          {
            if (a>b)
              return(a);
            else
              return(b);
          }
```

Das folgende Programm, *Max_Temp.CPP*, verwendet das Template *max*, um Funktionen des Typs *int* und *float* zu erzeugen:

```
#include <iostream.h>

template<class T> T max(T a, T b)
  {
    if (a > b)
      return(a);
    else
      return(b);
  }

float max(float, float);
int max(int, int);

void main(void)
  {
    cout << "The maximum of 100 and 200 is " <<
      max(100, 200) << endl;

    cout << "The maximum of 5.4321 and 1.2345 is " <<
      max(5.4321, 1.2345) << endl;
  }
```

Während der Compilierung werden automatisch die Statements erzeugt, die eine Funktion zur Unterstützung des Typs *int*, und eine Funktion zur Unterstützung des Typs *float* aufbauen. So können die gleichen Funktionsnamen für die Rückgabe unterschiedlicher Typen verwendet werden. Mit einem Funktions-Overloading, das wir in Lektion 15 besprochen haben, wäre dies nicht möglich.

Funktions–Templates

In komplexeren Programmen kann es vorkommen, daß Funktionen gleiche Operationen mit unterschiedlichen Datentypen ausführen müssen. Mit Funktions-Templates können Funktionen vom Typ *generic* (typenlos) definiert werden. Wird solch eine Funktion für einen bestimmten Typ verwendet (zum Beispiel *int* oder *float*), verwendet das Programm einen Funktionsprototypen. Dieser Prototyp verwendet den Namen der Template-Funktion und gibt den Return-Wert und die Parametertypen der Funktion an. Während der Compilierung wird dann die entsprechende Funktion erzeugt. Mit Funktions-Templates reduzieren Sie die Anzahl der selbst zu schreibenden Funktionen, da der gleiche Funktionsname für die Rückgabe unterschiedlicher Parametertypen verwendet werden kann.

MULTIPLE TEMPLATES

Die vorhergehende Template-Definition für die Funktion *max* verwendete lediglich den generischen Typ *T*. In vielen Fällen benötigt eine Template-Funktion jedoch mehrere Typen. Die folgenden Statements zum Beispiel erzeugen ein Template für die Funktion *show_array*. Diese Funktion zeigt mittels einer *for*-Schleife die einzelnen Elemente des Arrays *array* an. Mit dem Typ *T* wird der Array-Typ, und mit *T1* der Typ des Parameters *count* angezeigt:

```
Template < class T, class T1> void show_array(T *array, T1 count)
  {
    T1 index;
    for (index = 0; index < count; index++)
      cout << array[index] << "  ";

    cout << endl;
  }
```

Wie zuvor muß das Programm die Funktionsprototypen angeben, die jedem der Funktionstypen entsprechen:

```
void show_array(int *, int);
void show_array(float *, unsigned);
```

Das folgende Programm, *Show_Tem.CPP*, verwendet das Template *show_array*, um Funktionen zu erzeugen, die den Inhalt von Arrays der Typen *int* und *float* anzeigen:

```
#include <iostream.h>

template<class T, class T1> void show_array(T *array,T1 count)
  {
    T1 index;

    for (index = 0; index < count; index++)
      cout << array[index] << ' ';

    cout << endl;
  }

void show_array(int *, int);
void show_array(float *, unsigned);
```

```
void main(void)
  {
    int pages[] = { 100, 200, 300, 400, 500 };
    float prices[] = { 10.05, 20.10, 30.15 };

    show_array(pages, 5);
    show_array(prices, 3);
  }
```

Templates und multiple Typen

Umfangreichere Templates müssen oftmals mehrere Typen unterstützen. Angenommen, ein Programm erzeugt ein Template für eine Funktion mit dem Namen *array_sort*, die die Elemente eines Arrays nach bestimmten Kriterien sortiert. In diesem Fall kann die Funktion zwei Parameter verwenden. Der erste bezeichnet den Datentyp der Array Elemente, zum Beispiel *int*, und der zweite bezieht sich auf die Anzahl der Array-Elemente. Besitzt das Array nämlich mehr als 32767 oder weniger als 129 Elemente, so kann das folgende Template dazu verwendet werden, für *T1* einen anderen Typ, zum Beispiel *long* oder *char* einzusetzen:

```
template<class T, class T1> void array_sort(T array[], T1 elements)
  {
    // statements
  }
void array_sort(float, char); // oder void array_sort(float, long);
```

ZUSAMMENFASSUNG

Mit Funktions-Templates kann der Compiler Statements für Funktionen erzeugen, die sich nur durch die Typen ihrer Parameter oder Return-Werte unterscheiden. Bevor Sie mit der nächsten Lektion weitermachen, sollten Sie anhand der folgenden Punkte überprüfen, ob Sie die Inhalte dieser Lektion verstanden und behalten haben:

- ✓ Mit Funktions-Templates lassen sich typenlose oder generische Funktionen deklarieren.
- ✓ Wenn ein Programm solch eine Funktion mit bestimmten Datentypen verwenden möchte, gibt es einen Funktionsprototypen an, der die richtigen Typen definiert.
- ✓ Trifft der C++ Compiler auf einen Funktionsprototypen, so erzeugt er die entsprechenden Funktions-Statements und setzt die richtigen Typen ein.

- ✓ Ein Template ist nur dann notwendig, wenn eine Funktion unterschiedliche Datentypen verarbeiten muß.
- ✓ In einem Template wird jedem Datentyp ein eindeutiger Identifier zugewiesen, zum Beispiel *T*, *T1* oder *T2*. Während der Compilierung werden die richtigen Datentypen mittels des Funktions-Prototypen zugewiesen.

LEKTION 32

KLASSEN-TEMPLATES

In manchen Fällen ist nicht nur die Erzeugung generischer Funktionen (vorhergehende Lektion), sondern auch die Erzeugung generischer Klassen notwendig. Dazu ist es innerhalb von C++ möglich, sogenannte Klassen-Templates zu definieren und anzuwenden. Diese Lektion zeigt die dazu notwendigen Schritte. Hier eine kurze Übersicht:

Ein Klassen-Template erzeugt man wie folgt: Schreiben Sie das Schlüsselwort *template*, gefolgt von den Symbolen *T*, *T1*, *T2* und so weiter. Die Template-Klassendefinition kann diese Symbole zur Angabe der Typen von Return-Werten der Attribut-Funktionen, und zur Angabe von Attribut-Daten verwenden.

- ❐ Um mit Klassen-Templates Klassen-Objekte zu erzeugen, verweist das Programm auf den Klassennamen. Danach folgen die Typen, die der Compiler jedem Typ-Symbol zuweisen muß.
- ❐ Das Programm gibt die Typen und den Variablennamen an. Die Typen müssen dabei in spitzen Klammern stehen (zum Beispiel *<int, float>*).
- ❐ Stellt die Klasse eine Constructor-Funktion zur Verfügung, mit welcher Attribut-Variablen initialisiert werden, so kann der Constructor aufgerufen werden, wenn man ein Objekt unter Verwendung des Templates erstellt – zum Beispiel: *class_name<int, float> values(200);*
- ❐ Trifft der Compiler auf eine Objekt-Deklaration, so erzeugt er eine Klasse von dem Template, das die entsprechenden Typen verwendet.

Beachten Sie bitte: Auch Klassen-Templates werden vom Turbo C++ Light-Compiler, der diesem Buch beigefügt ist, **nicht** unterstützt.

ERZEUGUNG EINES KLASSEN-TEMPLATES

Angenommen, Sie erstellen eine Klasse mit dem Namen *array*, die Methoden zur Berechnung von Summen und Durchschnitttswerten der in einem Array gespeicherten Daten zur Verfügung stellt. Besitzt das Array den Typ *int*, so könnte die entsprechende Klasse wie folgt aussehen:

```
class array {
 public:
   array(int size);
   long sum(void);
   int average_value(void);
   void show_array(void);
   int add_value(int);
 private:
   int *data;
   int size;
  int index;
};
```

Das folgende Programm. *I_Array.CPP*, verwendet die Klasse *array*, um mit Werten des Typs *int* zu arbeiten:

```
#include <iostream.h>
#include <stdlib.h>

class array {
 public:
   array(int size);
   long sum(void);
   int average_value(void);
   void show_array(void);
   int add_value(int);
 private:
   int *data;
   int size;
   int index;
};

array::array(int size)
 {
   data = new int[size];

   if (data == NULL)
     {
       cerr << "Insufficient memory—program ending" << endl;
       exit(1);
     }

   array::size = size;
   array::index = 0;
 }
long array::sum(void)
 {
   long sum = 0;
```

```
    for (int i = 0; i < index; i++)
      sum += data[i];

    return(sum);
  }

int array::average_value(void)
  {
    long sum = 0;

    for (int i = 0; i < index; i++)
      sum += data[i];

    return(sum / index);
  }

void array::show_array(void)
  {
    for (int i = 0; i < index; i++)
      cout << data[i] << ' ';

    cout << endl;
  }

int array::add_value(int value)
  {
    if (index == size)
      return(-1);          // Array is full
    else
      {
        data[index] = value;
        index++;
        return(0);         // Successful
      }
  }

void main(void)
  {
    array numbers(100);  // 100 element array
    int i;

    for (i = 0; i < 50; i++)
      numbers.add_value(i);

    numbers.show_array();

    cout << "The sum of the numbers is " << numbers.sum() << endl;
    cout << "The average value is " << numbers.average_value() << endl;
  }
```

Das Programm reserviert Speicherplatz für ein Array mit 100 Elementen und weist dem Array 50 Elemente mit der Methode *add_value* zu. Innerhalb der Klasse *array* enthält das Attribut *index* die Anzahl der Elemente, die das Array gerade speichert. Wenn das Programm versucht, mehr Elemente hinzuzufügen, als das Array speichern kann, tritt ein Fehler in der Funktion *add_value* auf. Die Funktion *average_value* verwendet das Attribut *index* zur Bestimmung des Durchschnitts der im Array gespeicherten Werte. Die Zuweisung von Array-Speicherplatz erfolgt über den Operator *new*, der in der nächsten Lektion ausführlich besprochen wird.

Klassen Templates

Wenn die Anzahl der von Ihnen erstellten Klassen zunimmt, kann es Fälle geben, in welchen die Klasse eines bestimmten Programms auch für ein neues Programm geeignet ist. Vielleicht werden sich einige dieser Klassen sogar nur durch den verwendeten Typ unterscheiden. In solchen Fällen bietet C++ die Möglichkeit zur Erstellung von Klassen-Templates. Ein Template definiert eine typenlosen (generische) Klasse, mit welcher sich später Objekte erstellen lassen, die einen bestimmten Typ erfordern. Trifft der Compiler auf eine Objekt-Deklaration, die auf einem Klassen-Template basiert, so verwendet er die von der Deklaration angegebenen Typen zur Erzeugung des notwendigen Klassentyps. Einfach ausgedrückt: Schnelles Erstellen von Klassen, die sich nur durch ihren Typ unterscheiden, spart Programmierarbeit und damit Zeit.

Hier noch ein zweites Beispiel: Ein Programm enthält ein *integer*-Array und ein Array des Typs *float*. Außer der Möglichkeit, in diesem Falle mit zwei verschiedenen Klassen zu arbeiten, bietet sich noch eine zweite Lösung in Form eines Klassen-Templates an. So braucht die Klasse nicht dupliziert zu werden. Das folgende Klassen-Template erzeugt die generische Klasse *array*:

```
template<class T, class T1>
class array {
 public:
   array(int size);
   T1 sum(void);
   T average_value(void);
   void show_array(void);
   int add_value(T);
 private:
   T *data;
   int size;
   int index;
};
```

Das Template-Statement definiert die Typen-Symbole *T* und *T1*. Im Falle eines Arrays mit Integer-Werten entspricht *T* dem Typ *int*, und *T1* dem Typ *long*. Bei Fließkomma-Arrays (floating point) entsprechen sowohl *T* als auch *T1* dem Typ *float*.

Vor jeder Klassen-Funktion muß die gleiche Template-Eingabe erfolgen. Zusätzlich müssen direkt nach dem Klassen-Namen die Typen-Klassen angegeben werden, zum Beispiel: *array<T, T1>::average_value.*

Die folgenden Statements zeigen zum Beispiel die Funktions-Definition der Klasse *average_value*:

```
template<class T, class T1>
T array<T, T1>::average_value(void)
 {
   T1 sum = 0;
   int i;
   for(i = 0; i < index; i++)
   sum += data[i];
   return(sum / index);
 }
```

Nachdem das Template erstellt wurde, kann eine Klasse des richtigen Typs durch Angabe des Klassennamens erstellt werden. Nach dem Klassennamen schreibt man den gewünschten Typ in spitzen Klammern:

```
array<int, long> numbers(100);
array<float, float> values(200);
```

mit:

array	= Templatename
<int, long>	= Template-Typen

Das Programm *GenArray.CPP* verwendet das Klassen-Template *array* zur Erstellung zweier Klassen: Eine, die Werte des Typs *int*, und eine, die Werte des Typs *float* unterstützt:

```
#include <iostream.h>
#include <stdlib.h>

template<class T, class T1>
class array {
 public:
   array(int size);
   T1 sum(void);
   T average_value(void);
```

```
    void show_array(void);
    int add_value(T);
  private:
    T *data;
    int size;
    int index;
};

template<class T, class T1>
array<T, T1>::array(int size)
  {
    data = new T[size];

    if (data == NULL)
      {
        cerr << "Insufficient memory—program ending" << endl;
        exit(1);
      }

    array::size = size;
    array::index = 0;
  }

template<class T, class T1>
T1 array<T, T1>::sum(void)
  {
    T1 sum = 0;

    for (int i = 0; i < index; i++)
      sum += data[i];

    return(sum);
  }

template<class T, class T1>
T array<T, T1>::average_value(void)
  {
    T1 sum = 0;

    for (int i = 0; i < index; i++)
      sum += data[i];

    return(sum / index);
  }

template<class T, class T1>
void array<T, T1>::show_array(void)
```

```
  {
    for (int i = 0; i < index; i++)
      cout << data[i] << ' ';

    cout << endl;
  }

template<class T, class T1>
int array<T, T1>::add_value(T value)
  {
    if (index == size)
      return(-1);        // Array is full
    else
      {
        data[index] = value;
        index++;
        return(0);      // Successful
      }
  }

void main(void)
  {
    // 100 element array
    array<int, long> numbers(100);
    // 200 element array
    array<float, float> values(200);
    int i;

    for (i = 0; i < 50; i++)
      numbers.add_value(i);

    numbers.show_array();

    cout << "The sum of the numbers is " << numbers.sum() << endl;
    cout << "The average value is " << numbers.average_value() << endl;

    for (i = 0; i < 100; i++)
      values.add_value(i * 100);

    values.show_array();

    cout << "The sum of the numbers is " << values.sum() << endl;
    cout << "The average value is " << values.average_value() << endl;
  }
```

Deklaration von Objekten, die auf einem Klassen-Template basieren

Zur Erzeugung von Objekten, die ein Klassen-Template verwenden, gibt man den Klassennamen an, und anschließend die Typen, die der Compiler für die Ausdrücke *T, T1* und so weiter einsetzen soll. Diese Ausdrücke müssen in spitze Klammern gesetzt sein. Danach muß der Name der Objekt-Variablen angegeben werden, zusammen mit den Parameter-Werten, die an die Constructor-Funktionen der Klasse übergeben werden sollen:

```
template_class_name<type1, type2> object_name(parameter1, parameter2);
```

Wenn der C++ Compiler auf die Deklaration trifft, erzeugt er eine Klasse, die auf den vom Programm angegebenen Typen basiert. Das folgende Statement zum Beispiel verwendet das Klassen-Template *array* zur Erzeugung eines Arrays des Typs *char*, das 100 Elemente speichern kann:

```
array<char, int> small_numbers(100);
```

ZUSAMMENFASSUNG

In dieser Lektion haben Sie gelernt, wie Klassen-Templates bei der Reduzierung von Programmcode verwendet werden können. Die Definition der Klasse erfolgt so, als würde man eine Klasse für einen bestimmten Typ erzeugen. Nach der Definition der vollständigen Klasse muß bestimmt werden, welche Attribute sich ändern müssen, um unterschiedliche Objekt-Typen zu unterstützen. Danach werden die Typen dieser Attribute durch die Symbole *T, T1, T2* und so weiter ersetzt.

Bevor Sie mit der nächsten Lektion weitermachen, sollten Sie anhand der folgenden Punkte noch einmal überprüfen, ob Sie die Inhalte dieser Lektion verstanden und behalten haben:

- ✓ Klassen-Templates sind für Klassen bestimmt, die sich nur durch ihren Typ voneinander unterscheiden.
- ✓ Zur Erstellung eines Klassen-Templates schreibt man das Schlüsselwort *template* und die Symbole *T* oder *T1* vor die Klassendefinition.
- ✓ Jeder Klassendefinitions-Funktion muß das gleiche Template-Statement vorangestellt werden. Zusätzlich müssen die Template-Typen innerhalb spitzer Klammern zwischen den Klassennamen und den Global Resolution Operator gesetzt werden, zum Beispiel: *class_name<T, T1>::function_name.*
- ✓ Zur Erzeugung einer Klasse mittels des Schlüsselwortes *template* schreibt man den Klassen-Namen, gefolgt von öffnenden und schließenden, spitzen Klammern, die die Ersatz-Typen enthalten. Beispiel: *class_name<int, long> object.*

Abschnitt 6

FORTGESCHRITTENE C++ KONZEPTE

In diesem Kapitel lernen Sie, wie man Speicherplatz während des Programm-Ablaufs reserviert, wie man Datei-Operationen ausführt und Exeptions anwendet, um unerwarteten Programmfehlern zu begegnen. Am Ende dieses Buches werden Sie dank dieses letzten Kapitels nicht nur über grundsätzliche, sondern auch über abgerundete Kenntnisse der C++ Programmierung verfügen. Die einzelnen Lektionen sind nicht schwerer als die bisherigen, auch wenn die folgende Lektionsübersicht vielleicht diesen Eindruck erweckt:

LEKTION 33

FREE STORE

Wenn ein Programm ein Array deklariert, reserviert der Compiler den entsprechenden Speicherplatz zur Unterbringung der entsprechenden Elemente. Es kann jedoch mitunter vorkommen, daß der beim Schreiben des Programms angegebene Speicherplatz während der Laufzeit plötzlich nicht mehr ausreicht. Angenommen, Sie haben zum Beispiel ein Array erzeugt, das 100 Preise verschiedener Waren speichern kann. Übersteigt die Anzahl der Waren unerwartet diese Obergrenze, so müßte nun das Programm beendet, neu geschrieben und neu compiliert werden.

Als Alternative zur festen Speicherbelegung ist es auch möglich, Speicherplatz dynamisch zuzuordnen. Steigt die Anzahl der benötigten Elemente, so wird mehr Speicherplatz für das Array reserviert. Sinkt die Zahl, so wird der nicht benötigte Speicherplatz für andere Zwecke freigegeben. Das Programm paßt sich bei der dynamischen Speicherplatz-Zuordnung den Bedürfnissen des Anwenders ohne zusätzliche Code-Änderung an.

Wenn ein Programm während der Laufzeit zusätzlichen Speicherplatz anfordert, nimmt es diesen von einem Bereich, den man als *Free Store* bezeichnet. Diese Lektion zeigt Ihnen, wie man zusätzlichen Speicherplatz nach Bedarf anfordert und anschließend wieder freigibt. Dabei werden folgende Themenschwerpunkte behandelt:

- Anwendung des *new* Operators zum Zuordnen von Speicherplatz während des Programm-Ablaufs durch Angabe des erforderlichen Speicherplatzbedarfs in Bytes.
- Rückgabe eines Pointers durch *new*, der auf den Beginn des angeforderten Speicherbereiches zeigt.
- Rückgabe eines NULL-Pointers bei nicht ausreichendem Speicherplatz.
- Anwendung des *delete*-Operators bei der Freigabe des angeforderten Speicherplatzes.

DER *NEW*-OPERATOR

Der *new*-Operator dient zur Anforderung zusätzlichen Speicherplatzes während der Ausführung eines Programms. Diesen Vorgang nennt man auch dynamische Zuordnung. Bei der Anwendung des *new*-Operators muß der benötigte Speicherbereich in Bytes angegeben werden. Angenommen, ein Programm benötigt ein Array mit einer Größe von 50 Bytes. Mit dem *new*-Operator kann der Speicherplatz wie folgt zugewiesen werden:

```
char *buffer = new char[50];
```

War die Zuweisung erfolgreich, so gibt *new* einen Pointer zurück, der auf die Startadresse des Speicherbereiches zeigt. Da es sich bei diesem Beispiel um ein Array des Typs *char* handelt, ist auch der von *new* zurückgegebene Wert vom Typ *char*. Kann der *new*-Operator den erforderlichen Speicherplatz nicht reservieren, so gibt er einen NULL-Pointer zurück. Bei jeder Anwendung des *new*-Operators sollte daher zuerst dessen Rückgabewert überprüft werden. Ist er Null, so kann auf den angeforderten Speicherplatz nicht zugegriffen werden.

Sinn und Zweck dynamischer Speicherplatz-Zuordnung

Bei der Deklaration eines Arrays macht sich ein Programmierer zuerst einmal Gedanken darüber, wieviele Elemente im Höchstfalle benötigt werden. Speicherplatz ist schließlich kostbar, und es wäre schade, ihn mit Array-Elementen zu verschwenden, die normalerweise nie benutzt werden. Trotzdem kann es vorkommen, daß auch die weitsichtigste Vorausplanung versagt und ein Programm plötzlich mehr Speicherplatz benötigt.

Denken Sie zum Beispiel an die Umstellung von vierstelligen auf fünfstellige Postleitzahlen vor einigen Jahren. Soll eine Herstellerfirma in solch einem Fall jedes damit konfrontierte Adreßprogramm neu schreiben, neu compilieren und eine Kopie an jeden Besitzer schicken?

Um solche Probleme zu vermeiden, sollte man Speicherplatz möglichst dynamisch zuordnen. Dies geschieht mittels des *new*-Operators. Der Speicherplatz wird damit den Bedürfnissen des Anwenders angepaßt, ganz ohne neues Editieren und Compilieren.

Hier ein Beispiel dynamischer Speicherplatz-Zuordnung: Das Programm *Use_New.CPP* verwendet den *new*-Operator, um einen Pointer auf ein Array von 100 Zeichen zurückzuerhalten.

```
#include <iostream.h>

void main(void)
 {
   char *pointer = new char[100];

   if (pointer != NULL)
     cout << "Memory successfully allocated" << endl;
   else
     cout << "Error allocating memory" << endl;
 }
```

Das Programm *Use_New.CPP* überprüft den Rückgabewert von *new*. Ist er NULL, so konnte *new* nicht genügend Speicherplatz zuordnen. Ist der Pointer nicht NULL, so erscheint die Meldung, daß der Speicherplatz erfolgreich zugewiesen wurde. Der Pointer enthält in diesem Falle die Startadresse des Speicherbereichs.

Zu wenig Speicher? Rückgabe NULL!

Bei der Anwendung des *new*-Operators kann es vorkommen, daß der angeforderte Speicherplatz nicht zur Verfügung gestellt werden kann: Im *Free Store* sind nicht mehr genügend freie Speicherplätze vorhanden. In diesem Falle gibt *new* den Wert NULL zurück, der vom Programm durch Überprüfung des Rückgabewertes erkannt wird. So kann während des Programmablaufs festgestellt werden, ob noch genug Speicherplatz vorhanden ist oder nicht.

Das folgende Statement verwendet *new* zum Anfordern von Speicherplatz für ein Array, das 500 Werte des Typs *float* speichern kann:

```
float *array = new float[500];
```

Um festzustellen, ob die Reservierung erfolgreich war, sollte man den Pointer-Wert mit NULL vergleichen:

```
if (array != NULL)
 cout <<  "Successful memory allocation" << endl;
else
 cout <<  "new did not allocate memory"  << endl;
```

Das zuvor besprochene Programm verwendete den *new*-Operator zur Anforderung von 100 Bytes Speicherplatz. Die Zahl der zusätzlich bei Bedarf zu reservierenden Bytes war in diesem Programm im Code fest vorgegeben. Es ist auch möglich, die Größe des benötigten Speicherplatzes während der Laufzeit einzugeben. Das folgende Programm, *Ask_Mem.CPP*, bittet den Anwender, die Anzahl der benötigten Bytes einzutippen, bevor der *new*-Operator angewendet wird:

```
#include <iostream.h>
void main(void)
 {
   int size;
   char *pointer;

   cout << "Type in the array size, up to 30000: ";
   cin >> size;

   if (size <= 30000)
     {
       pointer = new char[size];

       if (pointer != NULL)
         cout << "Memory successfully allocated" << endl;
       else
         cout << "Unable to allocate memory" << endl;
     }
 }
```

Die eleganteste Anwendung des *new*-Operators besteht ohne Zweifel darin, daß ein Programm selbst entscheidet, wieviel Speicherplatz es anfordern muß. Das ist einfacher, als es klingt. Angenommen, ein Array in einem von mehreren Firmen genutzten Programm benötigt Speicherplatz für eine bestimmte Anzahl von Angestellten, die von Firma zu Firma variieren kann. Die Namen aller Angestellten seien in einer bestimmten Datei gespeichert. Wenn das Programm diese Datei liest, weiß es automatisch, wieviel Speicherplatz mit *new* angefordert werden muß.

Das folgende Programm, *NoMemory.CPP*, fordert so lange Speicherplatz vom *Free Store*, bis dessen Reserven erschöpft sind (in Blöcken von jeweils 10000 Bytes). Solange dies nicht der Fall ist, kommt die Meldung: „10000 Bytes zugewiesen". Ist der Speicherplatz zu Ende, so bricht das Programm mit einer Fehlermeldung ab.

```
#include <iostream.h>

void main(void)
  {
    char *pointer;
    do {
      pointer = new char[10000];

      if (pointer != NULL)
        cout << "Allocated 10,000 bytes" << endl;
      else
        cout << "Memory allocation failed" << endl;

    } while (pointer != NULL);
  }
```

Sie werden nach dem Start des Programms festgestellt haben, daß der *Free Store*-Speicher nach 64 Kilo Bytes erschöpft war. Standardmäßig steht einem C-Compiler genau dieser Betrag an Speicherplatz zur Verfügung. Man spricht in diesem Falle von einem Speichermodell, von denen es verschiedene Versionen gibt. In unseren Beispielen handelt es sich um das „*Small Memory Model*". Leider ist es unter DOS nicht möglich, einen größeren Speicherbereich zu nutzen.

Free Store

Nach jedem Programmstart stellt der Compiler einen freien Speicherbereich (*Free Store*) zur Verfügung, der mit dem *new*-Operator während der Ausführung des Programms genutzt werden kann. Auf diese Weise braucht die Größe eines Arrays nicht mehr von vornherein festgelegt zu werden. Je nach Betriebssystem und Erweiterungsspeicher kann die Größe dieses Bereiches sehr unterschiedlich sein. Dieser Gegebenheit muß beim Operieren mit speicherintensiven Anwendungen Rechnung getragen werden.

RÜCKGABERECHT INBEGRIFFEN

Wenn der ursprünglich angeforderte, zusätzliche Speicherplatz während des Programm-Ablaufs nicht mehr benötigt wird, kann er mit dem *delete*-Operator wieder zurückgegeben werden. Dazu schreibt man das Schlüsselwort *delete*, gefolgt von einem Pointer, der auf den Speicherbereich zeigt:

```
delete pointer;
```

Das folgende Programm, *Del_Mem.CPP*, verwendet den *delete*-Operator, um den durch *new* angeforderten Speicherplatz wieder freizugeben:

```
#include <iostream.h>
#include <string.h>

void main(void)
 {
   char *pointer = new char[100];

   strcpy(pointer, "Rescued by C++");

   cout << pointer << endl;

   delete pointer;
 }
```

Wird der angeforderte Speicherbereich während des Programmablaufs nicht mit *delete* freigegeben, so erfolgt die Freigabe automatisch nach dem Beenden des Programms. Wird der Speicherbereich jedoch mit *delete* zurückgegeben, so kann der Bereich anschließend für andere Zwecke genutzt werden – entweder vom gleichen Programm für eine neue *new*-Anweisung, oder vom Betriebssystem für ein anderes Programm.

EIN ZWEITES BEISPIEL

Das folgende Programm, *AlocArr.CPP*, fordert Speicherplatz für ein Integer-Array mit 1000 Elementen an. Anschließend werden die Elemente in aufsteigender Reihenfolge mit den Zahlen 1 bis 1000 belegt. Die Zahlen werden auf dem Bildschirm angezeigt. Danach wird der Speicherplatz wieder freigegeben. Mit einem erneuten *new*-Operator wird nun dem Array ein Speicherbereich zugewiesen, der für 2000 *float*-Variablen ausreicht. Die Elemente werden diesmal mit den Zahlen 1 bis 2000 belegt. Auch in diesem Fall werden die Zahlen auf dem Bildschirm dargestellt:

```
#include <iostream.h>

void main(void)
  {
    int *int_array = new int[1000];
    float *float_array;
    int i;

    if (int_array != NULL)
      {
        for (i = 0; i < 1000; i++)
          int_array[i] = i + 1;

        for (i = 0; i < 1000; i++)
          cout << int_array[i] << ' ';

        delete int_array;
      }

float_array = new float[2000];

if (float_array != NULL)
    {
      for (i = 0; i < 2000; i++)
        float_array[i] = (i + 1) * 1.0;

      for (i = 0; i < 2000; i++)
        cout << float_array[i] << ' ';

      delete float_array;
    }
  }
```

Grundsätzlich sollte der mit *new* angeforderte Speicherplatz sofort wieder freigegeben werden, wenn er nicht mehr benötigt wird.

ZUSAMMENFASSUNG

In dieser Lektion haben Sie gelernt, wie man Speicherplatz auf dynamische Weise während des Programm-Ablaufs mit dem *new*-Operator anfordern kann. Der zur Verfügung stehende Speicherplatz paßt sich damit den Anforderungen des Anwenders an. Vorteil: Müssen plötzlich einmal mehr Daten als gewöhnlich gespeichert werden, so ist eine Programmänderung mit anschließender Neu-Compilierung nicht mehr notwendig.

Bevor Sie mit der nächsten Lektion weitermachen, sollten Sie anhand der folgenden Punkte noch einmal überprüfen, ob Sie die Inhalte dieser Lektion verstanden und behalten haben:

- ✓ Ein Programm, das über eine dynamische Speicherplatz-Zuordnung verfügt, ist nicht mehr von Arrays fester Größe abhängig.
- ✓ Konnte der mit *new* angeforderte Speicherplatz erfolgreich angefordert werden (das heißt, er war auch wirklich vorhanden), so gibt *new* einen Pointer zurück, der auf die Startadresse des Speicherbereiches zeigt.
- ✓ Steht jedoch der gewünschte Speicherplatz nicht zur Verfügung, so gibt *new* den Wert NULL zurück. Nach jeder Anwendung des *new*-Operators sollte der Rückgabewert daraufhin überprüft werden.
- ✓ Der mit *new* angeforderte Speicherplatz stammt aus einem Speicherbereich, der mit *Free Store* bezeichnet wird.
- ✓ Die Größe des *Free Store*-Bereiches ist abhängig vom Betriebssystem und besitzt unter DOS einen Wert von 64 Kilo Bytes.
- ✓ Wird der mit *new* angeforderte Speicherbereich nicht mehr benötigt, so sollte er möglichst schnell mit dem *delete*-Operator wieder freigegeben werden.

LEKTION 34

FREE STORE OPERATIONEN

In dieser Lektion lernen Sie, wie man innerhalb eines Programms Funktionen aufrufen kann, wenn der *new*-Operator den Wert NULL zurückgibt.

Im einzelnen geht es dabei um folgende Punkte:

- Wenn der *new*-Operator den angeforderten Speicherplatz nicht zur Verfügung stellen kann, wird eine *Insufficient Memory Handler*-Funktion aufgerufen.
- Eigene *new*- und *delete*-Operatoren können zur Zuordnung, zur möglichen Initialisierung und zur Rückgabe von Speicherplatz definiert werden.

ERSTELLUNG EINES LEEREN *FREE STORE HANDLERS*

Das folgende Programm, *Use_Free.CPP*, zeigt noch einmal, was geschieht, wenn mit *new* die Grenze des im *Free Store* zur Verfügung stehenden Speicherplatz überschritten wird:

```
#include <iostream.h>

void main(void)
 {
   char *pointer;

   do {
     pointer = new char[1000];

     if (pointer != NULL)
       cout << "Allocated 1000 bytes" << endl;
     else
       cout << "Free store empty" << endl;

   } while (pointer);
 }
```

Das Programm durchläuft die Schleife so lange, bis der *new*-Operator dem Pointer den NULL-Wert zuweist. Es ist möglich, den *new*-Operator in diesem Falle auch zu einer anderen Aktion zu veranlassen. Dazu muß zuerst eine Funktion definiert werden, die vom Programm bei unzureichendem Speicherplatz aufgerufen werden soll. Die folgende Funktion, *end_programm*, schreibt eine Meldung auf den Bildschirm und verwendet anschließend die Run-Time Library *exit*, um das Programm zu beenden:

```
void end_program(void)
  {
    cout << "Memory request cannot be satisfied" << endl;
    // Speicherplatz unzureichend
    exit(1);
  }
```

Zum Aufrufen der Funktion *end_program* ruft man die Funktion *set_new_handler* auf. Die Funktion *end_program* ist ein Parameter der Funktion *set_new_handler*:

```
set_new_handler(end_program);
```

Das folgende Programm, *End_Free.CPP*, ruft die Funktion *end_program* auf, wenn der *new*-Operator nicht genügend Speicherplatz zur Verfügung stellen kann:

```
#include <iostream.h>
#include <stdlib.h> // Exit prototype
#include <new.h>    // set_new_handler prototype

void end_program(void)
  {
    cout << "Memory request cannot be satisfied" << endl;
    exit(1);
  }

void main(void)
  {
    char *pointer;

    set_new_handler(end_program);

    do {
      pointer = new char[10000];

      cout << "Allocated 10000 bytes" <<endl;

    } while (1);
  }
```

Das Programm endet in diesem Falle ganz einfach, wenn nicht genügend Speicherplatz zur Verfügung gestellt werden kann. Natürlich kann diese Methode auch dazu verwendet werden, Speicherplatz aus anderen Quellen zu verwenden – zum Beispiel aus dem Extended Memory der DOS-Umgebung. Auch Speicherplatz, der zuvor vom Programm für andere Zwecke reserviert wurde, kann mit der oben beschriebenen Methode wieder zurückgegeben werden.

Achtung: Der diesem Buch beigefügte Compiler unterstützt die Funktion *set_new_handler* **nicht**.

ERSTELLEN EIGENER *NEW*- UND *DELETE*-OPERATOREN

Es ist möglich, das Verhalten der *new*- und *delete*-Operatoren mit dem Overload-Verfahren zu verändern. Angenommen, Sie fordern einen Speicherplatz von 100 Bytes an, in welchem geheime Daten Ihres Unternehmens untergebracht werden sollen. Bei der späteren Rückgabe des Speicherplatzes mittels des *delete*-Operators sind die Daten zwar nicht mehr verfügbar – aber dennoch im Speicher des Computers vorhanden. Ein cleverer Programmierer könnte rein theoretisch wieder auf sie zugreifen und sie auf den Bildschirm bringen.

Um dieser Gefahr zu begegnen, kann man mit dem *delete*-Operator unter Zuhilfenahme des Overloadings den nicht mehr benötigten Speicherbereich vor seiner Rückgabe zunächst mit Nullen oder sinnlosen Zeichenfolgen füllen. Genau dies geschieht im folgenden Programm, *MyDelete.CPP*. Das Programm schreibt vor der Rückgabe des Speicherplatzes Nullen in jedes Element des arrays *data*:

```
#include <iostream.h>
#include <stdlib.h>
#include <string.h>

static void operator delete(void *pointer)
  {
    char *data = (char *) pointer;
    int i;

    for (i = 0; i < 100; i++)
      data[i] = 0;

    cout << "The secrets are safe!" << endl;

    free(pointer);
  }

void main(void)
  {
    char *pointer = new char[100];

    strcpy(pointer, "My Company Secrets");

    delete pointer;
  }
```

Zu Beginn fordert das Programm mit dem *new*-Operator Speicherplatz für ein Array des Typs *char* an. Dann werden die geheimen Daten in den String kopiert. Anschließend wird der nicht mehr benötigte Speicherplatz mit dem *delete*-Operator unter Anwendung des Overload-Verfahrens wieder freigegeben. Innerhalb der Funktion *delete* wird der Bezug zum Character-String Pointer mit folgendem Statement hergestellt:

```
char *data = (char *) pointer;
```

Beim Ausdruck (*char* *) handelt es sich um einen sogenannten *cast*. Hiermit wird dem Compiler mitgeteilt, daß dem einem Pointer des Typs *char* ein Pointer des Typs *void* zugewiesen wird. Ohne diesen *cast* wird die Compilierung nicht ausgeführt.

Im Anschluß daran werden Nullen in jedes der 100 Bytes des Speicherbereiches kopiert. Mit der Run-Time Library Funktion *free* wird der reservierte Speicher dann wieder zurückgegeben.

Diese Funktion erstreckt sich ausschließlich auf einen Speicher der Größe 100 Bytes. Da das Programm nur einmal Speicherplatz zuordnet, arbeitet die Funktion *free* und damit das Programm in korrekter Weise.

Sollen zum Beispiel nur 10 Bytes an Speicherplatz reserviert werden, so muß diese Änderung auch der Funktion mitgeteilt werden. Ist dies nicht der Fall, so werden weiterhin 100 Bytes mit Nullen belegt. Das bedeutet jedoch, daß 90 Bytes davon nicht mehr zum reservierten Speicherbereich gehören, sondern vom Programm für andere Zwecke benötigt werden. Ein Überschreiben dieser Bytes könnte demnach fatale Folgen haben und zu Fehlermeldungen oder Programm-Abstürzen führen.

Mit den Run-Time Library Funktionen besitzen Programme jedoch mehr Informationen über die Größe des Speicherbereiches, auf die ein Pointer verweist.

Das vorhergehende Programm führte einen Overload mit dem *delete*-Operator durch. Das folgende Programm, *New_Over.CPP*, verfährt in ähnlicher Weise mit dem *new*-Operator. Dieser schreibt den String „Rescued by C++" an den Anfang des angeforderten Speicherbereichs:

```
#include <iostream.h>
#include <alloc.h>
#include <string.h>

static void *operator new(size_t size)
  {
    char *pointer;

    pointer = (char *) malloc(size);
```

```
    if (size > strlen("Rescued by C++!"));
      strcpy(pointer, "Rescued by C++!");

    return(pointer);
  }

void main(void)
  {
    char *str = new char[100];

    cout << str << endl;
  }
```

Die neue Funktion verwendet die Run-Time Library *malloc* zur Anforderung des Speicherplatzes. Ist dieser groß genug, um den String „Rescued by C++" darin unterzubringen, wird die Funktion *strcpy* aus der *Runtime-Library* dazu verwendet, den String in den Speicherbereich zu kopieren. Mit einem Overloading der *new*- und *delete*-Operatoren können Operationen zur Speicherplatz-Zuordnung wesentlich einfacher und übersichtlicher durchgeführt werden.

ZUSAMMENFASSUNG

In dieser Lektion haben Sie gelernt, wie man das Verhalten des *new*-Operators verändert, wenn der angeforderte Speicherplatz nicht zur Verfügung gestellt werden kann. Bevor Sie mit der nächsten Lektion fortfahren, sollten Sie anhand der folgenden Punkte noch einmal überprüfen, ob Sie die Inhalte dieser Lektion verstanden und behalten haben:

✓ Bei unzureichendem Speicherplatz gibt der *new*-Operator standardmäßig den Wert NULL zurück. Soll, abweichend von diesem Standard, eine andere Operation durchgeführt werden, so können eigene „Handler" definiert werden. Mit der Funktion „*set_new_handler*" kann *new* angewiesen werden, im Falle eines Speicherplatzmangels eigene Funktionen aufzurufen.

✓ Mit den Operatoren *new* und *delete* kann ein Overload durchgeführt werden. Dazu sind jedoch fundierte Kenntnisse über die Eigenschaften des sogenannten *Free Store*- (heap-) Speicherbereiches und der dafür verantwortlichen Run-Time Library Routinen erforderlich.

LEKTION 35

MEHR ÜBER *CIN* UND *COUT*

In zahlreichen Programmen dieses Buches wurde der *cout* Output Stream zur Darstellung von Zeichen auf dem Bildschirm verwendet. Das gleiche gilt für den *cin* Input Stream, wenn es darum ging, Informationen mittels des Keyboards an ein Programm zu übergeben. In der Header-Datei *iostream.h* werden *cin* und *cout* als Klassen-Objekte definiert. In dieser Rolle unterstützen sie eine Reihe von Operatoren und Operationen.

In dieser Lektion lernen Sie, wie man die Möglichkeiten zur Ein- und Ausgabe von Daten innerhalb eines Programmes erweitert. Dabei geht es hauptsächlich um folgende Themen:

- Die Header-Datei *iostream.h* enthält Klassendefinitionen, deren nähere Betrachtung zu einem besseren Verständnis von I/O-Streams führt.
- Mit der *cout.width* Methode kann das Einfügen von Leerzeichen in den Output Stream gesteuert werden.
- Mit der *cout.fill* Methode können Tabulatorschritte (Tabs) und Leerzeichen durch andere Zeichen ersetzt werden.
- Mit der *cout.setprecision* Methode kann bestimmt werden, wieviele Nachkommastellen einer Zahl auf dem Bildschirm dargestellt werden.
- Mit den *cout.put* und *cin.get* Methoden ist es möglich, Zeichen einzeln ein- und auszugeben.
- Mit der *cin.getline* Methode kann eine ganze Zeile auf einmal eingegeben werden.

IOSTREAM.H UNTER DER LUPE

Zunächst sollten Sie sich den Inhalt dieser Datei von Ihrem Drucker ausdrucken – oder zunindest auf dem Bildschirm anzeigen lassen. Dazu eignet sich nahezu jedes Text-Editor Programm (zum Beispiel EDIT unter DOS oder WordPad und Editor unter Windows).

Die betreffende Datei befindet sich im Verzeichnis *INCLUDE* des Compilers. Die in dieser Datei aufgeführten Definitionen sind recht komplexer Natur. Bei genauerem Hinsehen werden Sie jedoch feststellen, daß es sich in den meisten Fällen um Klassen- und Konstantendefinitionen handelt. Unter diesen Definitionen befinden sich auch diejenigen für *cin* und *cout*.

ANWENDUNG VON *COUT*

Wie Sie inzwischen wissen, handelt es sich bei *cout* um eine Klasse, die verschiedeneMethoden enthält. Das folgende Programm zeigt, wie man diese unterschiedlichen *cout*-Methoden zur Formatierung der Ausgabe anwendet. Aus Lektion 4 wissen Sie, daß man mit dem *setw*-Manipulator das Minimum der zwischen zwei Ausgaben erscheinenden Leerzeichen festlegen kann:

```
#include <iostream.h>
#include <iomanip.h>

void main(void)
  {
    cout << "Meine Lieblingszahl ist" << setw(3) << 1001 << endl;
    cout << "Meine Lieblingszahl ist" << setw(4) << 1001 << endl;
    cout << "Meine Lieblingszahl ist" << setw(5) << 1001 << endl;
    cout << "Meine Lieblingszahl ist" << setw(6) << 1001 << endl;
  }
```

Das folgende Programm, *CoutWidt.CPP*, zeigt, wie man mit der *cout.width* Methode zum gleichen Ergebnis gelangt:

```
#include <iostream.h>
#include <iomanip.h>

void main(void)
  {
    int i;
    for (i = 3; i < 7; i++)
      {
        cout << "My favorite number is";
        cout.width(i);
        cout << 1001 << endl;
      }
  }
```

Nach dem Start des Programms erscheint folgende Ausgabe auf dem Bildschirm:

```
My favorite number is1001
My favorite number is1001
My favorite number is 1001
My favorite number is  1001
```

Wie bei *setw* bezieht sich auch hier die Angabe der Leerzeichen nur auf die unmittelbar folgende Ausgabe.

EINE MASKE FÜR ZEICHEN

Beim Einsatz von *setw* oder *cout.width* werden Leerzeichen vor die auszugebenden Daten gesetzt. In manchen Fällen kann es jedoch erforderlich sein, statt Leerzeichen andere Zeichen, zum Beispiel eine Reihe von Punkten, einzusetzen:

```
Table of Information
Company Profile ................................10
Company Profit and loss ........................10
Company Board Members ..........................10
```

Dies erreicht man mit der sogenannten *cout.fill* Methode. Das folgende Programm, *CoutFill.CPP*, erzeugt eine Tabelle des oben gezeigten Typs:

```
#include <iostream.h>
#include <iomanip.h>

void main(void)
  {
    cout << "Table of Information" << endl;
    cout.fill('.');
    cout << "Company Profile" << setw(20) << 10 << endl;
    cout << "Company Profit and Loss" << setw(12) << 11 << endl;
    cout << "Company Board Members"<< setw(14) << 13 << endl;
  }
```

Die Auswahl eines bestimmten Zeichens bleibt so lange wirksam, bis das Zeichen durch erneute Anwendung dieser Methode geändert wird.

ANZEIGE VON NACHKOMMASTELLEN

Bei der Anzeige von Fließkommazahlen (Variablen des Typs *float*) kann man nie ganz genau vorhersagen, wieviele Nachkommastellen eigentlich auf dem Bildschirm angezeigt werden – es sei denn, man verwendet den *setprecision* Manipulator, mit welchem die angezeigten Stellen hinter dem Komma genau angegeben werden können. Das folgende Programm, *SetPrec.CPP*, zeigt dazu ein Beispiel:

```
#include <iostream.h>
#include <iomanip.h>
void main(void)
  {
    float value = 1.23456;
```

```
  int i;

  for (i = 1; i < 6; i++)
    cout << setprecision(i) << value << endl;
}
```

Nach dem Starten des Programms erscheint folgende Ausgabe auf dem Bildschirm:

```
1.2
1.23
1.234
1.2345
1.23456
```

Der *setprecision* Manipulator bleibt so lange wirksam, bis er ein zweites mal aufgerufen wird.

OUTPUT BYTE FÜR BYTE

Es gibt Fälle, in welchen es erforderlich ist, daß die Eingabe über das Keyboard oder die Ausgabe über den Bildschirm Byte für Byte erfolgen muß. Dazu kann die *cout.put* Methode verwendet werden. Das folgende Programm, *CoutPut.CPP*, verwendet diese Methode, um den Text „Rescued by C++" Zeichen für Zeichen auf dem Bildschirm auszugeben:

```
#include <iostream.h>

void main(void)
  {
    char string[] = "Rescued by C++!";
    int i;
    for (i = 0; string[i]; i++)
      cout.put(string[i]);
  }
```

Die Run-Time Library stellt eine Funktion mit dem Namen *toupper* (to upper) zur Verfügung, die alle Kleinbuchstaben in Großbuchstaben umwandelt (lower case **to upper** case). Das folgende Programm, *CoutUppr.CPP*, macht von dieser Funktion Gebrauch und gibt die betreffenden Buchstaben mit der *cout.put* Methode aus:

```
#include <iostream.h>
#include <ctype.h>    // toupper prototype

void main(void)
```

```
{
  char string[] = "Rescued by C++!";
  int i;

  for (i = 0; string[i]; i++)
    cout.put(toupper(string[i]));

  cout << endl << "Ending string: " << string << endl;
}
```

Nach dem Start des Programms erscheint folgende Ausgabe auf dem Bildschirm:

```
RESCUED BY C++!
Ending string: Rescued by C++!
```

INPUT BYTE FÜR BYTE

Mit der *cin.get* Methode ist es möglich, das oben gezeigte Verfahren auch auf die mittels Keyboard getätigten Eingaben anzuwenden. Dazu weist man ganz einfach das Zeichen zu, das die Methode an eine Variable zurückgibt:

```
letter = cin.get();
```

Das folgende Programm, *Cin_Get.CPP*, zeigt eine Meldung auf dem Bildschirm und fordert Sie anschließend auf, mit Y oder N (Ja, Nein) zu antworten. Das Programm verwandelt die per Keyboard eingegebenen Kleinbuchstaben nun innerhalb der *do while*-Schleife so lange in Großbuchstaben um, bis man Y oder N eingibt:

```
#include <iostream.h>
#include <ctype.h>

void main(void)
 {
   char letter;

   cout << "Do you want to continue? (Y/N): ";

   do {
     letter = cin.get();
     // Convert to uppercase
     letter = toupper(letter);
   } while ((letter != 'Y') && (letter != 'N'));

   cout << endl << "You selected " << letter << endl;
 }
```

ZEILENWEISE EINGABE VON KEYBOARD-INFORMATIONEN

Mit *cin* haben Sie bereits einzelne Zeichen mittels Keyboard innerhalb eines Programms eingegeben. Mit Leerzeichen oder Tabulatorschritten haben Sie dieAbstände zwischen Zeichen und Wörtern festgelegt. Manchmal kann es auch erforderlich sein, eine ganze Zeile direkt als String einzulesen. Dazu kann die *cin.getline*-Methode verwendet werden. Man gibt dabei zunächst den String an, und anschließend einen Parameter, der die String-Größe repräsentiert:

```
cin.getline(string, 64);
```

Dabei werden natürlich nur so viele Zeichen eingelesen, wie durch die String-Größe angegeben ist. Eine gebräuchliche Methode zur Definition der Größe eines Strings besteht in der Anwendung des *sizeof*-Operators:

```
cin.getline(string, sizeof(string));
```

Wird die Größe des Strings später geändert, so ermittelt der *sizeof*-Operator immer die richtige Größe. Das folgende Programm, *GetLine.CPP*, verwendet die *cin.getline* Methode, um eine komplette Textzeile aus dem Keyboard auszulesen:

```
#include <iostream.h>

void main(void)
  {
    char string[128];

    cout << "Type line of text and press Enter" << endl;

    cin.getline(string, sizeof(string));

    cout << "You typed: " << string << endl;
  }
```

Manchmal ist es notwendig, die Zeichen nur bis zum Erscheinen eines bestimmten Buchstabens zu lesen. Danach soll die Eingabe-Operation beendet werden. Dazu kann das Programm den betreffenden Buchstaben an die *cin.getline* Methode übergeben. Der folgende Funktionsaufruf zum Beispiel weist *cin.getline* an, eine Textzeile zu lesen und entweder nach 64 Zeichen abzubrechen oder dann, wenn das Zeichen Z auftaucht:

```
cin.getline(string, 64, 'Z');
```

Das folgende Programm, *Until_Z.CPP*, verwendet die *cin.getline* Methode, um eine Zeile bis zum Auftauchen des Buchstabens Z zu lesen:

```
#include <iostream.h>

void main(void)
 {
   char string[128];

   cout << "Type line of text and press Enter" << endl;

   cin.getline(string, sizeof(string), 'Z');

   cout << "You typed: " << string << endl;
 }
```

Experimentieren Sie mit dem Programm und geben Sie verschiedene Texte ein: Solche, die irgendwo in der Mitte ein Z besitzen, und solche, die mit Z beginnen.

ZUSAMMENFASSUNG

Diese Lektion hat Ihnen einige I/O-Manipulatoren und –Funktionen vorgestellt, die in Verbindung mit *cin* und *cout* verwendet werden können. Bevor Sie mit der nächsten Lektion weitermachen, sollten Sie anhand der folgenden Punkte noch einmal überprüfen, ob Sie die Inhalte dieser Lektion verstanden und behalten haben:

- ✓ Die Header Datei *iostream.h* definiert *cin* und *cout* als Objektvariablen der Klassen *istream* und *ostream*. Als Klassenobjekte stellen *cin* und *cout* Methoden zur Verfügung, die von Programmen zur Erfüllung bestimmter Aufgaben aufgerufen werden können.
- ✓ Mit der *cout.width* Methode kann die Mindestzahl der bis zum nächsten Zeichen eingefügten Leerschritte bestimmt werden.
- ✓ Mit der *cout.fill* Methode können die durch *cout.width* oder *setw* angegebenen Leerzeichen durch andere Zeichen, zum Beispiel Punkte, ersetzt werden.
- ✓ Der *setprecision* Manipulator bestimmt, wieviele Nachkommastellen bei Fließkommazahlen angezeigt werden.
- ✓ Mit den *cin.get-* und *cout.put* Methoden können Zeichen einzeln ein- und ausgegeben werden.
- ✓ Mit der *cin.getline* Methode kann eine ganze Zeile auf einmal eingelesen werden.

LEKTION 36

I/O-OPERATIONEN

Komplexere Programme verwenden Dateien zur Speicherung und zum Lesen von Daten. Die dazu in C++ verwendeten Verfahren weichen nicht allzusehr von den Methoden ab, die in der „normalen" Sprache C angewendet werden. C++ stellt zusätzlich eine Reihe sogenannter File Stream-Klassen zur Verfügung, die den Umgang mit Input-Output Operationen (I/O) weiter vereinfachen. Hier eine Zusammenfassung der Punkte, um die es in dieser Lektion geht:

- Mit dem *Insertion Operator* (<<) können unter Verwendung eines Output File Streams Informationen in eine Datei geschrieben werden.
- Mit dem *Extraction Operator* (>>) können mittels eines Output File Streams Informationen aus einer Datei gelesen werden.
- Zum Öffnen und Schließen von Dateien können Klassenmethoden verwendet werden.
- Daten können außerdem mit Datei-Klassenmethoden in Dateien geschrieben oder aus Dateien gelesen werden.

DATEN (OUTPUT) IN EINEN FILE STREAM SCHREIBEN

Sie haben bereits gelernt, daß es sich bei *cout* um ein Objekt des Typs *ostream* (Output Stream) handelt. Mit der *ostream*-Klasse können Programme Ausgaben an *cout* mittels des insertion-Operators oder anderer Klassenmethoden weitergeben.

Auf ähnliche Weise definiert die Header-Datei *fstream.h* einen sogenannten Output File Stream mit dem Namen *ofstream*. Mit *ofstream* Klassenobjekten können Daten an Dateien weitergegeben werden. Dazu deklariert man zunächst ein *ofstream* Object und gibt den gewünschten Dateinamen als Character String an:

```
ofstream file_object("FILENAME.EXT");
```

Auf diese Weise erzeugt C++ eine neue Datei auf dem selektierten Datenträger, die den angegebenen Namen erhält. Existiert bereits eine Datei mit diesem Namen, so wird der Inhalt der bestehenden Datei überschrieben. Das folgende Programm, *Out_File.CPP*, erzeugt ein *ofstream* Objekt und verwendet anschließend den Insertion Operator, um mehrere Textzeilen an die Datei *BookInfo.DAT* zu übergeben:

```
#include <fstream.h>

void main(void)
 {
   ofstream book_file("BookInfo.DAT");

   book_file << "Rescued by C++, Third Edition" << endl;
   book_file << "Jamsa Press" << endl;
   book_file << "29.95" << endl;
 }
```

In diesem Beispiel öffnet das Programm die Datei *BookInfo.DAT* und schreibt anschließend mit Hilfe des Insertion Operators drei Zeilen in die Datei. Unter MS-DOS können Sie nach dem Start des Programms den Inhalt der Datei mit dem *TYPE*-Befehl überprüfen:

```
Rescued by C++, Third Edition
Jamsa Press
$29.95
```

EINLESEN EINES INPUT FILE STREAMS

Ähnlich wie bei der *ofstream* Klasse können Programme die Inhalte von Dateien mit *ifstream* Objekten lesen. Dazu erstellt man ein Objekt und übergibt den Dateinamen an die Constructor-Methode des Objektes:

```
ifstream input_file("FILENAME.EXT");
```

Das folgende Programm, *File_In.CPP*, öffnet die Datei *BookInfo.DAT*, die im vorhergehenden Programm erzeugt wurde. Die ersten drei Einträge der Datei werden gelesen:

```
#include <iostream.h>
#include <fstream.h>

void main(void)
 {
   ifstream input_file("BookInfo.DAT");

   char one[64], two[64], three[64];

   input_file >> one;
   input_file >> two;
   input_file >> three;

   cout << one << endl;
   cout << two << endl;
   cout << three << endl;
 }
```

Nach dem Start des Programms erwarten Sie vielleicht, daß die ersten drei Zeilen der Datei angezeigt werden. File Input Streams verwenden jedoch Leerzeichen, um anzugeben, wo ein Wert endet und ein anderer beginnt. Aus diesem Grunde erscheinen auf dem Bildschirm die folgenden drei Zeilen:

```
Rescued
by
C++,
```

EINE ZEILE AUS EINER DATEI LESEN

In Lektion 35 haben Sie gelernt, daß man mit *cin.getline* eine ganze Zeile vom Keyboard an das Programm übergeben kann. In ähnlicher Weise können *ifstream*-Objekte mit *getline* eine Zeile aus einer Datei lesen. Das folgende Programm, *FileLine.CPP*, verwendet die *getline*-Methode, um alle drei Zeilen der Datei *BookInfo.DAT* zu lesen:

```
#include <iostream.h>
#include <fstream.h>

void main(void)
 {
   ifstream input_file("BookInfo.DAT");

   char one[64], two[64], three[64];

   input_file.getline(one, sizeof(one));
   input_file.getline(two, sizeof(two));
   input_file.getline(three, sizeof(three));

   cout << one << endl;
   cout << two << endl;
   cout << three << endl;
 }
```

In diesem Beispiel wird der Inhalt der Datei richtig gelesen, da das Programm weiß, daß die Datei drei Zeilen enthält. In vielen Fällen kennt das Programm jedoch nicht die Anzahl der Zeilen. Dann liest es so lange weiter, bis das Datei-Ende erreicht wird.

AUF DER SUCHE NACH DEM DATEI-ENDE

Damit ein Programm merkt, wann beim Lesen einer Datei deren Ende erreicht ist, verwendet es die *eof*-Methode. Ist das Ende nicht erreicht, so wird eine Null zurückgegeben. Beim Erreichen des

Endes wird der Wert 1 zurückgegeben. Mit einer *while*-Schleife ist dies recht einfach, wie die nächste Zeile zeigt:

```
while (! input_file.eof())
  {
    // Statements
  }
```

Die Schleife wird so lange durchlaufen, wie die *eof*-Methode eine 0 zurückgibt. Das folgende Programm, *Test_Eof.CPP*, verwendet die *eof*-Methode in Verbindung mit einer *while*-Schleife, um den Inhalt der Datei *BookInfo.DAT* zu lesen.

```
#include <iostream.h>
#include <fstream.h>

void main(void)
 {
   ifstream input_file("BookInfo.DAT");

   char line[64];

   while (! input_file.eof())
     {
       input_file.getline(line, sizeof(line));

       cout << line << endl;
     }
 }
```

Das folgende Programm, *Word_EOF*, funktioniert ähnlich, liest jedoch ganze Wörter auf einmal:

```
#include <iostream.h>
#include <fstream.h>

void main(void)
 {
   ifstream input_file("BookInfo.DAT");
   char word[64];
   while (! input_file.eof())
     {
       input_file >> word;
       cout << word << endl;
     }
 }
```

Das gerade gezeigte Programm verwendet den Extraction-Operator (>>), um ein ganzes Wort aus dem Input File Stream zu lesen. Das nächste Programm schließlich, *Char_EOF.CPP*, liest die Datei Zeichen für Zeichen und verwendet dabei die *get*-Methode:

```
#include <iostream.h>
#include <fstream.h>

void main(void)
 {
   ifstream input_file("BookInfo.DAT");

   char letter;

   while (! input_file.eof())
     {
       letter = input_file.get();
       cout << letter;
     }
 }
```

AUF DER SUCHE NACH FEHLERN

Bisher gingen wir stets davon aus, daß bei unseren Datei-Operationen keine Fehler auftraten. Dies ist jedoch leider nicht immer der Fall. Es kann zum Beispiel vorkommen, daß eine geöffnete Datei gar nicht existiert. Beim Schreiben in eine Datei kann es vor allem bei Disketten passieren, daß der Datenträger bereits voll ist.

Zum Aufspüren von Fehlern kann die *fail*-Methode angewendet werden. Tritt kein Fehler auf, so gibt diese Methode eine Null zurück. Bei Fehlern wird eine 1 zurückgegeben. Beim Öffnen einer Datei wird die *fail*-Methode wie folgt angewendet:

```
ifstream input_file("FILENAME.DAT");

if (input_file.fail())
 {
   cerr << "Error opening FILENAME.EXT" << endl;
   exit (1);
}
```

Auf ähnliche Weise sollte ein Programm überprüfen, ob seine *read* und *write* (Lese- und Schreib-) Operationen erfolgreich waren. Das folgende Programm, *Test_All.CPP*, verwendet die *fail*-Methode zum Überprüfen verschiedener Fehlerbedingungen:

```
#include <iostream.h>
#include <fstream.h>

void main(void)
 {
   char line[256];

   ifstream input_file("BookInfo.DAT");

   if (input_file.fail())
     cerr << "Error opening BookInfo.DAT" << endl;
   else
     {
       while ((! input_file.eof()) && (! input_file.fail()))
         {
           input_file.getline(line, sizeof(line));

           if (! input_file.fail())
             cout << line << endl;
         }
     }
 }
```

Nach Gebrauch schliessen: Die *close*-Methode

Nach dem Ende des Programms schließt das Betriebssystem die vom Programm geöffneten Dateien automatisch. Man sollte es sich jedoch zur Gewohnheit machen, Dateien bereits innerhalb des Programms zu schließen, wenn sie nicht mehr benötigt werden. Dazu wird die *close*-Methode verwendet:

```
Input_file.close();
```

Beim Schließen einer Datei werden alle Daten, die das Programm in die betreffende Datei geschrieben hat, auf dem selektierten Datenträger (z. B. Festplatte) gespeichert. Die Einträge im Directory werden aktualisiert.

Anhängen statt Überschreiben: Der *append*-Modus

Es kann vorkommen, daß die in eine Datei geschriebenen Daten zum bereits bestehenden Datei-Inhalt hinzugefügt werden müssen. Das bedeutet: Sie werden an das Ende der bereits vorhandenen Daten angehängt. Dazu muß die betreffende Datei im *append*-Modus geöffnet, und ein zweiter Parameter (*ios::app*) angegeben werden:

```
ifstream output_file("FILENAME.EXT", ios::app);
```

In diesem Fall legt der Parameter *ios::app* den Modus zum Öffnen einer Datei fest. Umfangreichere Programm verwenden meist Kombinationen der in folgender Tabelle angegebenen Öffnungsmodi:

ÖFFNUNGSMODUS	ZWECK
ios::app	Öffnen zum Anhängen von Daten. Pointer wird ans Datei-Ende gesetzt
ios::ate	Setzt Datei-Pointer an Datei-Ende
ios::in	Öffnet Datei zur Eingabe von Daten
ios::nocreate	Wenn Datei nicht existiert, erzeuge keine neue Datei und gib Fehlermeldung zurück
ios::noreplace	Gib Fehlermeldung zurück, wenn Datei existiert. Erzeuge keine neue Datei (noreplace = kein Ersatz)
ios::out	Öffnet Datei für Ausgabe
ios::trunc	Überschreibt Inhalt existierender Datei

Normalerweise wird bei einer Output-Operation der Inhalt einer bestehenden Datei überschrieben. Manchmal ist dies jedoch nicht erwünscht. Die folgende Datei-Operation schützt Dateien davor, überschrieben zu werden:

```
Ifstream output_file("FileNAME.EXT", ios::out | ios::noreplace);
```

READ UND *WRITE* OPERATIONEN

Bisher haben wir lediglich Character Strings, also Zeichenketten, verwendet, wenn es um Datei-Operationen ging. Häufig müssen jedoch auch Strukturen oder komplette Arrays gespeichert oder geladen werden. In diesen Fällen können sich Programme der Methoden *read* und *write* bedienen. Beim Anwenden der *read*-Methode muß ein Speicherbereich (Buffer) angegeben werden, in dem die Daten eingelesen werden, und ein Parameter, der die Größe des Buffers enthält:

```
input_file.read(buffer, sizeof(buffer));
```

Nicht viel anders ist es beim Anwenden der *write*-Methode:

```
output_file.write(buffer, sizeof(buffer));
```

Das folgende Programm, *Stru_out.CPP*, verwendet die *write*-Methode, um den Inhalt einer Stuktur in die Datei *Employee.DAT* zu übertragen:

```
#include <iostream.h>
#include <fstream.h>

void main(void)
 {
   struct employee {
     char name[64];
     int age;
     float salary;
   } worker = { "John Doe", 33, 25000.0 };

   ofstream emp_file("Employee.DAT");

   emp_file.write((char *) &worker, sizeof(employee));
 }
```

Normalerweise empfängt die *write*-Methode einen Pointer, der auf einen Character-String zeigt. Innerhalb des Aufrufs der *write*-Methode stellt (*char**) einen *cast* dar, der den Compiler darüber informiert, daß ein Pointer an einen unterschiedlichen Variablentyp übergeben wird. Läßt man den *cast* weg, so tritt ein Syntaxfehler auf, da die Funktion einen Pointer auf den Typ *char* erwartet. Auf ähnliche Weise verwendet das folgende Programm, *Stru_In.CPP*, die *read*-Methode, um Informationen aus der Datei *Employee.DAT* zu lesen.

```
#include <iostream.h>
#include <fstream.h>

void main(void)
 {
   struct employee {
     char name[64];
     int age;
     float salary;
   } worker= { "John Doe", 33, 25000.0 };

   ifstream emp_file("Employee.DAT");

   emp_file.read((char *) &worker, sizeof(employee));
```

```
    cout << worker.name << endl;
    cout << worker.age << endl;
    cout << worker.salary << endl;
}
```

ZUSAMMENFASSUNG

Nehmen Sie sich ausführlich Zeit, um mit den Programmen dieser Lektion zu experimentieren – schließlich gehört das Speichern und Laden von Dateien zu den wichtigsten Operationen eines Programms. Bevor Sie mit der nächsten Lektion fortfahren, sollten sie anhand der folgenden Punkte noch einmal überprüfen, ob Sie die Inhalte dieser Lektion verstanden und behalten haben:

- ✓ Die Header-Datei *fstream.h* definiert die Klassen *ifstream* und *ofstream*, mit welchen Daten in Dateien gespeichert – oder aus Dateien gelesen werden können.
- ✓ Um eine Datei zum Datentransfer zu öffnen, erklärt das betreffende Programm ein *ifstream*- oder *ofstream*-Objekt, indem es den Namen der Datei an die Constructor-Methode des Objektes übergibt.
- ✓ Nachdem eine Datei zum Datentransfer geöffnet wurde, können mit den *Extraction*- (>>) und *Insertion*- (<<) Operatoren Daten gelesen oder geschrieben werden.
- ✓ Mit den *get*- und *put*-Methoden können Daten des Typs *char* aus einer Datei gelesen oder in eine Datei geschrieben werden.
- ✓ Mit der *getline*-Methode kann eine ganze Zeile auf einmal aus einer Datei gelesen werden.
- ✓ In vielen Fällen werden Dateien bis an ihr Ende ausgelesen. Mit der *eof*-Methode kann erkannt werden, wann das Ende einer Datei erreicht ist.
- ✓ Während Datei-Operationen ist es ratsam, das Auftreten von Fehlern zu untersuchen. Dazu kann die *fail*-Methode verwendet werden.
- ✓ Mit den Methoden *read* und *write* können auch andere Daten als die des Typs *char* aus einer Datei gelesen oder in eine Datei geschrieben werden; zum Beispiel Arrays oder Strukturen.
- ✓ Nach dem Ende einer Datei-Operation sollte die Datei mit der *close*-Methode geschlossen werden, wenn man sie nicht mehr benötigt.

LEKTION 37

INLINE FUNKTIONEN UND ASSEMBLER CODE

In vielen der bisher besprochenen Programme wurden Funktionen verwendet. Ihr einziger Nachteil besteht darin, daß sie die Ausführungsgeschwindigkeit eines Programms verlangsamen: Bei jedem Aufruf werden Parameter auf den Stack gesetzt. In dieser Lektion stellen wir das *inline Code* Verfahren vor, mit welchem bei kurzen Funktion die durch Funktionsaufrufe entstehenden Probleme vermieden werden: Programe werden dadurch schneller. Hier eine kurze Zusammenfassung der wesentlichsten Punkte, um die es in dieser Lektion geht:

- Wie bei einem Makro kann der Compiler angewiesen werden, den Code einer Funktion als *inline Code* zu behandeln, um die Ausführungsgeschwindigkeit von Programmen zu beschleunigen.
- Beim Anwenden von *inline* Funktionen bleibt das Programm lesbar, obwohl das Programm nun keine Stack-Operationen mehr ausführen und nicht mehr zu einer Funktion und wieder zurückspringen muß.
- Um diese Aufgabe zu erfüllen, kommt man gelegentlich nicht ohne Assembler Code aus.
- Um die Arbeit mit dem Assembler Code zu vereinfachen, können innerhalb C++ sogenannte *inline Assembler*-Funktionen spezifiziert werden.

INLINE-FUNKTIONEN

Bei jeder Definition einer Funktion überführt der Compiler diese Funktion in den sogenannten Maschinencode und behält nur eine Kopie der Instruktionen innerhalb des Programms. Bei jedem Aufruf der Funktion setzt der Compiler spezielle Anweisungen in das Programm, die die Funktionsparameter auf den Stack setzen, um dann zu den Funktionsanweisungen zurückzukehren. Am Ende der Funktions-Statements fährt das Programm mit dem ersten Statement fort, das auf den Funktionsaufruf folgt. Der Code, der die Argumente auf den Stack bringt, erzeugt zusätzlichen Ballast, der die Ausführungsgeschwindigkeit des Programms verzögert. Schneller geht's, wenn im Programmlisting anstelle jedes Funktionsaufrufs ganz einfach der in der Funktion implementierte Code erscheint. In diesem Falle spricht man auch von einem „*inline Code*“. Betrachten wir zum Beispiel das folgende Programm, *CallBeep.CPP*, das die Funktion *show_message* aufruft. Diese Funktion bewirkt, daß der Lautsprecher im PC ein paarmal piept. Anschließend erfolgt eine Meldung auf dem Bildschirm:

```
#include <iostream.h>

void show_message(int count, char *message)
  {
    int i;

    for (i = 0; i < count; i++)
      cout << '\a';    cout << message << endl;
  }

void main(void)
  {
    show_message(3, "Rescued by C++");

    show_message(2, "Lesson 37");
  }
```

Das folgende Programm, *No_Call.CPP* ruft nicht die Funktion *show_message* auf. Statt dessen setzt es die betreffenden Funktions-Statements inline in jeden Funktionsverweis:

```
#include <iostream.h>

void main(void)
  {
    int i;

    for (i = 0; i < 3; i++)
      cout << '\a';

    cout << "Rescued by C++" << endl;

    for (i = 0; i < 2; i++)
      cout << '\a';

    cout << "Lesson 37" << endl;
  }
```

Beide Programme bewirken genau das gleiche. Da das zweite Programm keine Funktionen aufruft, läuft es wesentlich schneller als das erste. Bei solch einem kleinen Beispiel wird man den Unterschied kaum merken; aber wenn es um hundert oder gar tausend Aufrufe geht, ist der Zeitgewinn schon beträchtlich. Das Problem dabei ist, daß komplexere Programme immer schwerer lesbar werden, wenn man auf Funktionen verzichtet. Aus diesem Grunde sollte sich ein Programmierer genau überlegen, ob er auf Funktionen zugunsten eines schnelleren Programmablaufes verzichtet, zumal Computer neueren Datums bereits mit hoher Geschwindigkeit arbeiten. Zum Glück gibt es innerhalb von C++ das Schlüsselwort *inline*, mit welchem man aus beiden Alternativen das Beste macht:

DAS SCHLÜSSELWORT *INLINE*

Das Schlüsselwort *inline* wird angewendet, indem man es bei einer Funktionsdeklaration vor den Funktionsnamen setzt. An jeder Stelle des Programms, an der die betreffende Funktion aufgerufen wird, setzt der Compiler statt dessen die Duplikate der in den Funktion erscheinenden Statements. Dies geschieht wohlgemerkt bereits auf der Ebene der Maschinensprache. Die Lesbarkeit des Programms bleibt daher erhalten, weil im Quellcode weiterhin die Funktionsnamen auftauchen. Die Ausführung des Programms wird schneller, weil Funktionen nicht mehr aufgerufen werden. Das folgende Programm, *Inline.CPP*, definiert die Funktionen *max* und *min* als Typ *inline*:

```
#include <iostream.h>

inline int max(int a, int b)
 {
   if (a > b)
     return(a);
   else
     return(b);
 }

inline int min(int a, int b)
 {
   if (a < b)
     return(a);
   else
     return(b);
 }

void main(void)
 {

   cout << "The min of 1001 and 2002 is " <<
     min(1001, 2002) << endl;
   cout << "The max of 1001 and 2002 is " <<
     max(1001, 2002) << endl;
 }
```

In diesem Beispiel ersetzt der Compiler jeden Funktionsaufruf durch die in der Funktion enthaltenen Statements. Das Programm wird schneller, ohne dabei seine Lesbarkeit einzubüßen.

Inline Funktionen

Trifft der Compiler auf das Schlüsselwort *inline* (wenn es vor einer Funktionsdefinition steht), so ersetzt er alle späteren Funktionsaufrufe durch die Statements, die in der betreffenden Funktion aufgeführt sind. Dadurch wird der durch Funktionsaufrufe hervorgerufene und zur Verlangsamung des Programmablaufs beitragende Ballast (Overhead) vermieden. Die Lesbarkeit eines Programms wird nicht beeinträchtigt, da sich am Quellcode nichts ändert, sondern nur am Maschinencode, in den das Programm überführt wird.

INLINE-FUNKTIONEN UND KLASSEN

Klassenfunktion können innerhalb und außerhalb von Klassen definiert werden. Die folgende Klasse, *employee*, definiert ihre Funktionen klassenintern:

```
class employee {
 public:
   Employee (char  *name, char *position,  float salary)
    {
      strcpy (employee::name, name);
      strcpy (employee::position, position);
      employee::salary = salary;
    }

void show_employee(void)
  {
    cout << "Name:    "   <<   name << endl;
    cout << "Position  "  <<  position << endl;
    cout << "Salary: $ "   <<  salary << endl;
  }

  private:
    char name[64]
    char position[64];
    float salary;

  };
```

In vielen Fällen werden auch Klassenfunktionen als *inline*-Funktionen behandelt. Dabei dupliziert C++ die Funktion für jedes erstellte Klassenobjekt und setzt den entsprechenden Code an jede Stelle, an welcher ein Verweis auf eine Methode erscheint. Auch in solch einem Fall wird die Leistungsfähigkeit eines Programms gesteigert. Der Nachteil: Das Programm wird sehr schnell recht umfangreich und schwer lesbar.

Um die Lesbarkeit von Klassendefinitionen zu verbessern, kann auch hier das Schlüsselwort *inline* verwendet werden. Die folgende Funktionsdefinition zum Beispiel wendet das *inline*-Schlüsselwort für die Funktion *show_employee*:

```
Inline void employee::show_employee(void)
 {
   cout << "Name:    "  <<  name << endl;
   cout << "Position  "  <<  position << endl;
   cout << "Salary: $ "   <<  salary << endl;
 }
```

STATEMENTS IN ASSEMBLER

Assembler-Sprache stellt eine Art Bindeglied dar zwischen der konventionellen Programmiersprache wie zum Beispiel C, Basic oder Pascal einerseits und der nur aus Nullen und Einsen bestehenden Maschinensprache. Für jeden aus Nullen und Einsen bestehenden Befehl der Maschinensprache gibt es in Assembler einen bestimmten Begriff – ein sogenanntes Mnemonic wie zum Beispiel *ADD*, *ROTATE*, *COMPARE* usw.

Um zum Beispiel eine in C geschriebene *cout*-Anweisung auszuführen, müssen hunderte von Befehlen in Maschinensprache ausgeführt werden. Das ist nicht verwunderlich, wenn man bedenkt, daß die Maschinensprache auf sehr elementarem Niveau arbeitet. Dafür hat sie jedoch den Vorteil, daß man mit ihrer Hilfe alles, aber auch alles anstellen kann, was auf dem Computer überhaupt nur denkbar ist. Programmiersprachen auf höherem Niveau sind durch die begrenzte Anzahl ihrer Operatoren, Statements und Befehlsfunktionen auch in ihrer Flexibilität begrenzt. Manchmal kann es daher notwendig sein, innerhalb von C++ kleine Programme in Maschinensprache einzubetten, um die Effektivität eines Programms zu erweitern. Dazu steht das *asm*-Statement zur Verfügung. Das folgende Programm,*Use_Asm.CPP*, verwendet dieses Statement zur Eingabe von Assembler-Zeilen, die dazu dienen, den Lautsprecher im PC zum Tönen zu bringen:

```
#include <iostream.h>

void main(void)
 {
   cout << "About to sound the bell!" << endl;

   asm {
     MOV AH,2
     MOV DL,7
     INT 21H
   }

   cout << "Done!" << endl;
 }
```

ZUSAMMENFASSUNG

Inline-Funktionen verbessern die Leistungsfähigkeit von Programmen, indem sie den durch Funktionsaufrufe bedingten „Overhead" vermeiden.

In C++ ist es möglich, Programmzeilen in Assembler einzubetten, um auf schnelle Weise bestimmte Aufgaben zu lösen, die mit C++ nur umständlich oder gar nicht möglich sind.

Bevor Sie mit der nächsten Lektion fortfahren, sollten Sie anhand der folgenden Punkte noch einmal überprüfen, ob Sie die Inhalte dieser Lektion verstanden und behalten haben:

- ✓ Funktionsaufrufe machen Programme aufgrund der dabei erforderlichen Stack-Operationen langsamer.
- ✓ Das Schlüsselwort *inline* weist den Compiler an, alle Aufrufe einer bestimmten Funktion in einem Programm durch den in dieser Funktion erscheinenden Code zu ersetzen. Für den Programmierer ändert sich dadurch nichts, da der Code dabei erhalten bleibt. Die Änderung erfolgt auf der Ebene der Maschinensprache.
- ✓ *Inline* Funktionen sind auch innerhalb einer Klasse möglich. Jedes Objekt verwendet seine eigenen *inline*-Statements. Normalerweise teilen sich alle Objekte der selben Klasse den selben Funktionscode.
- ✓ Das Schlüsselwort *asm* macht die Einbettung von Assembler-Code in eine C++ Programm möglich.

LEKTION 38

KOMMANDOZEILEN-ARGUMENTE

Sicher haben Sie beim Umgang mit MS DOS schon bemerkt, daß man bei der Eingabe von Befehlen oder Programmnamen in einigen Fällen noch weitere Ausdrücke dahinter schreiben muß, damit die Anordnung korrekt ausgeführt wird.

Beim *Copy*-Befehl müssen Dateiname sowie Quell- und Zielpfad angegeben werden. Beim Aufruf eines Windows-Programmes unter DOS muß man dem Programmnamen ein *win* voransetzen. Diese Lektion zeigt, wie man solche zusätzlichen „Argumente" auch unter C++ anwendet.

Im einzelnen geht es dabei um folgende Themen:

- Kommandozeilen-Argumente werden unter C++ als Parameter der *main*-Funktion betrachtet.
- Normalerweise übergibt C++ zwei bis drei Parameter an *main*. In den meisten Programmen werden sie *argc* und *argv* genannt.
- Der Parameter *argc* enthält die Anzahl der Kommandozeilen-Argumente, die das Betriebssystem an das Programm übergibt.
- Beim *argv*-Parameter handelt es sich um ein Array mit Pointern, die auf Character Strings zeigen. Jeder dieser Strings entspricht einem Kommandozeilen Parameter.
- Je nach Compiler hat das Programm noch Zugriff auf einen dritten Parameter: *env*. Hier handelt es sich ebenfalls um ein Array mit Character String Pointern, die auf Einträge der Programm-Umgebung zeigen.

Wenn ein Programm auf Kommandozeilen zugreift, kann es auf vielfältige Weise genutzt werden.

ZUGRIFF AUF *ARGC* UND *ARGV*

Wird ein Programm vom Prompt des Betriebssystems aus gestartet, so wird der eingegebene Befehl zur Kommandozeile des Programms:

```
C:\COPY Source.DOC Target.DOC  <ENTER>
```

In diesem Beispiel enthält die Kommandozeile den Befehl *COPY* und zwei Argumente: Die beiden Dateinamen. Damit Ihre Programme auf die Kommandozeilen zugreifen können, übergibt C++ zwei Parameter an main:

```
void main(int argc, char argv[])
```

Der erste Parameter, *argc*, enthält die Anzahl der Elemente im Array *argv*. Bei der Anwendung des Copy-Befehls zum Beispiel würde der *argc*-Parameter den Wert 3 enthalten (Befehlsname und zwei Argumente). Das folgende Programm, *ShowArgc.CPP*, verwendet den Parameter *argc*, um die Anzahl der Kommandozeilen-Argumente darzustellen:

```
#include <iostream.h>

void main(int argc, char *argv[])
  {
    cout << "Number of command-line arguments is " << argc << endl;
  }
```

Experimentieren Sie mit diesem Programm ein wenig und rufen Sie es zum Beispiel mit einer unterschiedlichen Anzahl von Parametern auf:

```
C:\> ShowArgc A B C <ENTER>
Number of command-line arguments is 4
```

Je nach Compilertyp werden auch Argumente in Anführungszeichen erkannt:

```
C:\> ShowArgc "This is only one argument" <ENTER>
Number of command-line arguments is 2
```

Beim zweiten Parameter, *argv*, handelt es sich um ein Array mit Pointern, die auf Character Strings verweisen. Diese Character Strings enthalten die individuellen Kommandozeilen-Einträge.

Bild 38.1 verdeutlicht, wie die Elemente des Arrays *argv* zum Beispiel auf die Kommandozeilen-Einträge zeigen würden.

Das folgende Programm, *ShowArgv.CPP*, verwendet ein *for*-Statement zur Anzeige der Elemente des Arrays *argv* (die Kommandozeilen des Programms). Das Programm beginnt mit dem ersten Element (Programmname) und zeigt danach jedes Element an. Das geschieht so lange, bis der Wert der Schleifenkontrollvariablen größer als *argc* ist. Die Anzahl der Einträge ist, wie bereits erwähnt, in *argc* gespeichert.

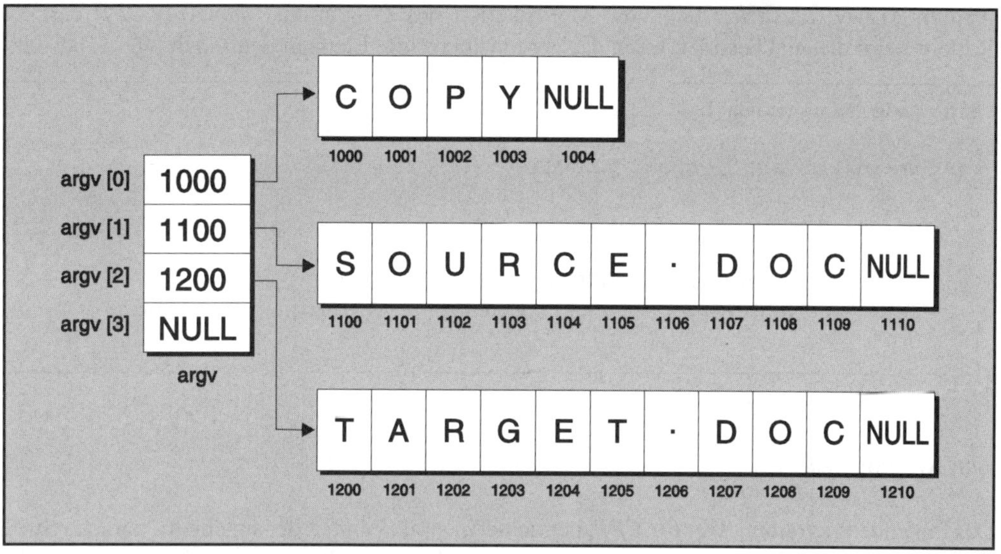

Bild 38.1:*Das Array argv zeigt auf Kommandozeilen-Argumente.*

```
#include <iostream.h>

void main(int argc, char *argv[])
 {
   int i;

   for (i = 0; i < argc; i++)
     cout << "argv[" << i << "] contains " << argv[i] << endl;
 }
```

Starten Sie das Programm und verwenden Sie eine Kommandozeile nach folgendemBeispiel:

```
C:\> ShowArgv A B C <ENTER>
argv[0] contains ShowArgv.EXE
argv[1] contains A
argv[2] contains B
argv[3] contains C
```

SCHLEIFENABBRUCH BEI ARGV = 0

Wie Sie wissen, verwendet C++ das NULL-Zeichen als Abschluß eines Character Strings. Auf ähnliche Weise wird das letzte Element eines *argv*-Arrays gekennzeichnet. Das folgende Programm, *ArgvNULL.CPP*, stellt eine Modifikation des Programms *ShowArgv.CPP* dar: Die Schleife wird diesmal beendet, wenn das gerade überprüfte Element den Inhalt NULL besitzt:

```
#include <iostream.h>

void main(int argc, char *argv[])
  {
    int i;

    for (i = 0; argv[i] != NULL; i++)
      cout << "argv[" << i << "] contains " << argv[i] << endl;
}
```

ARGV ALS POINTER

Das folgende Programm, *ArgvPtr.CPP*, betrachtet *argv* als Pointer, der auf einen Character String Pointer zeigt (als Pointer auf einen Pointer), um den Inhalt der Kommandozeilen anzuzeigen:

```
#include <iostream.h>

void main(int argc, char **argv)
  {
    int i = 0;

    while (*argv)
      cout << "argv[" << i++ << "] contains " << *argv++ << endl;
  }
```

Hier noch einmal die Deklaration des *argv*-Parameters in *main*:

```
void main(int argc, char  **argv)
```

Der erste Stern teilt dem Compiler mit, daß es sich bei *argv* um einen Pointer handelt. Der zweite Stern verwandelt den Pointer in einen Pointer auf einen Pointer – in diesem in einen Pointer auf einen Pointer des Typs *char*. Stellen Sie sich *argv* als ein Array von Pointern vor. Jedes Element zeigt auf ein Array des Typs *char*.

KOMMANDOZEILE-ARGUMENTE ANWENDEN

Das folgende Programm, *FileShow.CPP*, verwendet Kommandozeilen-Argumente, um die Inhalte einer anwenderbezogenen Datei auf dem Bildschirm darzustellen. Um zum Beispiel den Inhalt der *AUTOEXEC.BAT* zu zeigen, muß die Kommandozeile wie folgt aussehen:

```
C:\ FileShow\AUTOEXEC.BAT  <ENTER>
```

Das Programm beginnt mit der Überprüfung der Parameter von *argc*. Damit soll sichergestellt werden, daß der Anwender eine Datei in der Komandozeile angegeben hat. Trifft dies zu, so enthält der Parameter von *argc* den Wert 2. Danach zeigt das Programm den Inhalt der Datei an – so, wie in Lektion 36 besprochen. Kann das Programm die vom Anwender angegebene Datei nicht öffnen, so wird das Programm nach Ausgabe einer Fehlermeldung beendet.

```
#include <iostream.h>
#include <fstream.h>
#include <stdlib.h>

void main(int argc, char *argv[])
 {
   char line[256];

   if (argc < 2)
     {
       cerr << "You must specify a filename" << endl;
       exit(1);
     }

   ifstream input_file(argv[1]);

   if (input_file.fail())
     cerr << "Error opening BookInfo.DAT" << endl;
   else
     {
       while ((! input_file.eof()) && (! input_file.fail()))
         {
           input_file.getline(line, sizeof(line));

           if (! input_file.fail())
             cout << line << endl;
         }
     }
 }
```

Zugriff auf Einstellungen der Umgebung des Betriebssystems

Die meisten Betriebssysteme erlauben den Zugriff von Programmen auf Einstellungen der Umgebung, zum Beispiel auf bestimmte Pfade. Unter MS DOS zum Beispiel geschieht dies mit dem Befehl *SET.* Je nach Compiler können innerhalb von *main* mittels des zusätzlichen Parameters *env* die Umgebungseinstellungen beeinflußt werden. So wie beim Parameter *argv* handelt es sich auch bei *env* um einen Pointer auf ein Array mit Character String Pointern. Das Array wird, genau wie bei *argv*, mit dem NULL-Zeichen beendet. Wenn der Compiler den Parameter *env* unterstützt, kann der Header der Funktion *main,* so wie im gezeigten Beispiel, verändert werden:

```
void main(int argc, char *argv[], char *env[ ])
```

Das folgende Programm, *ShowEnv.CPP*, durchläuft die Elemente des Arrays *env*, um die Umgebungseinstellungen des Programms darzustellen:

```
#include <iostream.h>

void main(int argc, char *argv[ ], char *env[ ])
 {
   while (*env)
     cout << *env++ << endl;
 }
```

Nach dem Start erscheint die folgende Ausgabe auf dem Bildschirm:

```
C:\> ShowEnv <ENTER>
TEMP=C:\WINDOWS\TEMP
PROMPT=$p$g
COMSPEC=C:\WINDOWS\COMMAND.COM
PATH=C:\WINDOWS;C:\DOS
```

Zusammenfassung

Um die Anzahl der Anwendungen, die ein Programm unterstützt, zu vergrößern, bedienen sich C++ Programme sogenannter Kommandozeilen-Argumente. Bevor Sie mit der nächsten Lektion fortfahren, sollten Sie anhand der folgenden Punkte noch einmal überprüfen, ob Sie die Inhalte dieser Lektion verstanden und behalten haben:

- ✓ Wird ein Programm vom Prompt des Betriebssystems aus gestartet, so bezeichnet man die eingegebene Information als Kommandozeile.

- ✓ Damit ein Programm auf die Kommandozeile zugreifen kann, übergibt C++ zwei Parameter, *argc* und *argv*, an die Funktion *main*.
- ✓ Der Parameter *argc* enthält die Anzahl der Kommandozeilen-Argumente.
- ✓ Beim Parameter *argv* handelt es sich um ein Array aus Character-String-Pointern, von denen jeder ein Kommandozeilen-Argument enthält.
- ✓ Je nach Compiler kann ein Programm noch einen dritten Parameter, *env*, an *main* übergeben. Bei diesem Parameter handelt es sich um ein Array aus Character-String-Pointern, die die Umgebungseinstellungen enthalten.

LEKTION 39

POLYMORPHISMUS

Polymorphismus! Der Begriff erweckt zunächst den Eindruck, als würde sich dahinter ein äußerst komplizierter Sachverhalt verbergen. Doch halb so schlimm: Allgemein betrachtet handelt es sich dabei um die Eigenschaft eines Objektes, seine Form zu ändern, beziehungsweise, verschiedene Formen anzunehmen. Diese Lektion zeigt Ihnen, worum es dabei im einzelnen geht und wie man polymorphe Objekte anwendet, um der Code eines Programms zu verkürzen. Dabei geht es um die folgenden Sachverhalte:

- Polymorphismus bedeutet: Ein Objekt kann seine Form während der Laufzeit des Programms ändern.
- Polymorphe Objekte lassen sich unter C++ recht einfach erstellen. Dazu muß das Programm virtuelle Funktionen verwenden.
- Hierbei handelt es sich um Basisklassen-Funktionen, vor deren Namen das Schlüsselwort *virtual* steht.
- Jede von einer Basisklasse abgeleitete Funktion kann eine Funktion des Typs *virtual* verwenden und einen Overload mit ihr durchführen.
- Zur Erstellung eines polymorphen Objektes kann ein Pointer auf ein Basisklassen-Objekt verwendet werden.

POLYMORPHISMUS – WAS IST DAS?

Ein polymorphes Objekt ist ein Objekt, das während der Laufzeit des Programms seine Form ändern kann. Angenommen, Sie sollen ein Programm schreiben, das Telefongespräche simuliert. Sie werden dabei schnell feststellen, daß viele der beim telefonieren auftretenden Vorgänge stets gleich sind – zum Beispiel wählen, Besetzt-Zeichen, Verbindung unterbrechen und so weiter. Zur Anwendung dieser Operationen definieren Sie die folgende Klasse:

```
class phone {
 public:
   void dial(char *number){cout << "Dialing " << number << endl;}
   void answer(void){cout << "Waiting to answer call" << endl;}
   void hangup(void){cout << "Done with call-hanging up" << endl;}
   void ring(void){cout << "Ring ring ring" << endl;}
   phone(char *number){strcpy(phone::number, number); };
 private:
   char number[13];
 };
```

Das folgende Programm, *PhoneOne.CPP*, verwendet die Klasse *phone*, um ein Objekt mit dem Namen *phone* zu erstellen:

```
#include <iostream.h>
#include <string.h>

class phone {
 public:
   void dial(char *number) { cout << „Dialing „ << number << endl; }
   void answer(void) { cout << „Waiting to answer call" << endl; }
   void hangup(void) { cout << „Done with call-hanging up" << endl; }
   void ring(void) { cout << „Ring, ring, ring" << endl; }
   phone(char *number) { strcpy(phone::number, number); };
 private:
   char number[13];
 };

void main(void)
 {
   phone telephone("555-1212");
   telephone.dial("212-555-1212");
 }
```

Als nächstes soll das Programm zwischen den verschiedenen Wählverfahren unterscheiden (rotary und touch tone), und den pay-phone-Betrieb * unterstützen.

***Anmerkung:** Hier handelt es sich um typisch amerikanische Gegebenheiten des Telefonbetriebs. Bei einer Anpassung an deutsche Telefon-Verhältnisse müßte das vollständige Programmbeispiel (und daneben viele andere) verändert, und eine neue CD-ROM erstellt werden.

Die Klassen *touch_tone* und *pay_phone* werden durch Vererbung von der Klasse *phone* abgeleitet.

```
class touch_tone : phone {
 public:
   void dial(char *number) { cout << "Beep Beep Dialing " <<
                   number << endl;}
   touch_tone(char *number) : phone(number) { }

};

class pay_phone : phone {
 public:
   void dial(char *number) { cout << "Please deposit " << amount <<
                   " cents" << endl;
                 cout << "Dialing " << number << endl; }
```

```
    pay_phone(char *number, int amount) : phone(number) {
                    pay_phone::amount = amount; }
  private:
    int amount;
};
```

Im folgenden Programm, *NewPhone.CPP*, definieren die Klassen *touch_tone* und *pay_phone* ihre eigene Wählmethode. Angenommen, die Methode *dial* der Klasse *phone* basiert auf dem rotary-Wählverfahren, so braucht keine *rotary dial phone* Klasse erstellt zu werden. *NewPhone.CPP* verwendet diese Klassen zur Erstellung der Objekte *rotary*, *touch_tone* und *pay_phone*:

```
#include <iostream.h>
#include <string.h>

class phone {
 public:
   void dial(char *number) { cout << "Dialing " << number << endl; }
   void answer(void) { cout << "Waiting to answer call" << endl; }
   void hangup(void) { cout << "Done with call—hanging up" << endl; }
   void ring(void) { cout << "Ring, ring, ring" << endl; }
   phone(char *number) { strcpy(phone::number, number); };
 protected:
   char number[13];
 };

class touch_tone : phone {
 public:
   void dial(char *number) { cout << "Beep Beep Dialing " <<
                    number << endl;}
   touch_tone(char *number) : phone(number) { }
 };

class pay_phone : phone {
 public:
   void dial(char *number) { cout << "Please deposit " <<
                    amount << " cents" << endl;
                cout << „Dialing „ << number << endl; }
   pay_phone(char *number, int amount) : phone(number) {
                pay_phone::amount = amount; }
 private:
   int amount;
 };

 void main(void)
```

```
{
  phone rotary("303-555-1212");
  rotary.dial("602-555-1212");

  touch_tone telephone("555-1212");
  telephone.dial("212-555-1212");

  pay_phone city_phone("555-1111", 25);
  city_phone.dial("212-555-1212");
}
```

Nach dem Start des Programms erscheint die folgende Ausgabe auf dem Bildschirm:

`Dialing 602-555-1212`	Wählen ...
`Beep Beep Dialing 212-555-1212`	Tut Tut Wählen ...
`Please deposit 25 cents`	Bitte 25 cents einwerfen
`Dialing 212-555-1212`	Wählen ...

Das oben gezeigte Beispiel verwendet keine polymorphen Objekte. Das heißt: Kein Objekt hat seine Form geändert.

ERSTELLEN EINES POLYMORPHEN OBJEKTES

Vom obenstehenden Programm könnte als nächstes gefordert werden, daß es in der Lage ist, je nach Bedarf bei verschiedenen Gesprächen eine rotary-, touch-tone oder pay-phone-Verbindung zu simulieren. Das bedeutet: Zwischen zwei simulierten Telefonaten soll das Objekt seine Form verändern.

Die verschiedenen phone-Klassen unterscheiden sich allein durch ihre Wählmethode (dial). Zur Erstellung eines polymorphen Objektes werden zuerst die Basisklassen-Funktionen erzeugt. Sie unterscheiden sich von den virtuellen Funktionen der abgeleiteten Klassenfunktionen dadurch, daß vor dem Funktions-Prototyp und dem Header das Schlüsselwort *virtual* steht:

```
class phone {
 public:
   virtual void dial(char *number) { cout << „Dialing „ << number << endl; }
   void answer(void) { cout << „Waiting to answer call" << endl; }
   void hangup(void) { cout << „Done with call—hanging up" << endl; }
   void ring(void) { cout << „Ring, ring, ring" << endl; }
   phone(char *number) { strcpy(phone::number, number); };
 protected:
   char number[13];
 };
```

Als nächstes wird innerhalb des Programms ein Pointer erzeugt, der auf ein Basisklassen-Obkjekt zeigt. Beim Telefonprogramm zeigt dieser Pointer auf die Basisklasse *phone*:

```
phone *poly_phone;
```

Zur Änderung der Form des Objektes weist man die Adresse des abgeleitetenKlassenobjektes dem Pointer zu:

```
poly_phone = (phone *) &home_phone;
```

Bei der Variablen und dem Pointer handelt es sich um verschiedene Typen. Beim Ausdruck *phone** handelt es sich daher um den dafür erforderlichen *cast.* Da das Programm dem Objekt-Pointer *poly_phone* die Adressen verschiedener Objekte zuweisen kann, kann es auch seine Form ändern und ist daher polymorph.

Das folgende Programm, *PolyMorph.CPP*, verwendet diese Techniken, um das polymorphe Objekt *phone* zu erstellen. Bei der Ausführung des Programms verändert sich das Objekt *poly_phone* von einem *rotary phone* zuerst in ein *touch tone phone* und dann in ein *pay-phone*:

```
#include <iostream.h>
#include <string.h>

class phone {
 public:
   virtual void dial(char *number) { cout << "Dialing " <<
                      number << endl; }
   void answer(void) { cout << "Waiting to answer call" << endl; }
   void hangup(void) { cout << "Done with call—hanging up" << endl; }
   void ring(void) { cout << "Ring, ring, ring" << endl; }
   phone(char *number) { strcpy(phone::number, number); };
 protected:
   char number[13];
 };

class touch_tone : phone {
 public:
   void dial(char *number){ cout << "Beep Beep Dialing " <<
               number << endl;}
   touch_tone(char *number) : phone(number) { }
 };
```

```
class pay_phone : phone {
 public:
   void dial(char *number) { cout << „Please deposit „ <<
                 amount << "cents" << endl;
                 cout << "Dialing " << number << endl; }
   pay_phone(char *number, int amount) : phone(number) {
                 pay_phone::amount = amount; }
 private:
   int amount;
 };

void main(void)
 {
   pay_phone city_phone("702-555-1212", 25);
   touch_tone home_phone("555-1212");
   phone rotary("201-555-1212");

   // Make the object a rotary phone
   phone *poly_phone = &rotary;

   poly_phone->dial("818-555-1212");

   // Change object's form to a touchtone phone
   poly_phone = (phone *) &home_phone;
   poly_phone->dial("303-555-1212");

   // Change the object's form to a payphone
   poly_phone = (phone *) &city_phone;
   poly_phone->dial("212-555-1212");
 }
```

Nach dem Start des Programms erscheint folgende Ausgabe auf dem Bildschirm:

`Dialing 818-55-1212`	Wählen ...
`Beep Beep Dialing 303-555-1212`	Tut Tut Wählen ...
`Please deposit 25 cents`	Bitte 25 cents einwerfen
`Dialing 212-555-1212`	Wählen ...

Da sich die Form des Objekts *poly_phone* während der Programmausführung ändert, kann man das Objekt als polymorph bezeichnen.

Polymorphe Objekte können ihre Form während der Programmausführung ändern

Ein polymorphes Objekt ist ein Objekt, das seine Form während der Programmausführung ändern kann. Zu seiner Erstellung verwendet das Programm einen Pointer auf ein Basisklassen-Objekt. Danach weist das Programm dem Pointer die Adresse des Objektes der abgeleiteten Klasse zu. Jedesmal, wenn das Programm dem Pointer ein unterschiedliches Klassentypen-Objekt zuweist, ändert das Pointer-Objekt seine Form und ist damit polymorph. Programme erzeugen polymorphe Objekte auf der Grundlage von virtuellen Basisklassen-Funktionen.

REINE VIRTUELLE FUNKTIONEN

Zur Erzeugung eines polymorphen Objektes definiert das Programm mindestens eine Basisklassen-Methode als virtuelle Funktion. Beim Ableiten anderer Klassen können diese ihre eigene Funktion zur Verfügung stellen. Diese Funktionen werden anstelle der virtuellen Basisklassen-Funktionen ausgeführt und definieren nicht ihre eigene Methode. Je nach Programm kann es vorkommen, daß es für eine Basisklasse keinen Sinn macht, die virtuelle Funktion zu definieren. Die abgeleiteten Objekttypen können zum Beispiel so unterschiedlich sein, daß keine von ihnen die Basisklassen-Methode verwenden wird. In solchen Fällen können Programme eine sogenannte reine (pure) virtuelle Funktion erzeugen, die keine Statements besitzt. Das ist eleganter, als Statements für die virtuelle Basisklassen-Funktion zu definieren.

Zur Erzeugung einer virtuellen Funktion gibt das Programm zwar den Funktionsprototyp an, aber keine Funktions-Statements. Statt dessen weist es der Funktion den Wert 0 zu:

```
class phone {
 public:
   virtual void dial(char *number) = 0; // Reine virtuelle Funktion
   void answer(void) { cout << "Waiting to answer call" << endl; }
   void hangup(void) { cout << "Done with call-hanging up" << endl; }
   void ring(void) { cout << "Ring, ring, ring" << endl; }
   phone(char *number) { strcpy(phone::number, number); };
 protected:
   char number[13];
 };
```

Jede abgeleitete Klasse, die vom Programm definiert wurde, muß für jede reine virtuelle Funktion einer Basisklasse eine Funktion definieren. Wenn eine abgeleitete Klasse eine Funktionsdefinition für eine reine virtuelle Funktion wegläßt, erzeugt der Compiler einen Syntaxfehler.

ZUSAMMENFASSUNG

In dieser Lektion haben Sie die Schritte gelernt, die zum Erzeugen eines polymorphen Objektes notwendig sind. Bevor Sie mit der nächsten und letzten Lektion fortfahren, sollten Sie anhand der folgenden Punkte noch einmal überprüfen, ob Sie die Inhalte dieser Lektion behalten und verstanden haben:

- ✓ Ein polymorphes Objekt kann seine Form während der Laufzeit des Programms ändern.
- ✓ Polymorphe Klassenobjekte werden erstellt, indem man Klassen verwendet, die von einer vorhandenen Basisklasse abgeleitet sind.
- ✓ Innerhalb der Basisklasse eines polymorphen Objektes wird mindestens eine Funktion als virtuelle Funktion definiert.
- ✓ Polymorphe Objekte unterscheiden sich im allgemeinen durch ihre Anwendung von virtuellen Basisklassen-Funktionen.
- ✓ Zur Erstellung eines polymorphen Objektes wird ein Pointer auf das Basisklassen-Objekt erzeugt.
- ✓ Zum Ändern der Form eines polymorphen Objektes muß das Objekt auf ein anderes Objekt zeigen. Dies geschieht dadurch, daß man dem polymorphen Objektpointer die Adresse des neuen Objektes zuweist.
- ✓ Eine reine virtuelle Funktion ist eine virtuelle Funktion einer Basisklasse, die keine Funktions-Statements definiert. Statt dessen weist die Basisklasse der Funktion den Wert 0 zu.
- ✓ Abgeleitete Klassen müssen für jede reine virtuelle Funktion einer Basisklasse eine Funktionsdefinition zur Verfügung stellen.

LEKTION 40

C++ EXCEPTIONS ZUR FEHLERBEHANDLUNG

Je umfangreicher Ihre Programme im Verlaufe der einzelnen Lektionen dieses Buches wurden, desto häufiger waren Sie wahrscheinlich damit beschäftigt, Programmfehler aufzuspüren, die erst nach dem Starten des Programms auftraten – sogenannte Laufzeitfehler: Die Syntax ist richtig, aber aus irgendwelchen Gründen führen bestimmte Statements erst während der Programmlaufzeit zu Fehlern.

Dabei werden Sie festgestellt haben, daß sich bestimmte Fehler am häufigsten wiederholten. Einige der häufigsten Fehler bestehen darin, daß man zum Beispiel Dateien lesen möchte, die es gar nicht gibt – oder daß man Speicherplatz zuordnen möchte, der nicht vorhanden ist. Mit den sogenannten C++ Exceptions ist es relativ einfach, Fehler aufzuspüren und Gegenmaßnahmen zu ergreifen – zum Beispiel, daß das Programm nicht abstürzt, sondern einfach eine Meldung ausgibt, wenn etwas nicht stimmt. Wenn Sie die folgenden, in dieser Lektion behandelten Punkte beherrschen, werden Sie wissen, wie man Exceptions richtig anwendet:

- Eine Exception (Ausnahme) ist ein unerwartetes Ereignis (ein Fehler) in einem Programm.
- In einem Programm können Exceptions als Klassen definiert werden.
- Mit dem C++ *try*-Statement kann ein Programm Exceptions überwachen.
- Zur Aufspürung einer bestimmten Exception wird das *catch*-Statement verwendet.
- Um beim Auftreten eines Fehlers eine Exception zu erzeugen, wird das *throw*-Statement verwendet.
- Wenn das Programm eine Exception mit dem *catch*-Statement aufspürt, ruft es eine bestimmte Funktion auf (Exception-spezifisch), die man *Exception Handler* nennt.

Achtung: Einige (ältere) Compiler unterstützen C++ Exceptions nicht (auch nicht der diesem Buch beigefügte Compiler).

C++ REPRÄSENTIERT EXCEPTIONS ALS KLASSEN

Das Ziel beim Anwenden von C++ Exceptions besteht darin, die Fehlersuche und das Ergreifen von Gegenmaßnahmen (Fehlerbehandlung oder error handling) in Programmen zu vereinfachen. Das bedeutet: Statt einfach bloß abzustürzen, reagieren Programme in angemessener Weise.

Innerhalb des Programms wird jede Exception als Klasse definiert. Die drei folgenden Statements definieren drei dateibezogene Exceptions:

```
class file_open_error {};
class file_read_error {};
class file_write_error {};
```

Im weiteren Verlaufe dieser Lektion werden Sie Exceptions erstellen, die Attribut-Variablen und Funktionen verwenden. Begnügen wir uns jedoch vorläufig mit der Erkenntnis, daß jede Exception einer Klasse entspricht.

PROGRAMME AUF EXCEPTIONS ÜBERPRÜFEN

Bevor ein Programm Exceptions aufspüren und darauf reagieren kann, muß das *try*-Statement verwendet werden, denn das *try*-Statement macht das Aufspüren von Execptions erst möglich. Das folgende Statement zum Beispiel ermöglicht das Erkennen von Exceptions für den Aufruf der Funktion *file_copy*:

```
try
  {
    file_copy("SOURCE.TXT", "TARGET.TXT");
  };
```

Nach dem *try*-Statement sollte das Programm mindestens ein *catch*-Statement einsetzen, um festzulegen, welche Exception auftaucht:

```
try
  {
    file_copy("SOURCE.TXT",  "TARGET.TXT");
    };

  catch (file_open_error){
      cerr << "Error openeing the source or target file" << endl;
      exit(1);
  }
  catch (file_read_error){
    cerr << "Error reading the source file" << endl;
    exit (1);
  }
  catch (file_write_error){
    cerr << "Error writing to target file" << endl;
    exit(1);
  }
```

Der Code überprüft die zuvor definierten Execption-Errors. In diesem Beispiel wird ungeachtet des Fehlertyps ganz einfach eine Nachricht angezeigt. Idealerweise antwortet der Code in unterschiedlicher Weise, indem er versucht, die Fehler-Ursache zu beheben. Ist er dabei erfolgreich, so ignoriert C++ die *catch*-Statements.

ERZEUGEN EINER EXCEPTION MIT DEM *THROW*-STATEMENT

C++ erzeugt keine Exceptions, sondern das Programm – und zwar in Verbindung mit dem *throw*-Statement. Hier ein Beispiel mit der Funktion *file_copy*:

```
void file_copy(char *source, char *target)
  {

    char line[256];
    ifstream input_file(source);
    ofstream output_file(target);

    if (input_file.fail())
      throw (file_open_error);
    else if (output_file.fail())
      throw(file_open_error);
    else
      {

        while ((! Input_file.eof()) && (! Input_file.fail()))
          {

            input_file.getline(line, sizeof(line));
            if(! Input_file.fail())
              output_file << line << endl;
            else
              throw(file_read_error);
            if (output_file.fail())
              throw(file_write_error);
          }
      }
  }
```

Das Programm verwendet das *throw*-Statement zur Erzeugung bestimmter Exceptions.

Funktionsweise von Exceptions

Beim Arbeiten mit Exceptions suchen Programme nach Fehlern und erzeugen, wenn notwendig, eine Exception mit dem *throw*-Statement. Trifft C++ auf ein *throw*-Statement, so wird der entsprechende Exception-Handler aktiviert. Hierbei handelt es sich um eine Funktion, deren Statements innerhalb der Exception-Klasse definiert werden. Nach dem Ende der Exception-Handling-Funktion kontrolliert C++ das erste Statement nach demjenigen *try*-Statement, das die Suche nach der Exception ausgelöst hat. Anschließend kann das Programm mittels des *catch*-Statements bestimmen, welche Exception auftrat und entsprechend handeln.

DEFINITION EINES EXCEPTION-HANDLERS

Ein Exception-Handler ist eine Funktion, deren Statements in der Exception-Klasse definiert werden. Die folgende Exception-Klasse zum Beispiel, *nuke_meltdown*, definiert die entsprechenden Statements in der Funktion *nuke_meltdown*:

```
class nuke_meltdown{
 public:
   nuke_meltdown(void) { cerr << " \a\a\aRun! Run! Run!" << endl;}
}
```

Wenn das Programm auf das *throw*-Statement trifft, führt C++ die Statements in der Funktion *nuke_meltdown* aus, bevor es das erste Statement nach demjenigen der *try*-Statements überprüft, das die Suche nach der Exception ausgelöst hat.

Das folgende Programm, *MeltDown.CPP*, zeigt, wie man die Funktion *nuke_meltdown* anwendet. Das Programm verwendet ein *try*-Statement, um die Suche nach der Exception auszulösen. Das Programm ruft dann die Funktion *add_u232* mit einem Parameter auf. Ist der Wert des Parameters kleiner als 255, so hat die Funktion Erfolg. Andernfalls gelangt das *throw*-Statement zum Einsatz.

```
#include <iostream.h>

class nuke_meltdown {
 public:
   nuke_meltdown(void) { cerr << "\a\a\aRun! Run! Run!" << endl; }
};
void add_u232(int amount)
  {
```

```
    if (amount < 255)
      cout << "Amount of u232 is OK" << endl;
    else
      throw nuke_meltdown();
  }

void main(void)
  {
    try {
      add_u232(255);
  }

    catch (nuke_meltdown) {
      cerr << "Run Faster" << endl;
    }
  }
```

Nach dem Start des Programms erscheint die folgende Ausgabe auf dem Bildschirm:

```
Run! Run! Run! // Lauf, Lauf, Lauf
Run Faster     // Lauf schneller
```

Der Exception-Handler, das heißt die Funktion *nuke_meltdown*, erzeugt die erste Zeile der Ausgabe. Das *catch*-Statement, das die Exception aufspürt, erzeugt die zweite Zeile der Ausgabe.

EXCEPTION-ATTRIBUTVARIABLEN

In den vorhergehenden Beispielen konnten die Programme mit dem *catch*-Statement feststellen, welche Exceptions auftauchten und entsprechend antworten. Je mehr Informationen Programme über Exceptions erhalten, desto besser können sie auf Fehler reagieren. Zum Beispiel muß das Programm im Falle einer *file_open_error* Exception den Namen der Datei kennen, die den Fehler verursacht hat. Bei *file_read_error*- oder *file_write_error* Exceptions sollte das Programm wissen, an welcher Stelle sich die dafür verantwortlichen Bytes befinden. Zum Speichern von Informationen über eine Exception fügt das Programm ganz einfach Attributvariablen zur Exception-Klasse hinzu. Bei der späteren Exception-Behandlung gibt das Programm die Informationen an die Exception handling Funktion als Parameter weiter:

```
throw file_open_error(source);
throw_file_read_error(344);
```

Innerhalb des Exception-Handlers fügt die Funktion Statements ein, die den Klassen-Attributvariablen die entsprechenden Parameter zuweisen (ähnlich einer Constructor-Funktion). Die folgenden Statements zum Beispiel ändern die *file_open_error* Exception, um den Namen der Datei zuzuweisen, die für den Fehler verantwortlich war:

```
class file_open_error {
  public:
    file_open_error(char *filename) {
      strcpy (file_open_error::filename, filename);}
    char filename[255];
};
```

Umgang mit unexpected Exceptions (unerwartete Exceptions)

In vielen Run-Time Libraries von C++ werden Sie auf Funktionen stoßen, die ganz bestimmte Exceptions behandeln. Bei Verwendung dieser Libraries sollte das Programm die betreffenden Exceptions abfragen. Besitzt das Programm keinen entsprechenden Exception-Handler, so wird ein von C++ zur Verfügung gestellter Standard-Handler ausgeführt. Solche Standard-Handler beenden das Programm in den meisten Fällen. Das folgende Programm, *UnCaught.CPP*, zeigt, wie der Standard-Handler (*Default-Handler*) die Ausführung eines Programms beendet:

```
#include <iostream.h>

class some_exception { };

void main(void)
  {
    cout << "About to throw exception" << endl;
    throw some_exception();
    cout << "Exception thrown" << endl;
}
```

In diesem Beispiel ruft C++ den *Default Exception-Handler* auf, der das Programm beendet. Aus diesem Grunde wird das letzte Statement des Programms niemals ausgeführt. Es ist auch möglich, eigene Default-Handler zu definieren. Dazu muß das Programm die Run-Time Library Funktion *set_unexpected* verwenden. Die Header-Datei *except.h* definiert den *set_unexpected*-Prototyp.

Welche Exceptions lassen sich mit *throw* verarbeiten?

Ein Funktionsprototyp ermöglicht die Definition des Returnwertes und des Parametertyps einer Funktion. Bei der Anwendung von Exceptions kann der Funktionsprototyp auch zur Angabe der

Exceptions verwendet werden, die eine Funktion mit dem *throw*-Statement bearbeiten kann. Der folgende Funktionsprototyp zum Beispiel teilt dem Compiler mit, daß die Funktion *power_plant* die Exceptions *melt_down* und *radiaton_leak* mit dem *throw*-Statement bearbeiten kann:

```
void power_plant(long power_needs) throw (melt_down, radiation_leak);
```

Diese Methode hat einen Vorteil: Andere Programmierer, die mit diesem Code arbeiten, können leicht entscheiden, welche Exceptions bei Verwendung der Funktion überprüft werden müssen.

EXCEPTIONS UND KLASSEN

Bei der Erstellung von Klassen kann es vorkommen, daß klassenpezifische Exceptions definiert werden müssen. Dazu fügt man die Exception ganz einfach als Attribut des Typs *public* in die Klasse ein. Die folgende Definition der Klasse *string* definiert zwei Exceptions:

```
class string{public:
 string (cha *str);
   void fill_string(*str);
   void show_string(void);
   int string_length(void);
   class string_empty { };
   class string_overflow { };
 private:
   int length;
   char string[255];
 };
```

Die Klasse *string* definiert die Exceptions *string_empty* und *string_overflow*. Im Programm kann die Klassen-Exception mit dem Global Resolution Operator und dem Klassennamen überprüft werden:

```
try {
 some_string.fill_string(some_long_string);
};

catch (string::string_overflow) {
 cerr << "String length exceeded-characters truncated" << endl;
}
```

ZUSAMMENFASSUNG

Exceptions helfen beim Suchen und Beheben von Fehlern, die während der Programmlaufzeit auftreten. Bevor Sie sich mit weiterführender Literatur zum Thema C++ beschäftigen, sollten Sie anhand der folgenden Punkte noch einmal prüfen, ob Sie alles, was in dieser letzten Lektion zur Fehlerbehandlung vermittelt wurde, behalten und verstanden haben:

- ✓ Eine Exception ist ein unerwarteter Fehler in einem Programm.
- ✓ Exceptions sollten von einem Programm aufgespürt und „behandelt“ werden.
- ✓ Jede Exception wird als Klasse definiert.
- ✓ Mit dem *try*-Statement wird das Erkennen von Exceptions ermöglicht.
- ✓ Unmittelbar nach einem *try*-Statement sollte ein *catch*-Statement erfolgen. Damit wird bestimmt, welche Exception (wenn überhaupt) auftrat.
- ✓ Exceptions werden nicht von C++, sondern vom Programm unter Verwendung des *throw*-Statements erzeugt.
- ✓ Wenn das Programm eine Exception auffängt, ruft es eine spezielle Funktion, den sogenannten Exception-Handler, auf.
- ✓ Innerhalb eines Funktions-Prototypen können die Exceptions angegeben werden, die eine Funktion mit dem *throw*-Statement bearbeiten kann.
- ✓ Vergewissern Sie sich beim Gebrauch von Run-TimeLibrary-Funktionen, ob Exceptions erzeugt werden.
- ✓ Wird eine nicht mit *catch* bearbeitete Exception mit dem *throw*-Statement behandelt, so ruft C++ einen sogenannten Default Exception-Handler auf.
- ✓ Die Header-Datei *except.h* liefert Prototypen für Funktionen, die ein Programm verwenden kann, um eigene Exception-Handler zu definieren.

Befehlsübersicht